"十四五"职业教育国家规划教材

职业教育国家在线精品课程配套教材

职业教育教学改革融合创新型教材 · 创新创业系列

创新创业基础

Chuangxin Chuangye Jichu

第二版

许明　潘峰　主编

东北财经大学出版社
Dongbei University of Finance & Economics Press
大连

图书在版编目（CIP）数据

创新创业基础 / 许明，潘峰主编．—2版．—大连：东北财经大学出版社，2023.1（2025.8重印）
（职业教育教学改革融合创新型教材·创新创业系列）
ISBN 978-7-5654-4739-6

Ⅰ．创…　Ⅱ．①许…②潘…　Ⅲ．大学生-创业-职业教育-教材　Ⅳ．G647.38

中国版本图书馆CIP数据核字（2022）第250125号

东北财经大学出版社出版
（大连市黑石礁尖山街217号　邮政编码　116025）
网　　址：http://www.dufep.cn
读者信箱：dufep@dufe.edu.cn

大连天骄彩色印刷有限公司印刷　　东北财经大学出版社发行

幅面尺寸：185mm×260mm　　字数：341千字　　印张：18.5　　插页：1
2023年1月第2版　　2025年8月第7次印刷

责任编辑：张旭凤　赵宏洋　吉　扬　　责任校对：张晓鹏　曲以欢
封面设计：冀贵收　　版式设计：原　皓

定价：46.80元

教学支持　售后服务　　联系电话：（0411）84710309

如有印装质量问题，请联系营销部：（0411）84710711

富媒体智能型教材出版说明

“财经高等职业教育富媒体智能型教材开发系统工程”是“国家文化产业资金支持媒体融合重大项目”。项目以“融通”“融合”“共建”“共享”为特色，是东北财经大学出版社积极落实国家推动传统媒体与新媒体融合发展的重要举措之一。

“财济书院”智能教学互动平台是该工程项目建设成果之一。该平台通过系统、合理的架构设计，将教学资源与教学应用集成于一体，具有教学内容多元呈现、课堂教学实时交互、测试考评个性设置、用户学情高效分析等核心功能，是高校开展信息化教学的有力支撑和应用保障。

富媒体智能型教材是该工程项目建设成果之二。该类教材是我社供给侧结构性改革探索性策划的创新型产品，是一种新形态立体化教材。富媒体智能型教材秉持严谨的教学设计思想和先进的教材设计理念，为财经职业教育教与学、课程与教材的融通奠定了基础，有助于教学质量的提高和教学效果的提升。

从教材资源的呈现形式来说，富媒体智能型教材实现了传统纸质教材与数字技术的融合，通过二维码建立链接，将VR、微课、视频、动画、音频、图文和试题库等富媒体资源丰富地呈现给用户；从教材内容的选取整合来说，其实现了职业教育与产业发展的融合，不仅注重专业教学内容与职业能力培养的有效对接，而且很好地解决了部分专业课程学与训、训与评的难题；从教材的教学使用过程来说，其实现了线下自主与线上互动的融合，学生可以在有网络支持的任何地方自主完成预习、巩固、复习等，教师可以在教学中灵活使用随堂点名、作业布置及批改、自测及组卷考试、成绩统计分析等平台辅助教学工具。

“重塑教学空间，回归教学本源！”“财济书院”平台不仅仅是出版社提供教学资源和服务的平台，更是出版社为作者和广大院校创设的一个自主选择和自主探究的教与学的空间，作者和广大院校师生既是这个空间的使用者和消费者，也是这个空间的创造者和建设者，在这里，出版社、作者、院校共建资源，共享回报，共创未来。

最后，感谢各位作者为支持项目建设所付出的辛劳和智慧，也欢迎广大院校在教学中积极使用富媒体智能型教材和“财济书院”平台，东北财经大学出版社愿意也必将陪伴广大职业教育工作者走向更加光明而美好的职教发展新阶段。

东北财经大学出版社

总序

2015年5月，国务院印发《关于深化高等学校创新创业教育改革的实施意见》，要求高校要面向全体学生开发开设创业基础、就业创业指导等方面的必修课和选修课，纳入学分管理，建设依次递进、有机衔接、科学合理的创新创业教育专门课程群；要加快创新创业教育优质课程信息化建设，推出一批资源共享的慕课、视频公开课等在线开放课程；组织学科带头人、行业企业优秀人才，联合编写具有科学性、先进性、适用性的创新创业教育重点教材。习近平总书记在党的二十大报告中，明确作出了创新是第一动力和创新驱动发展战略的基本要求，强调了“创新在我国现代化建设全局中的核心地位”。

近些年，创业教育方面的教材积极面市，如雨后春笋般涌现，但是大多数教材在设计系统性、内容科学性、案例典型性、实践指导性、讲解趣味性、配套丰富性等教学的针对性和适用性方面仍然存在不足，有待提高。同时，互联网技术的广泛应用也正在改变传统课堂的教学和学习方式，翻转式学习、混合式教学、慕课、SPOC、智慧课堂等已经深刻影响着教育领域，这些都对职业院校创新创业教育和教材建设提出了新的更高的要求。

“职业教育教学改革融合创新型教材·创新创业系列”作为国家文化产业资金支持媒体融合重大项目“财经高等职业教育富媒体智能型教材开发系统工程”的子项目，在总项目的整体支持下，得到了全国高职高专创新创业教育协作会和中国高职研究会商科分会创新创业工作委员会的大力支持。首批推出的**《创新创业基础》《创新思维训练》《初创企业经营与管理》《中小企业财税管理》**四本教材，具有理念领先、多元整合、职教特色、开放互动等特点。

(1) 理念领先。在国家“互联网+”和“大众创业、万众创新”的良好大背景下，符合职业院校学生个性特质和认知规律的富媒体教材和个性化学习解决方案是提高职业院校创业教育人才培养质量的关键。该系列教材以“播撒创业种子，点燃创业激情，培养创业人才，培育创业团队”为使命，充分依托现代教育技术手段，以教育信息化促进双创课堂教学改革，希冀有利于培养学生的自主学习能力、独立思考能力以及创新意识和精神，对促进我国职业院校创新创业教育教学和课程改革具有重要意义。

(2) 多元整合。该系列教材立足全国高职高专创新创业教育协作会和中国高职研究会商科分会创新创业工作委员会，诚邀浙江商业职业技术学院、浙江机电职业技术大学、中国社会科学院大学、柳州职业技术大学、扬州工业职业技术学院等多所国内创新创业教育开办卓有成效的院校的优秀师资，借力东北财经大学出版社有限责任公司专门研发的在线教学云平台“财济书院”，探求服务院校“线上+线下”“课内+课外”“形成性评价+终结性评价”“理论教学+实地操作”“主讲+聘讲”等多种教学形式，实现多方资源的融合创新。

(3) 职教特色。职业教育是国民教育体系和人力资源开发的重要组成部分，肩负着培养多样化人才、传承技术技能、促进就业创业的重要职责。职业院校的创新创业教育不同于本科院校，该系列教材定位于满足职业院校创新创业课程教学需要，以“提升学生的社会责任感、创新精神、创业意识和创业能力”为核心，以职业教育“工作过程导向”和“工作任务引领”为教材建设基础，体现“做中学”和“教、学、做”相融合的教学理念。教材中所设计的任务或项目由简单到复杂、由浅入深，循序渐进，使知识和技能螺旋式地融于任务中。

(4) 开放互动。该系列富媒体教材力图通过校企联合协同建立面向校内和校外的创新创业课程教学平台，开放获取校内外创新创业学习资源，支持PC、平板电脑、智能手机多终端访问，支持任何人在任何地方、任何时刻获取所需信息的泛在学习方式。教材设计采用问题导向式教学法(Problem-Based Learning，PBL)，将“创业素质养成”“创业知识支撑”“创业能力培养”一并纳入编写设计中，在内容布局上压缩了“理论”，扩充了“实务”，给“实训”教学环节以相对充分的空间。教材还设计了练习、测评、交互游戏、角色扮演等多种交互活动，寓教于乐，提升学生的学习兴趣和学习效果。

建设一套品质优良并富有创新性的教材，需要不断地精雕细琢、潜心打磨，我们真诚地希望，这套凝结着十余所高校几十位优秀教师心血的“职业教育教学改革融合创新型教材·创新创业系列”，能够成为适用于职业院校的、适应经济和社会发展需要的、有利于提高学生创新创业意识和能力的双创教材，为我国高校创新创业教育改革提供一个范式参考。

职业教育教学改革融合创新型教材·创新创业系列编委会

第二版前言

习近平总书记在党的二十大报告中明确提出了“三个第一”（科技是第一生产力、人才是第一资源、创新是第一动力）和“三个战略”（科教兴国战略、人才强国战略、创新驱动发展战略）的基本要求，尤其强调了“创新在我国现代化建设全局中的核心地位”，并“尊重创造”。本教材始终坚守高职双创教育旨在提升学生综合能力的育人初心，按照“素养·管理·创新”的人才培养目标开发而成，运用简明易懂的理论阐述了创业精神、创新思维、创业技能等主要内容，希冀提升学生的创新思维能力和创业实战能力。特有的移动互联网课件（http：//www.91suke.com/c/c026565f）和丰富的数字资源，有利于实现线上线下混合式教学和辅助学生自主学习。

2020年3月，在线课程“创新与创业实务”在智慧职教MOOC平台上线，主要包含探索创新之路、识别创业机会、打造创业团队、整合创业资源、优化商业模式、初识企业财税、着手创办企业等内容，教导学生识别商业机会、整合自身资源，防范并化解创业风险，掌握创业计划书的规范写作和路演的基本技巧。2023年1月，该课程入选职业教育国家在线精品课程，本教材作为配套教材，尽可能体现书课一体化特色。

探索和开展适合高职学生创新创业教育的有效方式成为职业院校教育改革过程中的一种现实需求；新时代的经济和社会发展面临新的机遇和挑战，培养一批高素质的大学生创业者成为职业院校贯彻落实创新、协调、绿色、开放、共享的新发展理念的一种现实需求。认真学习党的二十大精神后，我们期待这部教材能承载三方面使命：一是服务大学生创新创业素质与能力储备；二是服务职业院校创新创业教育改革和转型；三是服务地方经济发展和人才汇聚。

《创新创业基础》将理论与实践相结合，阐述了创业精神和创业技能的主要内容，主要从培养学生的创业意识、创业心理以及创业技能的角度，运用简明易懂的理论，联系具体的案例进行讲述，以提高学生的认识，转变观念。针对新创办企业的特点，本书结合具体经营策略和实际操作技术进行了详细而具体的介绍，目的在于为学生将来开办企业和从事企业经营管理工作奠定基础。

本书按照混合式学习的理念进行编写，采用项目化、任务式的结构设计，重视培养学生解决实际问题的能力，以期让创新创业基础教学课堂更加高效、优质。每个项目设有项目概述和项目结构，任务设计按照“学一学”、“做一做”和“评一评”进行，步步为营。

本书由全国优秀教师、KAB创业教育（中国）项目高级培训师许明、潘峰（柳州职业技术大学）主编，王艳茹（中国社会科学院大学）、李俊（浙江科技学院）、涂德虎（哈尔滨师范大学）、施永川（温州大学）、陈磊（浙江商业职业技术学院）、王勇（广州铁路职业技术学院）、赵航（成都职业技术学院）共同负责本书的编写，具体分工如下：王勇编写了项目一，赵航编写了项目二，施永川编写了项目三，涂德虎编写了项目四、项目五，王艳茹编写了项目六、项目八，李俊编写了项目七，陈磊编写了项目九，许明编写了项目十；柳州职业技术大学潘峰、刘晶、岳德虎、曾志负责本书数字资源的制作。在编写过程中，我们借鉴、参考了国内外创业指导与创业实务、创新创业、创业教育研究等方面的部分文献资料，以及一些专家和教授的理论及观点，书中引用的案例与材料部分来自期刊、网络，在此一并对原作者表示感谢！由于编者水平有限，书中难免有疏漏和不足之处，敬请读者指正。

编　者

2023年1月

目录

项目一　开启创业梦想

创学堂1-1

光荣源于梦想。古今中外，所有成功人士的人生历程都在揭示成功的一个普遍规律：梦想—实干—机遇—成功。少年周恩来目睹了祖国和人民所经历的苦难和屈辱，体会到了“中华不振”这四个字的沉重分量，树立了“为中华之崛起而读书！”的远大理想。“小康路上一个都不能掉队”，这是中国共产党向人民和历史作出的庄严承诺。历经8年艰苦卓绝的奋战，832个贫困县全部摘帽，12.8万个贫困村全部出列，中国历史性地解决了绝对贫困问题，伟大奇迹彪炳史册。“小康”，这个承载美好生活梦想的古老词汇，数千年来第一次成为这片土地全体人民的真实日子。梦想是什么？如何实现梦想？这是每个青少年都面临的人生之问，也是习近平总书记常与青少年交流的话题。总书记在一次次考察、座谈、回信中与青少年亲切互动，关怀他们的健康成长，勉励他们追求梦想、努力奋斗。广大青少年在重温总书记的殷切嘱托的同时，应将个人梦想融入实现中国梦的伟大征程中，接续奋斗！

每个人都有自己的梦想，不管从事什么行业，不管目前的生活状况如何，每个人内心深处也许都曾有过一个声音：自己创业吧！纵观创业成功者的经历，我们可以得出一个结论：创业能否成功，从来不仅仅取决于教育背景，也不仅仅取决于身处的环境，甚至不完全取决于资金，而首先取决于创业者是否具有强烈的创业欲望，是否拥有创业梦想。当今既是一个知识经济时代，也是一个追逐梦想的年代，一切皆有可能。开启你的创业梦想吧！梦想总是要有的，万一实现了呢……

【项目结构】

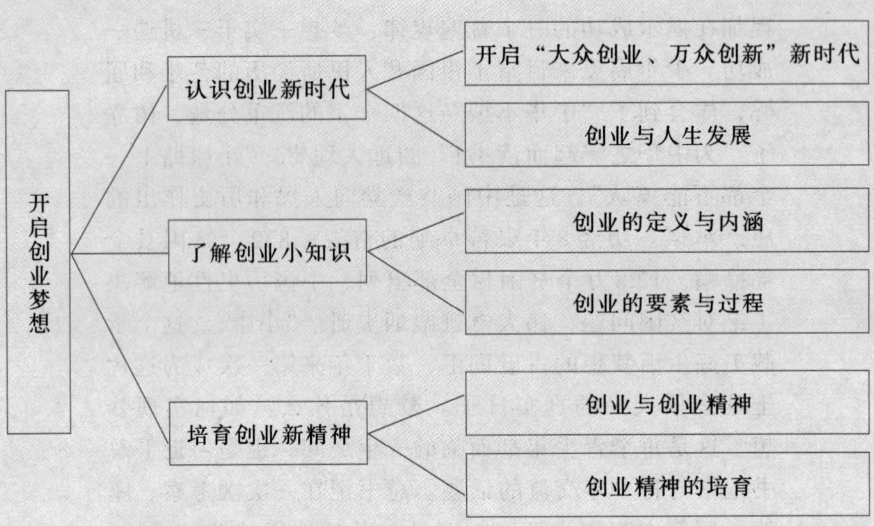

图1-1　项目一内容结构图

任务一 认识创业新时代

任务目标

● 知识目标：了解国家创新驱动发展战略下"大众创业、万众创新"的大格局，理解把实施创新驱动发展战略摆在国家发展全局核心位置的重大意义。

● 能力目标：认识创业与职业生涯设计及人生发展之间的关系，能够做好定位、找准自身发展的目标。

● 素养目标：通过学习和训练促使自我就业观念发生转变，启发自我创业意识，愿意系统学习创办企业的基本知识和技能。

【任务导入】

"创新是引领发展的第一动力，是建设现代化经济体系的战略支撑。"党的十九大吹响了加快建设创新型国家的强劲号角。党的十八大以来，以习近平同志为核心的党中央把创新摆在国家发展全局的核心位置，深入实施创新驱动发展战略，强化科技创新在全面创新中的引领作用，大力推动大众创业、万众创新，积极推进"中国制造2025""互联网+"行动计划，新业态、新模式不断涌现，新产品、新服务快速成长，新旧动能加速转换，为经济稳中有进、稳中向好不断注入新的强劲动力。2007年，在党的十七大报告中曾首次出现"实施扩大就业的发展战略，促进以创业带动就业"的提法；2010年，教育部3号文件《教育部关于大力推进高等学校创新创业教育和大学生自主创业工作的意见》提出在高校全面推行创业教育；2012年，党的十八大提出"创业带动就业"的战略方向；2014年，国家九部委联合发布"创业引领计划"；2014年9月，夏季达沃斯论坛发出"大众创业、万众创新"的号召，提出要"开启大众创业、全民创新的新时代"。中国经济迎来了创业者拼搏的新时代。

请思考：

（1）党的二十大报告提出必须坚持"创新是第一动力"，有何深远意义？

（2）在创业新时代，年轻人可以有哪些作为？

学一学

一、开启“大众创业、万众创新”新时代

党的二十大报告提出：促进民营经济发展壮大，支持中小企业发展。完善中国特色现代企业制度，弘扬企业家精神，加快建设世界一流企业。强化就业优先政策，健全就业促进机制，促进高质量充分就业。健全就业公共服务体系，完善重点群体就业支持体系，加强困难群体就业兜底帮扶。统筹城乡就业政策体系，破除妨碍劳动力、人才流动的体制和政策弊端，消除影响平等就业的不合理限制和就业歧视，使人人都有通过勤奋劳动实现自身发展的机会。

从2015年起，国务院连发数文号召“大众创业、万众创新”，其中包括深化高校创新创业教育改革。相关文件有：《国务院办公厅关于发展众创空间推进大众创新创业的指导意见》（国办发〔2015〕9号）、《国务院关于大力推进大众创业万众创新若干政策措施的意见》（国发〔2015〕32号）、《国务院办公厅关于深化高等学校创新创业教育改革的实施意见》（国办发〔2015〕36号）、《国务院关于加快构建大众创业万众创新支撑平台的指导意见》（国发〔2015〕53号）。

新时代带来新机遇，日益增长的美好生活需要彰显着我国创新创业促进产业发展的巨大前景。随着我国社会主要矛盾的转化，创新创业实践和创新创业教育都必须顺势而为，正确定位，有效调整，实现新目标。

【教学互动1-1】

互动内容：

“一支竹篙耶，难渡汪洋海；众人划桨哟，开动大帆船。”在国家全面深化改革的征途上，推进大众创业、万众创新，是祖国发展的动力之源，也是富民之道、公平之计、强国之策，广阔前景值得期待。请结合我国近年来的发展谈谈自己的感想。

互动要求：

在“大众创业、万众创新”的时代背景下，请各位同学结合自身实际情况，谈一谈自己对“大众创业、万众创新”的理解。

二、创业与人生发展

(一) 创业能促进人的发展

习近平总书记在党的二十大报告中强调“青年强，则国家强”；指出“当代中国青年生逢其时，施展才干的舞台无比广阔，实现梦想的前景无比光明”；对广大青年提出了“立志做有理想、敢担当、能吃苦、肯奋斗的新时代好青年”的重要要求。

作为青年人，虽然不能选择自己的出身，但是可以选择过一个怎样的人生，有人生在城市，有人生在山村；有人生在富裕的人家，有人生在贫穷的家庭……这是我们不能选择的。但是在世界的各个角落，各行各业都有无数的杰出人士，他们有的开创了自己的公司，有的在企业担任高管，有的是发明家、科学家。这些我们眼里的成功人士，未必都出生在优越的地区或者家庭。正所谓“英雄不问出处”，是什么改写了他们的人生？幸福都是奋斗出来的！

作为高职院校的学生，应该怎样看待“创业”与“人生”这个看似老生常谈却又极具现实意义的话题呢？高职院校的学生相对于其他类型高校的学生在创业方面具有得天独厚的优势，这种优势决定着高职院校毕业生的创业意愿和自主创业比例均高于其他类型的高校。因此，高职院校的学生应该更加自信、勇敢地面对“创业”这个人生大课题。

(二) 创业是自我价值的体现

美国心理学家马斯洛在1945年提出了人类“需求层次理论”，在这个理论中，他把人的需求从低到高分成了五个层次（如图1–2所示），按照马斯洛的“需求层次理论”，自我实现需求区别于其他四种需求处于最高级别，是人类充分利用外在和内在条件发挥自身潜力的心理需求，也是一种要把人的潜力发挥到极致的根本欲望。也正是这种追求自我实现的心理需求，激发了创业者强大的动力，激励其战胜困难、发挥潜质、超越自我、冲破逆境，进而实现自身的价值。

高职院校的学生在创业方面具有得天独厚的优势，这与高职院校的办学定位及教学模式有很大关系。高职院校开设的专业注重技能培养，具有非常明确的职业导向性，高职院校的大多数专业都能够使学生在毕业的时候学到一技之长。除此之外，高职院校在专业设置上相对灵活，突出以就业为导向，开设的专业基本上都是实践性强、需求量大的市场热门专业，为毕业生自主创业提供了较为宽广的空间。另外，高职院校毕业生创业行业相对低端，行业进入门槛相对较低，小规模的自主创业易于开展。同时，高职院校毕业生的抗挫折能力也相对较强，这是形成良好创业心态的重要因素。

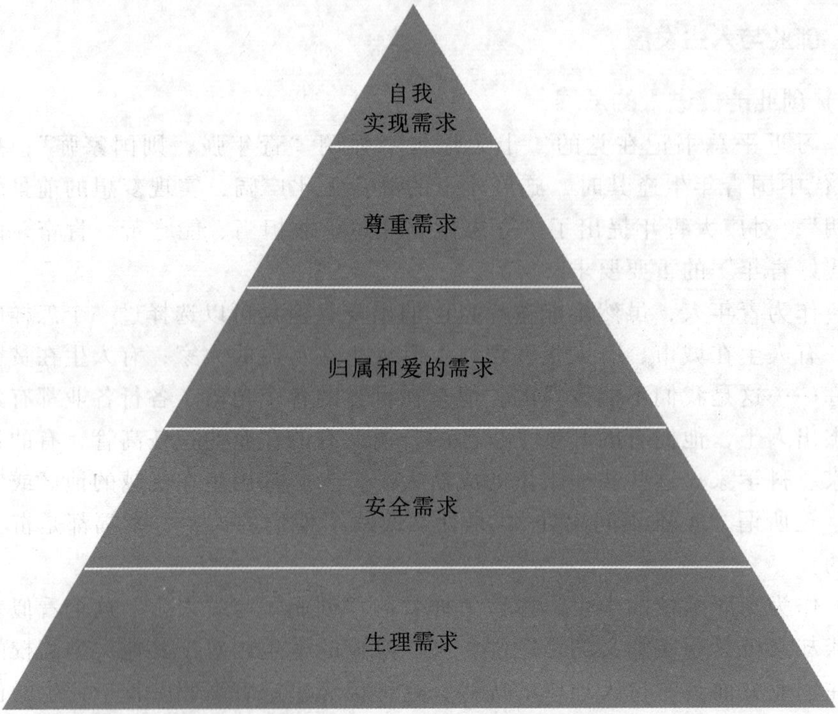

图1-2 人类需求层次理论

任何成功都不是一蹴而就的。成功属于那些追求自我实现的奋斗者。今天，出现在世人面前的业绩显赫的商业巨擘，大多数都走过了从无到有、从小到大、从初创到成功的奋斗历程。华为的任正非、万科的王石、腾讯的马化腾等数不胜数的成功人士，作为创业者的典范，他们的成功成为人们津津乐道的经典案例，广为流传，激励和鼓励着众多的创业者追求自我实现。

【教学互动1-2】

互动内容：

青年兴则国家兴，青年强则国家强。习近平总书记高度重视青年和青年工作，他寄语广大青年，要敢于做先锋，而不做过客、当看客，让创新成为青春远航的动力，让创业成为青春搏击的能量，让青春年华在为国家、为人民的奉献中焕发出绚丽光彩。

青年人创新思维活跃、创业动力强劲。近年来，一系列政策的出台，为青年创新创业创造了良好环境，许多大学生纷纷返乡创业，成为创新创业的主力军。

资料来源 佚名. 青年成为创新创业主力.［EB/OL］.［2020-09-15］. https://baijiahao.baidu.com/s?id=1677889194108597294&wfr=spider&for=pc.

互动要求：

请各位同学从创业与人生发展的角度谈谈自己对习近平总书记嘱托的心得。

做一做

无论你有多么宏伟的人生目标，都应该将它分解为可实现的小目标，然后有步骤地去实现它们，请根据你的人生目标制订实施计划与行动方案。认真填写表1-1，并且保存起来，内容越详细越好。

表1-1　创业生涯规划表

	五年后达到	三年后达到	后年达到	明年达到	今年达到
生活目标					
家庭目标					
教育目标					
经济目标					
个人发展					

评一评

创业生涯规划评价表见表1-2。

表1-2　创业生涯规划评价表

评价指标（分值）	小组自评（30%）	小组互评（30%）	老师评分（40%）	最后得分（分）
生活目标（20分）				
家庭目标（20分）				
教育目标（20分）				
经济目标（20分）				
个人发展（20分）				
合计（100分）				
老师评语	签名：　日期：			

任务二 了解创业小知识

任务目标

● 知识目标：了解创业的概念、要点，掌握创业的内涵与时代意义，认识创业要素的内容及创业过程中各要素间的内在关系。

● 能力目标：通过学习和训练，了解创业要素及过程，培养自我创新能力和创业能力，为促进自我全面发展打好基础。

● 素养目标：通过学习和训练，培养扎实的专业素质、过硬的非专业综合素质和突出的创新素质。

【任务导入】

人生充满了挑战和机遇，你时常要做出进与退、得与失、强与弱、胜与败、兴与衰、取与舍的抉择，出现这些矛盾后，你是选择直面，还是选择逃避？如果有一件事，别人都没做过，那么你敢不敢做？有一种生活，之前无人选择过，你是否会选择？如今我们所处的时代，是一个优胜劣汰、适者生存的时代，等待别人的帮助或是祈求上天的恩赐都是不现实的想法，就像《国际歌》歌词里写的那样："从来就没有什么救世主……全靠我们自己。"只有知难而进，在战胜困难中学会成长，才有可能抓住属于自己的机会。创业，就是挖掘自身潜力、整合周围资源、实现自身价值的一个过程。

请思考：

学习创业的目的一定是毕业后要开公司、办企业吗？

学一学

一、创业的定义与内涵

关于创业的定义，国内外研究人员有不同的表述，表1–3列示了其中几种比较有代表性的观点。

创业，在《现代汉语词典》里的定义是"创办事业"，创业学者们也从不同的方面对其进行了定义。创业是一种思考、推理和行为方式，它为机会

表 1-3 创业的定义

代表性研究人员	定义
哈特、史蒂文森和戴尔（1995）	不受现有可控制资源的约束而寻求和利用机遇，但是受到创建者之前选择和行业相关经验的限制
蒂蒙斯（1999）	一种思考、推理和行为方式，这种方式使机会驱动、注重方法和领导达到相互平衡。创业带来价值的产生、增加、实现和更新，而且不只是为所有者，也为所有的参与者和利益相关者
宋克勤（2002）	创业者通过发现和识别商业机会、组织各种资源、提供产品和服务来创造价值的过程
许玫（2003）	一种以创新为基础、以创造价值和提高生产力为目的的综合性社会活动
赫里斯、彼得斯（2004）	通过奉献必要的时间和努力，承担相应的经济、心理和社会风险，得到最终的货币报酬、个人满足感和自主性地创造出有价值的新东西的过程
马克·多林格（2006）	在风险和不确定性条件下，为了获取利益或成长而创建创新型经济组织（或者组织网络）的过程
雷家骕、王兆华（2008）	发现、创造和利用适当的创业机会，组合生产要素，创立新的事业，以获得新的商业成功的过程或活动
林篙（2008）	一种新价值的创造活动，这种新价值创造活动不仅指通常意义上的从创业机会到创建新企业的过程，也指成熟的大企业内部开展新业务的过程

所驱动，创业者需要对事情有全盘考虑并拥有卓越的领导能力。创业是要付出时间、付出努力，承担相应的财务、精神和社会风险，并以获得金钱的回报、个人的满足和实现独立自主为目的的社会行为。比较适合高职院校学生学习的定义应该是：创业是不拘泥于当前资源约束，寻求机会、进行价值创造的行为过程。有了这样的理解基础，创业的定义又进一步有广义和狭义之分。

狭义的创业通常指自主创业，即创业者个人或创业团队白手起家进行创业。而广义的创业不仅仅指成立公司，对年轻的创业者来说，根据自己的性格、兴趣、专业、特长来选择自己的职业，在自己的岗位上开拓进取，进而实现自己人生目标的过程也是创业。立足自身岗位，通过个体或团体进行创新活动和体现企业家精神，从而实现个人价值和社会价值的过程，都是创业。当然广义的创业也包括企业为了发展，在内部开展创业的过程。

二、创业的要素与过程

（一）创业要素

迄今为止，在学者们对创业要素的定义（见表1-4）中，最为典型和公认的是蒂蒙斯提出的创业三大关键要素，即创业机会、创业者及其创业团队、创业资源。一般认为，这三个核心要素是创业活动不可或缺的。如果没有机会，创业活动就成了盲动，难以创造真正的价值。如果没有创业者及其创业团队的主观努力，创业活动就不可能发生。创业者及其创业团队把握住合适的机会后，还需要有相应的资金和设备等资源。如果没有必要的资源，机会也就难以被发现和抓住。

表1-4　**学者们对创业要素的定义**

来源	创业要素
卡特纳（Cartner）	创业的四个要素：个人、组织、环境及创业过程
蒂蒙斯（Timmons）	寻找创业资源、识别创业机会、寻找创业团队，并将三者结合到一起才能有效地促进创业活动的开展
克里斯坦（Christian）	创业最重要的两个方面就是创业者和新价值的创造
布森尼茨特尔（Busenitzetal）	创业理论研究框架包含机会、创业者及其团队、组织模式、资金四个方面

创业机会往往是一个新的市场需求，或者是一个大于供给的市场需求。这样的市场需求并非只有创业者认识到了，其他的竞争者也会很快加入竞争行列。因此，并不是每一个创业机会都需要付出行动去追逐它。创业团队并不是一群人的简单组合，而是一个特殊的群体。它要求团队成员能力互补，拥有共同的愿景和价值观，通过相互信任、自觉合作、积极努力而凝聚在一起，并且团队成员愿意为共同的目标奉献自己，发挥自己最大的潜能。创业资源是指新创企业在创造价值的过程中需要的特定资产，包括有形资产和无形资产，它是新创企业创立和运营的必要条件，主要表现形式为创业人才、创业资本、创业机会、创业技术和创业管理等。

（二）创业过程

随着创业过程的展开，重点也相应地发生变化，要对机会、创业者及其创业团队、资源三者做出动态的调整，使之保持平衡。因此，创业也被认为是创业者、机会和资源三者之间的有效链接。其中，创业者是创业的核心，是识别机会、利用与获取资源、实现组合的驱动者。

创业是一个动态循环的过程，是创业机会被发现、识别、评价与开发的循环往复的过程；创业是一个完整的过程，创业必然会受到系统其他要素的影响。在完整的创业过程中，机会识别、机会开发、结果三个要素之间会产生互动，如图1-3所示。

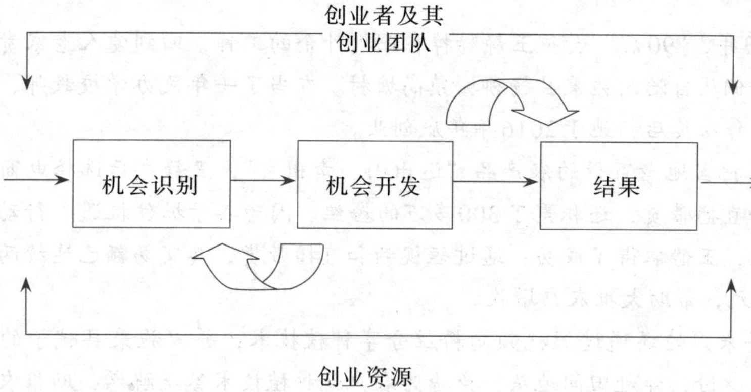

图1-3 创业的三大要素

其实，创业的过程是极其复杂的，整个过程不仅包括创业者产生创业想法、创建新企业或开创新事业、获取回报等，还涉及机会识别、组建团队、寻求融资等活动。创业大致可划分为机会识别、资源整合、创办新企业、新企业生存和企业成长五个主要阶段。第一阶段：机会识别，包括产生创业设想、进行市场调研和分析、制订初步的经营方案等；第二阶段：资源整合，包括团队组建、财务融资、企业筹建等；第三阶段：创办新企业，包括确定公司名称、办公地址、经营范围、组织架构、公司章程，办理企业登记注册，依法缴税等；第四阶段：新企业生存，包括创业初期的市场营销、产品设计和规划、财务和售后服务体系建立等；第五阶段：企业成长，包括市场拓展、制度完善、股权融资、企业上市等。

【教学互动1-3】

互动内容：

创业已经成为大学生职业选择的一种。当大学生选择了创业这个没有上司的职业之后，就成为一名创业者。在选择创业前，进行创业实践训练，向成功的企业家学习，在实践中练就和提升自己发现问题、解决问题的创业能力，然后去创业，可以大大提高创业的成功率。

互动要求：

请结合自身实际谈谈，在创业要素方面，我们可以从企业家身上得到什么启示。

【案例解析 1-1】 "90后"女孩王静：返乡创业助农增收谋发展

背景与情境：

2013年，"90后"女孩王静辞掉在深圳外企的工作，回到爱人老家贵州省黔东南苗族侗族自治州施秉县杨柳塘镇高塘村。在当了一年民办学校教师、两年菌种公司工作人员后，她于2016年年底创业。

为了把当地老百姓的农产品"运出山、卖出去"，王静先后选择电商带货及短视频和直播带货，还积累了300多万的粉丝。因为善于抓住机遇、行动果敢且脚踏实地，王静取得了成功：通过短视频和直播带货，其交易额已连续两年突破了100万元，帮助大批农户增收。

近年来，她还通过短视频向粉丝分享种植技术，并以施秉县赋予的"科技特派员"身份，奔赴田间地头，免费为农户就种植技术答疑解惑，助推农村农业发展，展现青春风采。

讨论与分析：

（1）谈谈你对"创业"的理解，创业有何意义？

（2）简述做一名成功的创业者应修炼的人格、技能、素养。

（3）试分析创业要素在创业过程中的重要影响。

做一做

1.走访身边的2～3家创业企业，或者从网上收集2～3家创业企业的相关资料，根据调研情况，对比你的具体情况认真填写表1-5，描述现在和未来的你是否具备创业者特征。

表1-5 创业者思考表

描述一下现在的你		满意度 满意A 一般B 不满意C
描述一下未来的你		自信度 自信A 一般B 不自信C

2.请用自己的理解描述一下创业的内涵，字数要求：200字。

3.按照创业导师的要求，参与营销实训，并撰写一份营销实训总结，内容如下：

（1）你在市场中推销成功的原因是什么？推销失败的原因又是什么？

（2）你的第一位顾客是谁？你是如何说服他（她）的？
（3）你是如何决定进货品种和数量的？
（4）在本次营销实训中你是赚了还是赔了？请分析原因。
（5）经过这次实训，谈谈你对创业的更多理解。

评一评

创业内涵与创业者思考评价表见表1-6。

表1-6　创业内涵与创业者思考评价表

评价指标（分值）	小组自评（30%）	小组互评（30%）	老师评分（40%）	最后得分（分）
描述现在的你（20分）				
描述未来的你（20分）				
描述创业内涵（20分）				
撰写一份总结（20分）				
小组互动发言（20分）				
合计（100分）				
老师评语	签名：　　日期：			

任务三　培育创业新精神

任务目标

● 知识目标：掌握创业与创业精神之间的辩证关系，认识创业精神是可以进行培育的。

● 能力目标：通过学习和训练，学习和培育自我创业精神。

● 素养目标：通过学习和训练，从观念和品格两方面塑造自我创业精神。

【任务导入】

《幸福，触手可及！》以都市生活为背景，塑造了励志青年创业者的群像，展现了在竞争激烈、技术和市场变化日新月异的当下，青年创业者们对机遇的把握、对现实的反思、对理想的追寻，以及在其中产生的爱情和友情。尤其当面对创业中的挫折与问题时，剧中人物的积极态度和坚持不懈的努力，具有极大的现实借鉴意义。

请思考：

创业精神是如何通过实践体验来培养的？

学一学

一、创业与创业精神

（一）创业精神的重要性

以前，美国高校的创业课程只对商学院学生开放。20世纪90年代，这种情况开始发生变化，人们认识到科学、工程和其他专业的学生要在一个迅速变化的世界中获得成功同样必须具备创业精神。美国政府的一次调查显示，美国约有1 600所大专院校提供2 200门创业课程，在学生中越来越受欢迎。卡尔·施拉姆是美国最大的研究美国企业、培育企业文化的基金会——考夫曼基金会的总裁和首席执行官，他在《创业的必要性》一书中提出：真正推动美国经济发展的最主要动力是美国企业家的创业精神。在企业管理领域，著名的创业学家拉里·法拉尔曾经在《创业时代》一书中指出："无数企业的兴衰告诉我们，现行的管理经验并非企业早年得以增长的要素，而恰恰是导致它们衰败的原因，企业成功的真正基础正是所谓的创业精神。"由此可见学习和培育创业精神的重要性。

（二）创业精神的内涵

从概念上说，创业精神（entrepreneurship）是指在创业者的主观世界中，那些具有开创性的思想、观念、个性、意志、作风和品质等。从理论上说，创业精神有三个层面的内涵：一是哲学层次的创业思想和创业观念，是人们对于创业的理性认识；二是心理学层次的创业个性和创业意志，是人们创业的心理基础；三是行为学层次的创业作风和创业品质，是人们创业的行为意识。

如果说19世纪是工业时代、20世纪是管理时代的话，那么所有的迹象都表明21世纪将是创业时代。在这样一个世界，拥有创业精神和创业能力是能够保持不败的唯一秘诀！那么我们一起来了解一下创业精神的内涵是什么。

创业精神与态度保守、自私迂腐是相对立的。拥有创业精神的民族，会有更多敬业的企业家，他们坚持不懈地寻求更好的方式生产出优质产品，改善人们的生活。那些被誉为拥有创业精神的学习者，对生活总是饱含热情，他们的激情来自他们的内心。那些发生在身边的创新带来的生动迹象，无一不是拥有创业精神的人们的杰作。

创业精神可以带来个人成就、组织成功和国家的经济繁荣。创业精神是创业者在创业过程中的重要行为特征的高度凝练，主要表现为勇于创新、敢担风险、团结合作、坚持不懈等。创业精神的本质是创新意识和主动精神。

二、创业精神的培育

（一）创业精神是可以培育的

随着社会的进步，人们开始了解创业活动的内涵与规律，开始关注、分析和掌握创业的各种表现行为和特征。各种关于创业研究的理论学派逐渐兴起，稍作总结可归纳为两派，即特质学派和行为学派。特质学派肯定了创业主体在创业活动中的作用。其主要观点是创业成功与否取决于创业者的个人特质，也就是天赋。行为学派将关注和研究的焦点集中在创业的过程上，通过发现、归纳创业活动中的各种行为进行分析研究。行为学派帮助人们更加科学地认识创业活动，创业并非神秘莫测。该学派认为创业是具有某些素质的创业者发现并把握创业机会，开发创业资源并实施创业的过程，是系统的组织管理活动。同时还提出，改善创业环境可以促进创业活动的开展，普通人可以通过创业教育提高自身的创业素质，掌握创业的规律和技能，科学防范风险，实现创业成功。

（二）在实践中培育创业精神

伟大的事业需要崇高的精神，没有崇高精神支撑的事业难以成就。而创业精神就是我们成就伟大事业的强大动力。这是一个创业的时代，也是一个创业者的时代。我们期望以时代创业精神为核心的青年突击队精神能代代流传，我们呼唤社会涌现出更多青年突击队员那样的艰苦创业者。惟有如此，伟大的事业才会更有希望，时代的明天才会更加美好。成功的标志不是财富和地位，而是内生的快乐和动力。这种精神动力来自人们对自己的正确认识，来自在最大程度上发挥了自己的潜能。而创业精神正是人们追求幸福和快乐的动力。

创业精神的要点就是使命感、责任心和自我激励，这是可以学习的，也是可以改变的。如果青年人具有足够的创业精神，那么这种精神会鼓舞他们追求更高的目标、更好的生活，自我激励，永不懈怠。企业家的创业精神主要指锐意进取、艰苦奋斗、爱岗敬业、勤俭节约的精神。

不要在山底下跟没有登过山的人请教攀登经验，而是要向那些攀到顶峰的人请教。一个没有登过山的人怎么可能教会别人登山的技巧呢？学习就是获得经验的捷径。没有谁天生就有丰富的经验，所有的经验都是人们经历之后才获得的。“实践出真知”，只有在挫折中“吃一堑，长一智”，才能积累有用的经验。想拥有经验，梦想创业成功，最好的办法就是向创业经验丰富的人讨教，分析成功企业家的案例，然后注意借鉴他们的经验，让自己少走弯路。

【教学互动1-4】

互动内容：

分小组收集创业精神相关案例，谈谈：

（1）你对于创业精神的理解。

（2）创业精神对创业的重要意义。

互动要求：

小组讨论后，分组进行总结和经验分享，充分体验何为创业精神。

做一做

创业仅仅是职业生涯规划中的职业选择之一，你对此是如何看待的？

创业需要激情，更需要理性，学习有助于创业者对自己做出客观评价。完成表1-7的创业者测试，看一看你是不是一名潜在的创业者。

表1-7 创业者测试

创办企业的动机	A.我想让企业成为我的终身事业	B.我想创业是因为我没有其他选择	A	B
主动性	A.我总是尝试做一些与众不同的事情	B.我只喜欢做我擅长的事情	A	B
对企业的承诺	A.我愿意非常努力地工作	B.我愿意工作并做必须做的事情	A	B
应对危机的能力	A.遇到危机时，能够保持冷静并找出最佳的应对方法	B.遇到危机时，我会感到慌乱和紧张	A	B

续表

风险承担能力	A.即使投资全部亏掉了，我也愿意接受这样的事实	B.我很难接受投资全部亏掉的现实	A	B
决策能力	A.一旦需要做出什么决策，我常常能很快地决定做什么	B.我尽可能地推迟做决策的时间	A	B
适应企业需要的能力	A.如果将企业迁到其他地方能够获得更多生意，我准备这样做	B.我不愿意重新选择企业地点	A	B
沟通和谈判的能力	A我喜欢倾听其他人的观点和建议	B.我对其他人的观点和建议一点不感兴趣	A	B
协调家庭、文化和企业的能力	A.我不会因为他们是我的家人或朋友就允许他们赊账	B.我会常常允许我的家人和朋友赊账	A	B
获得家庭支持的能力	A.如果企业的决定将对家人产生影响，我会让家人参与决定	B.我不会让家人参与对他们有影响的企业决定	A	B

通过上面的测试能够简单评估你在企业经营方面的强项和弱项，如果你在A栏的选择更多，说明你是一名潜在的创业者；如果你在B栏的选择更多，说明你还需要努力，将弱项转变为强项。

评一评

创业者测试评价表见表1-8。

表1-8　创业者测试评价表

评价指标（分值）	小组自评（30%）	小组互评（30%）	老师评分（40%）	最后得分（分）
参与程度（20分）				
测试态度（20分）				
讨论效果（20分）				
撰写小结（20分）				
成果与发言（20分）				

续表

评价指标（分值）	小组自评（30%）	小组互评（30%）	老师评分（40%）	最后得分（分）
合计（100分）				
老师评语	签名：　　日期：			

【思创空间】

在大湾区闯出一片新天地——回访在深圳创业的香港青年陈升

深圳湾畔，天朗气清。前海石公园内，巨型黄蜡石矗立在蔚蓝的海边，石上镌刻的“前海”二字遒劲有力，前来合影打卡的游人络绎不绝。

每次来到这里，中国香港青年陈升都会站在石边，极目远眺。回想起2018年习近平总书记在广东考察时的情景，陈升总是心潮澎湃。

“2018年10月24日，习近平总书记来到广东自由贸易试验区深圳前海蛇口片区，实地察看前海开发情况。总书记同我们一一握手，亲切交谈，让我们在大湾区创业更有信心。细细回味总书记的话，对我们创业发展方向有极大的启发。”陈升说，“我们牢记总书记嘱托，不负时代，努力在粤港澳大湾区建设大潮中闯出一片新天地。”

梦工场是圆梦的地方

在距离前海石公园不远处，紧挨着深圳地铁9号线“梦海站”，有8栋造型独特的建筑。从空中俯瞰，好似一个繁体的“梦”字，这就是前海深港青年梦工场，被许多香港青年称为“梦想开始的地方”。

“习近平总书记特别关心我们年轻人。我作为香港创业青年代表，向总书记汇报自己在深港青年梦工场的创业情况。总书记说，梦工场是圆梦的地方。这让我们每个创业者都倍感振奋。”陈升说，习近平总书记亲切和蔼，对香港青年在深圳的发展给予肯定和鼓励。

2015年，前海深港青年梦工场启用。作为第一批入驻团队，陈升和他的伙伴们拿到了免费办公室的钥匙。陈升成立的前海学学科技有限公司，主营业务是海外供应链管理及匹配，创业不到一年，就获得了首轮5 000万元融资，并于3年后成功孵化出区。

"我们着力提升服务质量，让香港青年在创业时享受到更多便利。"梦工场运营负责人何海华说，园区内的18家服务平台机构为创业团队提供投融资、法律等一站式服务。

"这里是十分适合香港青年梦想落地发芽的地方。"陈升时常回想起自己最初来梦工场创业的日子，"这里是我圆梦的地方。"

如今，许许多多和陈升一样的创业者从这里出发，实现了自己的创业梦。截至目前，梦工场已累计孵化创业团队545家，其中港澳团队260多家。创业团队中半数以上获得了融资，初步统计已产生900多项专利，整体营收超过10亿元。

资料来源　程龙，程远州. 在大湾区闯出一片新天地——回访在深圳创业的香港青年陈升［J］. 人民周刊，2022（3）：57-58.

案例解析：昔日泥泞滩涂，如今已是高楼林立、满眼繁华的都市。祖国大地已经发生了日新月异的变化，处在发展前沿的前海是一年一个样，数据显示：经济总量迈上千亿量级并持续提升；累计注册港资企业超过1.1万家；累计推出制度创新成果645项，在全国复制推广65项……前海，这个"因深港合作而生、因深港携手而兴"的合作区阔步前行，逐渐成为香港青年创新创业的热土。深圳湾畔，暖湿的海风再一次拂过前海石，旁边的摩天大楼一座座拔地而起。牢记嘱托，敢闯敢干，越来越多的怀揣着远大理想的年轻人正朝着梦想不断进发。总书记说，青年是国家的未来，相信青年一代一定能把这份责任和使命传递给更多人。

【思考与练习】

1.关键术语

创业是不拘泥于当前资源约束，寻求机会、进行价值创造的行为过程。创业的定义有广义和狭义之分。狭义的创业通常指自主创业，即创业者个人或创业团队白手起家进行创业。而广义的创业不仅仅指成立公司，对年轻的创业者来说，根据自己的性格、兴趣、专业、特长来选择自己的职业，在自己的岗位上开拓进取，进而实现自己人生目标的过程也是创业。

从概念上说，创业精神是指存在于创业者主观世界中的具有开创性的思想、观念、个性、意志、作风和品质等。从理论上说，创业精神有三个层面的内涵：一是哲学层次的创业思想和创业观念，是人们对于创业的理性认识；二是心理学层次的创业个性和创业意志，是人们创业的心理基础；三是行为学层次的创业作风和创业品质，是人们创业的行为意识。

2.选择题

○单项选择题

随堂测 1-1

(1)“大众创业、万众创新”是在(　　)政府工作报告中首次提出的。

A.2013年　B.2014年　C.2015年　D.2016年

(2)下列各项中,不符合“大众创业、万众创新”政策总体思路的是(　　)。

A.放宽政策　B.放开市场　C.放大资源　D.放活主体

(3)创客是指(　　)。

A.各类企业的客人　B.具有创新理念、自主创业的人

C.一个公司的品牌　D.一种食品名称

(4)下列各项中,不符合高校毕业生就业创业工作精神的是(　　)。

A.着力加强创新创业教育和自主创业工作

B.积极拓宽重点领域就业渠道

C.大力提高就业指导服务能力

D.鼓励大学生投身于公务员队伍中

(5)下列各项中,不是大学生创业优惠政策的是(　　)。

A.税收优惠　B.创业担保贷款和贴息

C.免除有关行政事业性收费　D.享受学校便利条件

○多项选择题

随堂测 1-2

(1)下列途径和方法中,可以培育创业精神的有(　　)。

A.知识和技能学习　B.创业实践和实训

C.继承前人精神　D.培养兴趣和特长

(2)创业精神的特征有(　　)。

A.高度的综合性　B.三维整体性

C.超越历史的先进性　D.鲜明的时代性

(3)关于创业,下列说法中正确的有(　　)。

A.创业可以挖掘个人潜力,有助于实现自身价值

B.在创业过程中考验的是综合素质和创业精神

C.创业者动机是多种多样的,包括生理需求、安全需求、尊重需求等

D.就职业的稳定性而言,创业没有就业稳定

3.判断题

随堂测 1-3

(1)创业者是创业过程中最根本、最重要的因素。(　　)

(2)在创业过程中,创业者的素质是最重要的。(　　)

(3)“成功的创业活动,必须将创业机会、资源和创业团队三要素进行最适当搭配”的观点是蒂蒙斯模型的主要内容。(　　)

(4)创业行为的产生受创业者动机的驱动。(　　)

项目二　探索创新之路

创学堂 2-1

2021 年 9 月 27 日，习近平总书记在中央人才工作会议上的讲话中指出“必须坚定人才培养自信，造就一流科技领军人才和创新团队，培养具有国际竞争力的青年科技人才后备军，用好用活人才，大胆使用青年人才，激发创新活力，放开视野选人才、不拘一格用人才”。同样是职场新人或白手起家，为什么有人能迅速脱颖而出、快速进入发展正轨，有人却一直碌碌无为、苦等机会降临？无论是企业还是个人，无论是在公司求职还是独自创业，拥有创新思维，才有可能脱颖而出。世界上绝大多数人都拥有一定的创新天赋，但也因多数人习惯旧有经验、盲从权威、缺乏自信和相关知识，让“少数群体”有幸拥有成功人士的标签。如果你完成本章的任务学习和训练，并能掌握学习和训练过程中的方法、工具，你就有很大机会蜕变成“少数群体”，获得成功。

【项目结构】

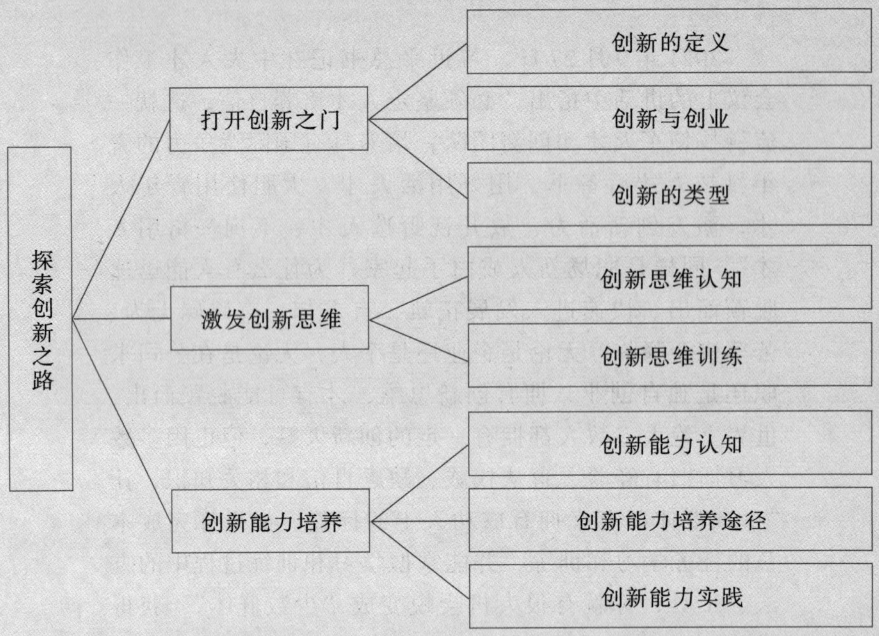

图 2-1　项目二内容结构图

任务一 打开创新之门

任务目标

- 知识目标：认识什么是创新，了解创新与创业的内在关系。
- 能力目标：通过学习和训练，培养运用创新视角观察事物的能力。
- 素养目标：培养创新的意识，以及在日常生活中能主动发现创新、学习创新的习惯。

【任务导入】

用照片“复刻”古诗词 惊艳就在创新中

古诗词中的美景“亮”起来了。据报道，浙江大学博士生邱纪琛从小喜爱古诗词，在学习之余，穿行于杭州的街巷和山水之间，并尝试用拍照还原古诗词中的美景，比如摄于檀头山岛的“沧海月明珠有泪”，既有创意，又有意境。

用照片“复刻”古诗词，完全行得通、做得到。苏东坡曾说：“味摩诘之诗，诗中有画；观摩诘之画，画中有诗。”很多古诗词本身就有画面感，比如一看到王维的诗句“大漠孤烟直，长河落日圆”“白水明田外，碧峰出山后”“漠漠水田飞白鹭，阴阴夏木啭黄鹂”，眼前顿时浮现出生动画面，“物皆著我之色彩”。

一来，邱同学沉浸于古诗词，并积极探索新的解读之道，让人看到了当今年轻人对优秀传统文化的热切拥抱之情。二来，这种探索将带动更多人爱上古诗词，感染更多的人传承优秀传统文化。

“以古人之规矩，开自己之生面。”实现中华文化的创造性转化和创新性发展，说难不难，说不难也难，就看用不用心，有没有令人眼前一亮的想法，有没有让人拍案叫绝的做法。如果钻不进去，就洞察不了优秀传统文化的绝美；如果出不来，则停留于对优秀传统文化的低层次审美。在继承中发展，在发展中继承，为优秀传统文化注入新鲜血液，为它们插上“活化”的翅膀，优秀的传统文化才能如源头活水，汩汩长流，温润人心。

资料来源 王石川．用照片“复刻”古诗词 惊艳就在创新中［EB/OL］．［2022-08-17］．https：//baijiahao.baidu.com/s?id=1741402942856797318&wfr=spider&for=pc．有删减．

请思考：

(1) 创新一定来源于伟大吗？邱纪琛用照片“复刻”古诗词的创新灵感来源于哪儿？

(2) 总结一下邱纪琛是如何在传统文化的基础上进行创新的？

学一学

每当提到“创新”，我们的脑海里会迅速闪现“中国古代四大发明”、神舟飞船遨游太空、蛟龙号深潜成功的壮观画面，似乎只有那些“颠覆性创新”才是创新，似乎成功的创新必须与伟大的人、伟大的事联系在一起，但是，事实并非如此。

一、创新的定义

1912年，美国经济学家熊彼特在《经济发展理论》一书中从经济学角度提出创新理论，指出“创新”就是建立一种生产函数，把一种从未有过的关于生产要素与生产条件的“新组合”引入生产体系。从20世纪中期开始，人们对创新有了更广义的理解，认为创新包括技术创新、知识创新、制度创新等内容。从20世纪60年代起，管理学家开始将创新引入管理领域。美国著名管理学家彼得·F.德鲁克（Peter F. Drucker）发展了创新理论，认为“创新并非必须在技术方面”“创新的行动就是赋予资源以新的创造财富能力的行为”。[①]

本书认为，创新是为了满足人们的需要，在原有事物的基础上，通过改进或改变，获得具有价值的新事物的过程。创新的根本目的是满足人类自身的需要，创新的客体是客观世界，创新的核心是人的主观创新思维，创新的结果就是产生具有价值的新事物，包含意识和物质两个方面。简而言之，创新就是一个通过求变、求新获取价值的过程。同样，检验是否发生创新有三个判断标准：一是有没有新的变化；二是有没有新事物产生；三是有没有价值。

二、创新与创业

创新与创业是一对孪生兄弟，两者之间存在密切的内在联系。创新是创业的基础和目标，创业是对创新的实践。创业的本质在于把握机会，创造性地整合资源、利用机会和快速行动。所以说，创业的本质是创新，创新是创业的灵魂。在创业过程中，从产生创意到研发产品，再到规模化生产，存在遥远的距离，创业者只有依托超凡的想象力和毅力，才能保持企业的活力。

① 金炳华. 马克思主义哲学大辞典［M］. 上海：上海辞书出版社，2003：413-414.

创新为企业的创业实践提供了灵魂支撑，创业也为创新活动提供了血肉素材，创新与创业的有机结合，发挥着不可思议的力量，推动着经济社会的发展和人类的进步。

三、创新的类型

（一）创新的分类方式

从不同的角度出发，创新有不同的分类方式。比如：按创新的概念来划分，创新可分为广义创新和狭义创新；按创新的基本类型来划分，创新可分为产品创新、技术（工艺）创新、服务创新；按创新的领域来划分，创新可分为体制创新、制度创新、技术创新、国家创新、管理创新、市场创新、金融创新、教育创新、产品创新等；按创新的主体和形式来划分，创新可分为自主创新、模仿创新和合作创新；按创新的客体来划分，创新可分为组织创新、产品创新、工艺创新、平台创新、消费者形态创新等；按创新的程度来划分，创新可分为颠覆性创新、渐进性创新。

（二）“产品创新”分类介绍

不同角度和分类方式为大家提供了不同的创新思路。为了便于学习和应用，本书着重从“产品创新”角度出发，介绍产品创新、体验式创新、颠覆性创新、应用性创新、平台创新五种创新类型。①

1.产品创新

产品创新是关注当前已有的产品，通过提供当前产品所没有的特性或功能来实现差异化创新。每个产品都处于元件、产品、系统这一层次的构架中，因此产品创新有一个额外的维度：每个产品都由元件构成，且本身又是某个更大系统中的组成部分。因此，对于任一元件的创新，或系统的重组，都能创造更多的价值，如汽车的混合引擎、手机的摄像头、笔记本电脑的无线接入等。

2.体验式创新

体验式创新是顾客亲近轨迹中最彻底的优化形式，其价值并不是基于功能的差异，而是来源于产品和服务的体验。体验式创新特别适用于产品已经完全商品化、其购买决策没有风险的消费者市场。当前，伴随我国新中产阶级的崛起，消费升级趋势明显，消费者对生活质量提出了更高的要求，这对创新者而言是更大的机遇和挑战，对消费者而言，意味着更加期待满足其深层次需求的产品出现。因此，体验式创新也可以理解为消费形态的创新。例如：商务酒店在你入住一次后就能记住你的入住习惯；购买电器可享受免费上门维修服务等。

---

① 摩尔. 公司进化论［M］. 陈劲，译. 北京：机械工业出版社，2014：50-52.

3.颠覆性创新

颠覆性创新是指在传统创新、破坏式创新和微创新的基础之上，由量变产生质变，从逐渐改变到最终实现颠覆，通过创新，实现从原有的模式蜕变为一种全新的模式。颠覆性创新包含两个关键特征：一是颠覆性创新产品的性价比远远高于市场原有产品；二是颠覆性创新产品的标准与当前市场现有标准基本不相容。例如：华为率先在手机上实现卫星通信，是对传统手机的颠覆性创新；抖音让任何一个人都可以成为娱乐内容的创作者，实现了从“限制娱乐”到“自由娱乐”的颠覆。

4.应用性创新

应用性创新是一种解决方案型创新，通过挖掘已有产品的新用途来实现创新，而且其一般是通过采用新颖的方式对产品进行重新组合来实现的。应用性创新引入了新的标准，但采用的是已有的价值链，只是关注重心转移了。例如：在制药行业中使用的能大大加快新药品应用的管理系统；在广告传媒业中从苹果机到桌面排版技术的逐步升级。颠覆性创新同时包含了一个新产品和一个新市场，应用性创新主要关注后者。

5.平台创新

平台创新是通过提出一个简化的产品层来覆盖其中的复杂性与综合性，这样下一代产品就可以关注新的价值主张。因此，这里的部分创新活动包括招募与支持价值链上的合作伙伴。最成功的平台创新可以将那些已被广泛接受的产品重置，使其具备这种新功能。例如：微软与英特尔公司重置DOS与8086微处理器，将其从IBM的个人电脑集成元件变成个人电脑复制驱动器；甲骨文公司将其关系数据从微型电脑的组成元件变为普遍的企业应用软件。

【教学互动2-1】

互动内容：

请同学们根据本任务“学一学”的相关知识，结合补充材料，以小组为单位，总结对创新的基础认知。

互动要求：

（1）根据上面的总结，对有关创新的基础知识进行梳理，将表2-1补充完整。

（2）请教师对学生的回答进行点评。

表 2-1　创新基础知识要点梳理

基础知识	要点梳理
创新的目的	
创新的客体	
创新的核心	
创新的结果	
创新的判断标准	
创新的类型	

做一做

以小组为单位，列举过去一年你关注或购买过的3种新产品（流行产品），并从创业者的角度总结这些产品和以前出现过的同类商品有哪些不同，做了哪些创新，这些创新属于哪种类型的创新。讨论交流后，小组成员共同完成表2-2。

表 2-2　新产品创新点总结表

新产品名称 / 创新性分析	新产品 1	新产品 2	新产品 3
新产品描述			
新产品的创新点			
属于哪种类型的创新			
为什么属于上述类型的创新			
你认为该产品还可以如何改进			

评一评

新产品创新点总结评价表见表2-3。

表 2-3　　新产品创新点总结评价表

评价指标（分值）	标　准	小组自评（30%）	小组互评（30%）	老师评分（40%）	最后得分（分）
列举新产品（20分）	能列举出新产品，并进行准确描述				
创新性总结（50分）	能运用所学准确总结出新产品的创新点、创新的类型				
改进建议（30分）	改进建议合理，符合创新的标准				
合计（100分）					
老师评语	签名：　　　日期：				

任务二　激发创新思维

任务目标

- 知识目标：认知创新思维的定义和常见的思维障碍。
- 能力目标：通过学习和训练，掌握打破思维障碍的方法。
- 素养目标：培养打破思维定式、敢于突破的精神。

【任务导入】

创新来自热爱生活的眼睛

30多项国家专利让四川大学水利水电学院2012级本科生范云鹤成为校园里著名的“发明家”。在大一物理课上，范云鹤做了一件与众不同的事情。他发现一个实验仪器存在构造问题，并由此产生了不可避免的误差。很多人认为这个误差在实验可以接受的范围之内，但范云鹤做了不同的决定。他在分析原因后，用5天时间改进设计，最后发现这个误差是可以避免的，并重新研制了一款物理仪器。由此，他申请了两项国家专利，其中一项已获得授权。范云鹤认为，自己保持着对新鲜事物的好奇心，通过钻研和努力，他看问题更加深入，他很享受这个过程。靠着一双善于观察的眼睛和一颗热爱创新的心，范云鹤运用工程训练课程中所学到的轴承知识设计了一种高楼逃生装置；针对公交车安全锤不能有效破窗的缺陷，他发明了一种取代安全锤的车内逃生装置以及一种弹射式固定破窗器。

请思考：

（1）在日常学习和生活中，对于大家习以为常的事，你会提出不同的观点吗？

（2）总结一下范云鹤同学为什么能突破思维局限而成为创新高手。

学一学

创新思维是一座宝藏，人人都有，但常常被我们忽视，没有及时发掘。其实，在日常生活中我们经常运用创新思维解决问题，也经常因为思维的局限而苦恼。每个人都具有创新的潜质，但是创新意识和创新思维的能力是需要后天学习和培养的，希望通过学习和练习，你能发现自己思维的局限，并且掌握方法实现突破。

一、创新思维认知

（一）什么是创新思维

思维是对客观现实的概括和间接认识的过程。[①]创新思维是以新颖独创的方法解决问题。运用这种思维能突破常规思维的界限，以超常规甚至反常规的视角去思考问题，提出与众不同的解决方案，从而产生新颖、独到、有社会意义的思维成果。创新思维是实现创新的工具和过程。其本质在于将创新意识的感性愿望提升到理性的探索上，实现创新活动由感性认识到理性思考的飞跃。

伟大的物理学家爱因斯坦曾说过："提出一个问题往往比解决一个问题更为重要，提出新的问题、新的可能性，从新的角度去看旧问题，需要有创造性的想象力，而且标志着科学的真正进步。"人的思维容易受先前活动的影响，从而对事物有特殊倾向性。按常规处理问题，可以省去摸索、试探的步骤，缩短思考时间，提高效率。但是这种长期形成的思维定式，也将人的思维局限在了一个无形的盒子里面，既束缚了思维的范围，也阻碍了思维的突破。创新思维就是打开"思维盒子"的钥匙，一旦盒子被打开，我们将会迎来一个全新的世界。

---

① 蒋建明. 英汉神经病学词典［M］. 上海：第二军医大学出版社，2001：240.

（二）常见的思维障碍

1.惯性思维

惯性思维是指随着人的知识、经验的积累，形成了一定的思考问题、解决问题的习惯方式。惯性思维对解决一般问题、老问题常常是迅速和有效的，但对新问题而言，它往往成为障碍。

2.从众型思维

从众型思维是指懒于独立思考，或不敢标新立异而盲目从众，一切跟随大众的思维模式。从众型思维最大的特征就是人云亦云，缺乏独立思考。抱有这种心理的人，大多是为了跟大家保持一致，怕被说成标新立异、哗众取宠，因而随波逐流。在实际生活中，大多数人明明稍加独立思考就能正确做出决策，却可能因从众心理而陷入盲从。

3.权威型思维

权威型思维是指迷信权威，无论是权威人物还是权威书籍，一切都按权威所指行动，不敢怀疑权威的理论或观点，这也是创新思维的最大障碍。一般来说，权威人物也会被自己的知识和经验限制住，他们的意见具有时间和空间的局限性，即在一定时间和一定范围内才是适用的。大量的创新成果都是在克服了对权威的无条件崇拜，打破了迷信权威的思维障碍后取得的。实际上，许多被称为权威的专家、学者自己也多次指出，不要盲目相信权威所说的一切。权威不仅仅指某个个体，也可能指一个知识点、某一件事物等。

4.自我中心型思维

自我中心型思维是指人们"一叶障目，不见泰山"，局限在自己已有知识或成果的范围内，思考问题时以自我为中心，阻碍了创新思维。实际上，客观情况是不断发展变化的，而经验只能描述过去，自己掌握的知识和技能只能在一定时间和范围内适用。

5.自卑型思维

自卑型思维是指在自卑心理的支配下，不敢去做没有把握的事情，即使是走到了成功的边缘，也因害怕失败而退却。有这种心理的人，有的其实是很聪明的，有的也曾取得过不错的成绩，但是后来受到某种打击，从此信心受挫，虽然还在从事有可能实现创新的工作，却一再和成功失之交臂。

6.线性思维

线性思维是指思维沿着一定的线性或类线性（既可以是直线也可以是曲线）轨迹寻求问题解决方案的一种思维方式。这种思维方式把认识停留在事物的表象而不是本质上，并以表象为认识的出发点，具有片面、直线、直观的特点。线性思维在一定意义上来说属于静态思维。

7.惰性思维

惰性思维是指因为主观依赖性严重，或者人生态度消极悲观等，而缺乏积极主动的主观思维能力，不积极主动地去思考。惰性思维又可分为两种：一种是缺少积极主动的思维意识；另一种是缺少积极主动的思维心态。

【教学互动2-2】

互动内容：

请同学们根据相关知识，总结一下自己有哪一种或哪几种思维障碍，列举2~3个学习、生活中的实例加以说明。

互动要求：

（1）结合有关思维障碍的知识和个人实际发表见解，也可以和同学简单沟通后回答。

（2）请教师对学生的回答进行点评。

二、创新思维训练

运用创新思维的目的，就是让我们具有“新的眼光”，打开“思维盒子”，打破技术系统旧有的阻碍。一些看似很困难的问题，如果我们投以“新的眼光”，站到更高的位置，采用不同的角度来看待，就会得出新的答案。

（一）发散思维与收敛思维

1. 发散思维

发散思维又称扩散思维、辐射思维或多向思维，是指人在思维过程中，将思路由一点向四面八方展开，从而获得许多设想、方案和办法的思维过程。发散思维具有流畅性、变通性、独特性、多感官性的特点。

发散思维的思考模型就好比是自行车轮毂一样，以车轴为中心向外辐射，思维就是沿着多条“思维线”向四面八方发散，多方向、多角度地扩展思维空间，如图2-2所示。

2. 收敛思维

收敛思维又称集中思维、辐集思维、求同思维或聚敛思维，是一种寻求唯一答案的思维，其思维方向总是指向问题的中心。与发散思维相反，收敛思维在解决问题的过程中，总是尽可能地利用已有的知识和经验，把众多的信息和方案的可能性逐步引导到条理化的逻辑链中。

收敛思维是一种从众多答案或方案中寻求唯一的正确答案或最佳方案的思维方式。它表现为“以多趋一”，其基本结果就是归一、聚合。它具有封闭、连续、求实、聚焦的特征，如图2-3所示。

3. 发散思维与收敛思维的区别和联系

思想家托马斯·库恩认为，科学革命时期发散思维占优势，常规科学时期收敛思维占优势，一个好的探索者要在发散思维和收敛思维之间保持必要的灵活性。

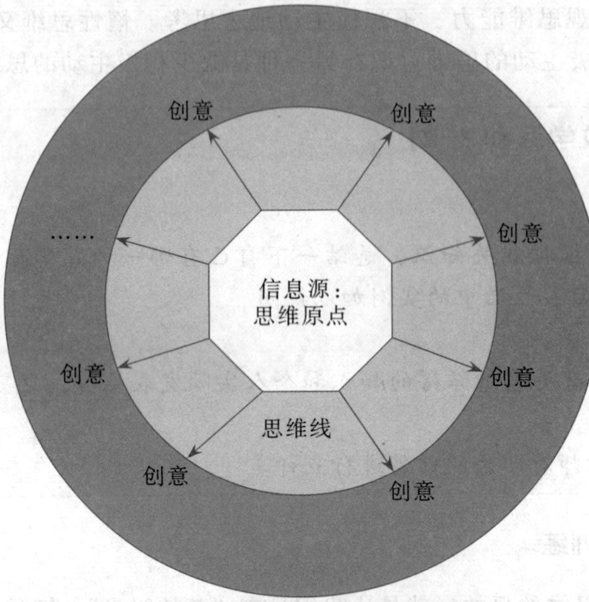

图 2-2 发散思维模型示意图

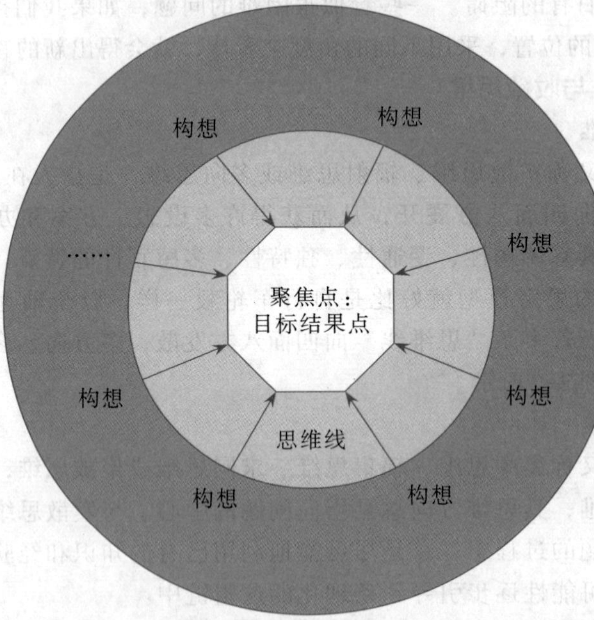

图 2-3 收敛思维模型示意图

(1) 思维指向相反。发散思维是由问题的中心指向四面八方，收敛思维是由四面八方指向问题的中心。

(2) 两者的作用不同。发散思维是一种求异思维，为在广泛的范围内搜索，要尽可能地放开，把各种不同的可能性都设想到。收敛思维是一种求同思维，要集中各种想法的精华，达到对问题系统、全面地考察，为寻求一种最有实际应用价值的结果而把多种想法理顺、筛选、综合、统一。

（3）收敛思维与发散思维是一种辩证关系，既有区别，又有联系，既对立又统一。没有发散思维的广泛收集，多方搜索，收敛思维就没有了加工对象，就无从进行；反过来，没有收敛思维的认真整理，精心加工，发散思维的结果再多，也不能形成有意义的创新结果，也就成了废料。只有两者协同动作，交替运用，才能圆满完成一个创新过程。

（二）想象思维与联想思维

1.想象思维

想象思维是人脑通过形象化的概括作用对头脑中已有的记忆表象进行加工、改造或重组的思维活动。想象思维可以说是形象思维的具体化，是人脑借助表象进行加工操作的最主要形式。想象思维的强弱是判断一个人创新能力强弱的重要依据。想象思维具有形象性、概括性、超越性的特征。想象思维又分为无意想象和有意想象两种类型。

想象思维在创新中起着主导作用。古人幻想的“点石成金”“呼风唤雨”“飞天”，如今都已实现。同时，想象思维在人们的精神生活和文化生活中也起着重要作用，艺术家、文学家要想创作出优秀的作品，就需要发挥想象力。

2.联想思维

联想思维是指在人脑记忆表象系统中，由于某种诱因使不同表象发生联系的一种没有固定思维方向的自由思维活动，其具有跳跃性、形象性、概括性的特点。联想思维主要有五种类型：接近联想、相似联想、对比联想、因果联想、类比联想。

3.想象思维与联想思维的共同点及区别

想象思维与联想思维具有如下共同点：想象思维和联想思维都属于形象思维的范畴，都可以借助于形象展开；都可以呈现为非逻辑形式。两者可以互为起点，也就是说，想象思维可以在联想到的事物周围展开，同时，联想思维也可以在想象到的事物周围展开。

想象思维与联想思维具有如下区别：联想只能在已存入记忆系统的表象之间进行，而想象则可以超出已有的记忆表象范围；想象可以产生新的记忆表象，而联想不能；联想思维的操作过程是一维的、线性的、单向的，想象思维则可以是多维的、立体的、全方位的；联想思维的活动空间是封闭的、有限的，想象思维的活动空间则是开放的、无限的；想象思维的结果可以超越现实，联想思维的结果不能超越现实；想象思维所获得的结果又可以引起新的联想。

（三）逻辑思维与辩证思维

1.逻辑思维

逻辑思维又叫抽象思维，是指符合某种人为制定的思维规则和思想形式的，或是遵循传统形式逻辑规则的思维方式，其具有规范、严密、确定和可重复的特点。逻辑的形式，简单讲就是概念、判断、推理。例如：所有A都是B，所有C都是A，所以所有C都是B。

2.辩证思维

辩证思维也称矛盾思维，是指按照辩证逻辑的规律，也就是唯物辩证法的规律进行的思维活动。辩证思维最基本的特点是将对象作为一个整体，在其内在矛盾的运动、变化及各个方面的相互联系中进行考察，以便从本质上系统地、完整地认识对象。

【教学互动2-3】

互动内容：

请同学们根据教材“学一学”的相关知识，完成下面的思维训练。

互动要求：

（1）体会下列思维训练对应的思维方式，并就完成情况进行总结。

（2）请教师对学生完成情况进行点评。

①【发散思维训练】请在5分钟内尽可能多地列举砖头的各种可能用途。

②【收敛思维训练】请在5分钟内尽可能多地列举形状与扇形相似的东西。

③【想象思维训练】在未来社会，机器人的使用可能十分普遍，每个人都可以有1个或1个以上的机器人助手，你想要什么样的机器人？你和你的机器人各自都干什么？请发挥你的想象，并做记录。

④【联想思维训练】看到图2-4，你能联想到哪些东西？请记录下你联想到的事物，并对其进行描述。

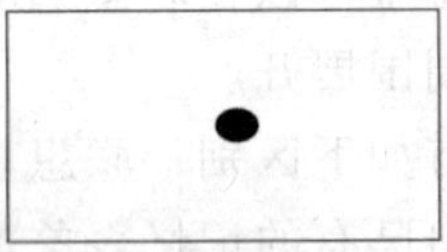

图2-4 联想思维训练测试图

⑤【逻辑思维训练】假设有一个池塘，里面有无穷多的水，现有2个空水壶，容积分别为5升和6升，请问，如何只用这2个水壶从池塘里取得3升的水？

⑥【辩证思维训练】某女生特别爱吃肉，但并没有发胖；另一女生吃肉不多，却有些胖。前者照旧猛吃肉，后者一点肉也不敢吃了，你认为她们的做法对吗？请给出你的观点。

做一做

1. 请结合实际，为自己制订一个为期半年的思维训练计划，并填写表 2-4。

表 2-4　思维训练计划

短期目标（1个月）	
中长期目标（半年及以上）	
训练计划	
标志性成果	

2. 小组成员互相展示，经过讨论交流后，推举出一名同学代表小组向全班进行展示。

评一评

思维训练计划评价表见表 2-5。

表 2-5　思维训练计划评价表

评价指标（分值）	小组自评（30%）	小组互评（30%）	老师评分（40%）	最后得分（分）
短期目标（20分）				
中长期目标（20分）				
训练计划（40分）				
标志性成果（20分）				
合计（100分）				
老师评语	签名：　　日期：			

任务三 创新能力培养

任务目标

- 知识目标：认知什么是创新能力，以及创新能力的培养途径。
- 能力目标：通过学习和训练，熟悉几种实用创新技法的操作方法。
- 素养目标：通过学习和训练，培养勇于创新、主动创新的精神。

【任务导入】

海尔——从“中国制造”到“中国智造”

2017年8月24日，中央电视台综合频道播出《创新的力量》纪录片。该纪录片以海尔卡萨帝原创科技团队的领军人物李文伟为故事主角，讲述海尔创新团队研发全球第一台实现分区洗护的卡萨帝“双子云裳”洗衣机的故事。通过一机双筒的原创设计，卡萨帝首次解决了不同衣物分区洗、分类洗、健康洗的问题，上筒12种专属程序支持婴幼儿及易损衣服洗护，下筒18种高端洗护程序满足了用户分类洗、高端护的需求。即使不同颜色、不同材质的衣物，也能同一时间分区洗涤，带来高效、便捷的洗衣体验，获得了有电器界“诺贝尔奖”之称的德国VDE认证。海尔用创新赢得了市场，更赢得世界为“中国智造”点赞。

请思考：

（1）海尔公司的卡萨帝洗衣机是如何实现从“中国制造”到“中国智造”的？

（2）这个案例给你带来了哪些启发？

学一学

如果将创新思维比作创新的灵魂，那么创新能力就是民族进步的灵魂、经济竞争的核心。当今社会，与其说是人才的竞争，不如直观地说是人才创新能力的竞争。如果没有创新能力，人类社会将停滞不前；如果没有创新能力，那么一个民族必将是落后的民族。希望通过学习，你能更直观地了解将创新思维应用到实践中的方法，提升创新能力。

一、创新能力认知

创新能力是个人或群体面对无法用传统方法或程序来解决的问题时，运用已知信息，找到问题、分析问题，并采用新颖或独创性的方式加以解决的能力，是创新主体在创新活动中表现出来并发展起来的各种能力的总和。创新能力不是一般性的能力，而是人的知识、技能、智慧、个性、品格的统一与综合。用一句话概括，创新能力就是指人所具有的发现新问题或新事物，提出新观点或新办法，解决新问题或创造新事物的能力。

从理性角度来看，创新能力包括创新思维的能力及为实施创新所需要的一切能力的总和。创新思维能力就是想前人之未想的能力，具体包括提出问题与解决问题的思考能力。思维能力、想象能力、记忆能力、观察能力，构成了创新思维能力。实施创新所需要的能力，具体包括观察能力、理解能力、分析能力、记忆能力、操作能力、组织能力、宣传能力、公共关系能力等各种基本能力，是各种基本能力的综合运用。各种基本能力既相对独立，又相互依存、相互促进。

从实践角度来看，创新能力表现为发现问题的敏锐观察能力、统观全局的统摄思维能力、拓展思路求索答案的能力、借鉴经验开拓新途径和转移经验的能力、远见卓识预见未来的能力。不同的人具有不同的创新能力，如科技创新能力、艺术创新能力、经营创新能力、管理创新能力等。现代科学研究表明，在一定智力水平（IQ120）以上，创新能力的大小就与智力无关。[①]

二、创新能力培养途径

（一）创新从发现问题开始

一切创新与发明都是从一个问题开始的，人类的生产生活与问题紧密联系，正是在一次次解决问题的过程中，人类社会得以发展进步。只有问题才能激发人类科学探索和技术研究的兴趣。有了问题，思维才有方向；有了问题，人才有主动探究的愿望。

（二）提高解决问题的能力

提高问题处理能力，透过问题看本质。我们生活在一个信息时代，解决问题的关键往往隐藏在众多信息之后，有效地收集、甄别、处理信息，使用恰当的方法，主动动手实践，并不断提高获取信息、归纳整理信息、使用和传递信息的能力，才能不被问题迷惑，准确把握问题的本质，实现有效创新。

① 董仁威. 新世纪青年百科全书［M］. 成都：四川辞书出版社，2007：571.

（三）勇于冒险的精神和气魄

没有任何的创新和成功，是不需要面临风险就能实现的。创新实践本身就是一次冒险的过程，风险是成功的外衣，不满足于现状、打破常规就是要脱掉这层外衣，抓住成功的机会。因此，每一个创新者都是一位不惧失败的冒险家。但是，风险不一定会导致失败，如果能用科学的方法和手段进行创新，是可以将风险降到最低甚至规避的。

【教学互动2-4】

互动内容：

请总结一下，自己在创新能力方面最大的不足有哪些，并举例说明。

互动要求：

（1）可以独立思考，也可以询问你的父母、老师、朋友，听听他们的建议。

（2）请教师对学生的完成情况进行点评。

三、创新能力实践

伟大的哲学家黑格尔说过："方法是任何事物所不能抗拒的、最高的、无限的力量。"人类从开启创新实践以来，就一直在寻找能够有效利用创新思维、创新经验的方法和手段。如今，创新技法在人类生产、生活的各个领域都发挥着不可替代的作用。据不完全统计，国内外创新学家总结出的创新技法有300余种，常用的有100多种。为了方便大家学习，本书选取了几种最基本、常用的方法做简单介绍。

（一）设问检查法

1.奥斯本检核表法

亚历克斯·奥斯本是美国创新技法和创新过程之父，1941年出版了世界上第一部创新学专著《创造性想象》，提出了奥斯本检核表法（Checklist Technique）。

奥斯本检核表法有75个问题，可归纳为9组，其核心是改进，见表2-6。

应用奥斯本检核表是一个强制性思考过程，有利于突破不愿提问的心理障碍。很多时候，善于提问本身就是一种创造。

2.和田十二法

和田十二法，又叫聪明十二法、和田创新法则，是我国学者许立言、张福奎在奥斯本检核表法的基础上，借用其基本原理，加以创造而提出的一种

表 2-6　奥斯本检核表

序号	检核类别	检核内容
1	能否他用	有无新的用途？是否有新的使用方式？可否改变现有的使用方式？
2	能否借用	有无类似的东西？利用类比能否产生新观念？过去有无类似的问题？可否模仿？能否超过？
3	能否扩大	可否增加些什么？可否附加些什么？可否增加使用时间？可否增加频率、尺寸、强度？可否提高性能？可否增加新成分，可否加倍？可否扩大若干倍？可否放大？可否夸大？
4	能否缩小	可否减少些什么？可否密集、压缩、浓缩、聚拢？可否微型化？可否缩短、变窄、去掉、分割、减轻？可否变成流线型？
5	能否改变	可否改变功能、颜色、形状、气味、音响、外形、外观？是否还有其他改变的可能性？
6	能否代用	可否代替？用什么代替？有何别的排列、成分、材料、过程、能源、音响、颜色、照明？
7	能否调整	可否变换？有无互换的成分？可否变换模式、布置顺序、操作工序、因果关系、速度或频率、工作规范？
8	能否颠倒	可否颠倒？可否颠倒正负、正反、头尾、上下、位置、作用？
9	能否组合	可否重新组合？可否尝试混合、合成、配合、协调、配套？可否进行物体组合、目的组合、特性组合、观念组合

思维技法。它既是对奥斯本检核表法的一种继承，又是一种大胆的创新。和田十二法分别为：加一加、减一减、扩一扩、缩一缩、变一变、联一联、学一学、改一改、代一代、搬一搬、反一反、定一定，概括了解决发明问题的12条思路。

3.5W1H分析法

5W1H分析法也叫六何分析法，既是一种思考方法，也是一种创新技法。它是对任何选定的项目、工序或操作，都要从对象（何事，what）、地点（何地，where）、时间（何时，when）、人员（何人，who）、原因（何因，why）、方法（何法，how）六个方面提出问题并进行思考。这种看似很可笑、很天真的问话和思考方法，可使思考的内容深化、科学化。

（二）分析列举型技法

1.特性列举法

特性列举法是20世纪30年代初美国内布拉斯加大学教授克劳福特创立

的一种创新技法。运用该技法首先要把研究对象的主要属性逐一列出，通过详细分析，探讨能否进行改革或创新。

一般来说，事物的特性包括名词特性、形容词特性和动词特性。特性列举法在运用中要对创新对象的全部特性进行列举，列举得越全面越详细，越容易找到创新和改进的方面。要着手解决的问题越小，越容易获得创新的成功。

2.缺点列举法

缺点列举法也是常用的一种创新技法，是抓住事物的缺点进行分析，以确定发明目的的创新技法。此法直接从社会需要的功能、审美、经济等角度出发，研究对象的缺陷，提出改进方案，简便易行。

3.希望点列举法

希望点列举法是美国内布拉斯加大学教授克劳福特提出的一种创新技法。这是针对提出来的种种希望，经过分析和归纳，确定发明目标的方法。此法从发明者提出的各种新设想出发，不受原有思维的束缚，是一种积极主动的创新方法。根据人们的希望和需求创新，其模式如图2-5所示。

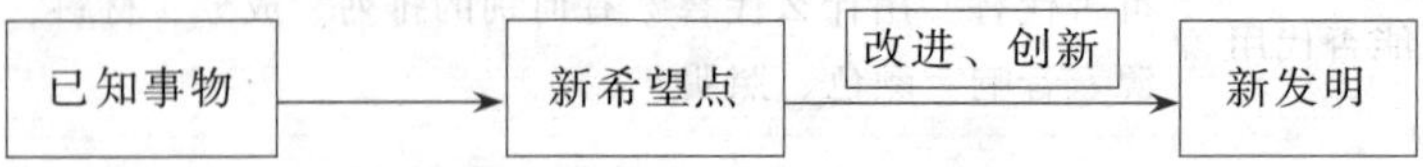

图2-5 希望点列举法模式

（三）组合技法

1.主体附加法

主体附加法是指以某一特定的对象为主体，通过置换或插入其他技术或增加新的附件而产生发明或创新的方法，它又可称为内插式组合。此法常在对产品做不断完善、改进时使用。如最初的洗衣机只是代替人的搓洗功能，以后增加了甩干、加热装置，使其有了漂洗和烘干功能。

2.焦点法

焦点法是美国人C. H. 赫瓦德提出的一种典型的强制联想法。焦点法是以一预定事物为中心和焦点，依次与各元素一一构成联想点，寻求新产品、新技术、新思想的推广应用和对某一问题的解决方法。

焦点法的操作程序如下：第一步，确定目标A；第二步，随意挑选与A风马牛不相及的事物B作刺激物；第三步，列举事物B所有属性；第四步，以A为焦点，强制性地把B的所有属性与A联系起来产生强制联想。联想的结果有的可能很荒唐，有的则有一定价值。

3.信息交合法

信息交合法，又称“要素标的发明法”或“信息反应场法”，是一种在信息交合中进行创新的思维技巧，是华夏研究院思维技能研究所所长许国泰副教授于1983年首创的。信息交合法主要依据以下两个公理：一是不同信息的交合可产生新信息；二是不同联系的交合可产生新联系。

信息交合法的操作程序如下：第一步，定中心，确定所研究的中心，也就是你要解决的问题，将其作为零坐标；第二步，画标线，根据“中心”的需要，确定画多少条标线；第三步，注标点，在信息标上注明有关信息点；第四步，相交合，以一标线上的信息为母本，以另一标线上的信息为副本，相交合后产生新信息；第五步，将组合出的新事物依次列出，并表现移动变量，使产品系列化。

（四）萃思理论

萃思（TRIZ）理论是苏联发明家根里奇·阿奇舒勒（Genrich Altshuler）基于辩证唯物主义和系统论思想所提出的有关发明问题的基本理论。TRIZ是英文缩写，俄语的缩写为“ТРИЗ”，翻译成中文是“发明家式的解决任务理论”，国内形象地将其直译为“萃思”或者“萃智”，取其“萃取思考”或“萃取智慧”之意。在他的带领下，从1946年开始，数十家研究机构、大学、企业组成了萃思研究团体。这个1 500余人的研究团体，经过几十年对世界高水平发明专利（累计250万件）的分析研究，从中选出了5万件被认为是有真正突破的专利，对其发明过程进行进一步研究，得出了发明的一般规律，这就是当前全球广泛认可的创新技术萃思理论。

【教学互动2-5】

互动内容：

请同学们根据教材“学一学”的相关知识，结合补充材料，以小组为单位，调查经常出差、旅行的人对携带鞋子有哪些意见，选择一种创新技法对其进行改进。

互动要求：

（1）请利用所学，并主动查阅相关资料完成任务。

（2）请对任务完成情况进行展示，时间不超过5分钟，以PPT形式呈现。

（3）请教师对学生的完成情况进行点评。

做一做

调查了解当前社会有哪些亟待解决的社会性热点问题，如孤寡老人的照料、女童防性侵保护、留守儿童心理关爱、农产品滞销等问题，选择一个你最感兴趣或熟悉的问题，将此问题的某一细节作为研究对象，选择一种创新技法，提出你的解决构想，并认真填写表2-7。

表2-7 社会热点问题调查表

1.你所选择调查的社会热点问题是什么	
2.简单描述该问题	
3.你最想对该问题的哪个细节提出建议	
4.你准备选择哪种创新技法对其进行解决，为什么选择这一技法	
5.列出你给出的具体解决建议并简单阐述	

评一评

社会热点问题调查评价表见表2-8。

表 2-8　　　　　　　　社会热点问题调查评价表

评价指标（分值）	小组自评（30%）	小组互评（30%）	老师评分（40%）	最后得分（分）
能描述社会热点问题的选择背景（20分）				
对社会热点问题的描述（10分）				
针对某个细节提出合理建议（10分）				
创新技法的选择及原因（30分）				
罗列并阐述解决建议（30分）				
合计（100分）				
老师评语	签名：　　　　日期：			

【思创空间】

创新驱动，数字乡村：美丽乡村有了看不见的“操控工”

数字乡村怎么建？在乡村振兴持续推进的今天，怎样利用创新驱动、数字赋能？又如何让老百姓有获得感？数字没有形状，但在浙江乡村，人们却有着直观感受：钢架大棚外观别无二致，可里头科技范儿十足，一部手机网罗各色数据，这叫智慧农业；在超市、专卖店，消费者扫描二维码，便会知晓农产品的“前世今生”，背后是全程追溯；老百姓足不出户，琳琅好货触手可及，一根网线还将品质农货卖全球，农村电商蔚然成风；办证件、开证明，农民“最多跑一次”，数据成了跑腿员，谁都拍手叫好……

“新妇守箔女执筐，头发不梳一月忙。”说起养蚕，古人只道是辛苦，如果时光可以穿越，一睹眼前的这座“蚕场”，恐怕不会再有此等感慨。在地处嵊州市的巴贝集团，蚕宝宝不用吃新鲜桑叶，取而代之的是经过科学配方的人工饲料，不仅成本更低廉，关键还实现了全年养殖。如今，这个全龄人工饲料工厂化养蚕基地一期已投产，可谓颠覆了千百年来的传统模式，受到世界瞩目。

工厂化养蚕之所以难度大，关键在于防病防疫，稍有不慎，就容易造成蚕宝宝成批死亡。历经了数百次的创新研究，“巴贝”终于成功研制出一整套系统科学的防病体系，以及适应机械化生产的饲养器皿，光专利就有几十项。

资料来源 朱海洋. 浙江：数字化赋能乡村振兴［EB/OL］.［2019-04-09］. http：//country.people.com.cn/n1/2019/0409/c419842-31019475.html.

案例解析：案例中的情景只是今天我国乡村振兴战略下的一个缩影。乡村振兴，数智引领，守正创新，2019年5月，中共中央办公厅、国务院办公厅印发《数字乡村发展战略纲要》，明确了数字乡村建设的目标任务。数字乡村建设，首先离不开的就是人才，离不开无数新农人的努力创造，正是由于他们运用所学，在祖国广袤的农村大地上进行创新实践，抓数据资源建设，抓应用场景建设，抓智能设备建设，才有了今天数字乡村的新变化。正所谓，诗和远方，不如留在故乡。如果未来有更多从乡村走出来的学子，带着一身过人的技能，回到乡村，建设家乡，我们的乡村振兴战略就能更快实现。

【思考与练习】

1.关键术语

创新，是为了满足人们的需要，在原有事物的基础上，通过改进或改变获得具有价值的新事物的过程。创新的根本目的是满足人类自身的需要，创新的客体是客观世界，创新的核心是人的主观创新思维，创新的结果就是产生具有价值的新事物，包含意识和物质两个方面。

应用性创新，是一种解决方案型创新，通过挖掘已有产品的新用途来实现创新，而且其一般是通过采用新颖的方式对产品进行重新组合来实现的。应用性创新引入了新的标准，但采用的是已有的价值链，只是关注重心转移了。

创新思维，是指以新颖独创的方法解决问题的思维方式。这种思维能突破常规思维的界限，以超常规甚至反常规的方法、视角去思考问题，提出与众不同的解决方案，从而产生新颖、独到、有社会意义的思维成果。创新思维是实现创新的工具和过程。

惯性思维，是指随着人的知识、经验的积累，形成的思考问题、解决问题的习惯方式。

创新能力，是个人或群体面对无法用传统方法或程序来解决的问题时，运用已知信息，找到问题、分析问题，并采用新颖或独创性的方式加以解决的能力，是创新主体在创新活动中表现出来并发展起来的各种能力的总和。

2.选择题

○单项选择题

随堂测 2-1

(1)(　　)在《经济发展理论》一书中从经济学角度提出了创新理论。

A.彼得·F.德鲁克　　B.约瑟夫·熊彼特

C.菲利普·科特勒　　D.亚当·斯密

(2)创新的根本目的是(　　)。

A.新事物　　B.冒险

C.满足人类自身的需要　　D.生活

(3)创新的结果是(　　)。

A.有价值的新事物　　B.新事物

C.新变化　　D.盈利

(4)以下不是判断创新是否发生的标准的是(　　)。

A.是否有新的变化　　B.是否有新事物产生

C.是否具有价值　　D.是否赚钱

(5)下列不属于“产品创新”分类的是(　　)。

A.市场创新　　B.产品创新

C.体验式创新　　D.颠覆性创新

(6)创新思维是(　　)。

A.少数人特有的　　B.实现创新的工具

C.对人主观能动性的认识过程　　D.创新的指导思想

(7)(　　)是指懒于独立思考或不敢标新立异而盲目从众、一切跟随大众的思维模式。

A.惯性思维障碍　　B.惰性思维障碍

C.从众型思维障碍　　D.自卑型思维障碍

(8)下列对权威性思维障碍的阐述中，正确的是(　　)。

A.权威人物不会存在此类型思维障碍

B.权威是指权贵人物

C.权威性思维障碍专指那些权威人士的思维障碍

D.权威不仅仅指某个个体，也可能指一个知识点、某一事物

(9) 想象思维不具有（　　）的特点。

A.跳跃性连接　　B.形象性

C.超越性　　D.概括性

(10) 发散思维不具有（　　）的特点。

A.流畅性　　B.整合性　　C.变通性　　D.多感官性

(11) 下列各项中，不符合对创新概念描述的是（　　）。

A.创新外延比创造小

B.创新是“有中生新”

C.创新可不必考虑“成果效益”

D.创新与人类追求新事物的实践有关

(12) 下列各项中，对萃思描述不准确的是（　　）。

A.萃思理论包含了40个创新原理

B.萃思理论起源于美国

C.通常理想解可通过已知的系统进化趋势推断

D.萃思理论一般用于解决特殊问题

(13) 下列方法中，不属于分析列举技法的是（　　）。

A.特性法　　B.缺点法

C.希望点法　　D.奥斯本检核表法

○多项选择题

(1) 创新能力具有（　　）的特征。

A.综合性　　B.独创性　　C.探究性　　D.倍增性

随堂测2-2

(2) 奥斯本检核表法（　　）。

A.是由美国创新之父亚历克斯·奥斯本提出的

B.包含了75个问题

C.分为9组提问

D.核心是改进

3.判断题

(1) 只有颠覆性创新才是真正意义上的创新。（　　）

(2) 想象只能在已存入记忆系统的表象之间进行，而联想则可以超出已有的记忆表象范围。（　　）

随堂测2-3

(3) 创新能力就是指人所具有的发现新问题或新事物，提出新观点或新办法，解决新问题或创造新事物的能力。（　　）

(4) 特性列举法是设问检查法的一种。（　　）

(5) 和田十二法是我国学者许立言、张福奎在奥斯本检核表法的基础上，借用其基本原理，加以创造而提出的一种思维技法。（　　）

项目三　识别创业机会

创学堂3-1

创业是一种伴随着风险的勇敢者游戏，有的人成功了，但更多的人失败了。那么成功的人是如何创业的呢？成功的途径和项目各不相同，但是成功的创业者往往都是在创业之初就找到了一个好的创业想法。好的创业想法是创业的第一步。

【项目结构】

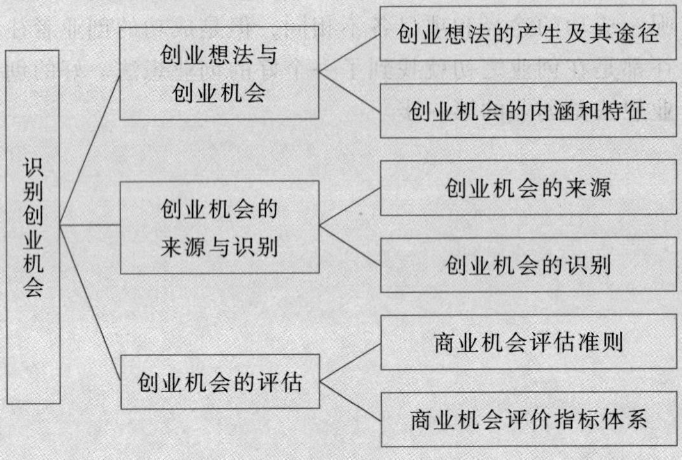

图3-1　项目三内容结构图

任务一　创业想法与创业机会

任务目标

- 知识目标：认知创业想法与创业机会的内涵。
- 能力目标：通过学习和训练，提升创业机会的识别和评估能力。
- 素养目标：在拓展练习活动中，培养问题探究意识和探索精神，提高自我学习能力。

【任务导入】

“创业”在很多人的想象中，就是两个小伙子在咖啡店或者宿舍里提出了一个新奇的想法，然后找到了一个投资人，经过几句话的讲解，投资人拍手叫绝，10钟内拍板，砸下了2 000万美元。接下来，两个小伙子招兵买马、加班加点，推出了产品和服务，结果一炮而红。最后公司上市，这两个小伙子一夜之间成为百万富翁、亿万富翁……

这样的事情在现实生活中几乎是不可能发生的，要是人人创业都有这样的运气，创业杂志上写得再好的故事都没有人会读了。创业难，最难的是创业的想法。拍拍脑袋得到的想法根本不值钱，能经得起推敲的想法才是真正有价值的想法。

好的创业想法到底是怎么产生的？这个神秘的过程其实不全在脑袋里。没有一个好的想法是在大脑里十全十美地生成，出来就能开花结果的。创业的想法，需要脑和手的配合，需要苦思冥想，更需要动手实践，在动脑和动手的紧密互动中像胚胎一样成长。可悲的是，创业者们大多没有产妇的福气，没有补品，也没人关爱。创业是艰苦的，尤其是初创的一两年中少不了风风雨雨，所以创业想法流产的现象比比皆是。一个想法几经周折能顺利诞生是件值得庆幸的事情，创业者为想法而煎熬是命中注定的。那么创业想法到底是什么？跟创业机会又有何种关系？

有的创业者认为自己有很好的想法和点子，因此对创业充满信心。然而有想法、有点子固然重要，可并不是每个大胆的想法和新异的点子都能转化为创业机会。

请思考：

（1）什么是创业想法，什么又是创业机会？

（2）创业想法与创业机会之间的区别与联系是什么？

学一学

一、创业想法的产生及其途径

创业想法是创业的开端，一个好的创业想法就像一颗优秀的种子，是创业成功的前提条件。创业想法并不必然等于市场机会。创业想法可以漫无边际、异想天开，不一定注重实现的可能性，创业想法远比市场机会丰富。

（一）创业想法的产生

一家成功的企业既要满足顾客的需要，提供顾客想要的产品，又要为企业主带来利润。创业想法应当包括：企业将销售什么产品或服务？企业将向谁销售产品或者服务？企业将如何销售产品或服务？企业将满足顾客的哪些需求？

创业源于好的创业想法，创业的魅力在于这个想法的产生过程。创业想法的产生是创业过程中最困难、最关键、最没规律可循的一个环节。

孟子曰："天将降大任于是人也，必先苦其心志，劳其筋骨，饿其体肤，空乏其身，行拂乱其所为，所以动心忍性，曾益其所不能。"一个好的创业想法来之不易，需要反复揣摩、反复推敲，最终还要接受市场的检验。无论是哪种类型的想法，也无论是何种规模的想法，都有可能曾经无限接近过这个好的想法，可是却从来没人了解或接受。要想让你的创业想法能够被别人听到并接纳，让它从理想变成现实，应采取哪些措施？

（1）让想法成为循序渐进的计划。如果想法能够和某个已有的方案或行动结合起来，并且被视为一种补充的话，它看起来就会比较实际，也就更有可能被采纳。

（2）把想法分解为很多小的步骤。把你的想法分成很多小的步骤，这样就可以分阶段执行。风险越小的想法越有可能得以实现。

（3）将自己的想法融入别人的想法中。利用其他人的想法是一种重要的技巧，这里的窍门在于为别人的想法增加一些补充，如果对方处于比较强势的地位，那么这通常会是最容易成功的方法。

（4）想法应该从小到大才能够确保可行。在产生想法的头脑风暴环节，有些非常好的想法会被否定掉，因为这些想法过于宏大了。想法应该从小处着眼，让别人产生兴趣，并且达成共识，然后在交谈中不断丰富这个想法以确保获得足够的资源。

（5）询问“在什么条件下”打破僵局。当你得到一个否定的回应的时候，看看你是否能够破解僵局，打开可能之门。你可以问问，“你认为在什么样的条件下想法可以实现？”这种方法能够避免僵局并且可能会获得更具可行性的创意。

（6）计算你的想法的“收益”。如果要获得成功，应该计算每个想法的收益率（性价比）。

（二）创业想法的产生途径

全世界的创业者，每天都会产生各种各样的创业想法，那么他们的创业想法都是从哪里来的？下面列举部分产生创业想法的途径。

1.爱好和兴趣

爱好是业余时间特别喜欢从事的活动。很多人在追求爱好或兴趣的过程中产生创业想法。比如喜欢电脑、烹饪、音乐、旅行、运动或表演的人可以把爱好发展成为创业想法；而喜欢旅行、表演或好客的人可以进入观光和旅游行业——它是世界上最大的产业之一。

2.技能和经验

一半以上的成功创业想法都来源于工作经验。例如，一个拥有在大型车间工作经验的机械技工就可能创办汽车修配厂。潜在创业者的背景在决定创办企业以及企业类型的过程中扮演了至关重要的角色。技能和经验是最重要的资源，不仅体现在产生想法方面，更体现在如何实现这些想法方面。

3.大众传媒

大众传媒是大量信息、想法和机会的来源，具体包括报纸、杂志、电视和互联网等。仔细浏览大众传媒，在报纸或杂志上经常可以找到转让企业的商业广告；在新闻出版物或互联网上的综艺节目、电视纪录片里经常会有关于流行趋势或消费者需求变化的报道。例如，当你读到或听到人们对健康和减肥食品的兴趣日益增加，可能就会产生某个新的创业想法。

4.展览会等

参加展览会和商品交易会也是一个产生创业想法的途径。通过实地参观，你不仅可以看到新产品和服务，还可以见到销售代表、厂商、批发商、发行商和经销商。展览会和商品交易会上有很多好的创办企业的想法来源、信息和帮助。

5.市场调查

创业想法的焦点是消费者，通过调查确定消费者的需求和需要是提供产品或服务的基础。可以通过与人们进行正式或非正式的交谈来调查，也可以通过使用调查问卷、访问或者观察来调查。可以通过与家庭成员或朋友交谈找出他们没有被满足的需求，比如他们是否对现有的产品或服务满意；也可以与厂商、批发商、代理商和零售商这些分销渠道的成员交谈，询问他们希望看到产品什么样的改进或改变。预先为调查或访谈准备一系列有关的问题是非常有必要的，问题要贴近和联系消费者、渠道成员，由此更好地判断消费者的需求，了解什么好卖和什么不好卖。你应该尽可能多地与消费者交谈，包括现有和潜在的消费者，你能从他们那里获得更多的信息。

除了和人们交谈，还可以通过观察获得信息。假设你决定在某条街上选址开店，你可以观察和计算在特定的天数里通过街道的人数，并且和其他地点进行比较；或者你对旅游者经常去的地方感兴趣，你就可以进行调查，了解一下是否可以制造或销售工艺品；或者你注意到一个地区或某条旅游线路上没有高档饭店或旅馆，你就可以了解一下那里是否有对高档饭店或旅馆的需求，你是否可以提供相应的服务。创业者应该到各种集会上走走，观察人们有没有未能满足的需求。

6.顾客抱怨

消费者的抱怨往往说明了市场的痛点，同时也会催生新的产品或服务。无论什么时候，听到消费者抱怨一种产品或服务，或者有人说“我多么希望能够……”或“只要有一种产品或服务就能……”，就可能让创业者产生一个潜在的创业想法。这个想法包括创办一个提供更好产品或服务的具有竞争力的企业，或者将新的产品或服务卖给那些存在问题的企业。

7.头脑风暴

头脑风暴是一种创造性解决问题和产生想法的技术方法，它的目的是尽可能多地产生想法。它经常从一个问题或一个难题的陈述开始，每一个想法又导致一个或者更多的想法，最后产生大量的想法。对于所有的想法，无论从表面上看有多么不合逻辑和疯狂，都需要记录下来。

当使用这个方法时，需要遵守四个原则：①不要批评和评价其他人的想法——讨论中没有负面评论；②鼓励随心所欲地想——欢迎那些看似疯狂的想法，越大胆，构思越巧；③合适的数量——需要大量的想法，想法越多，好的想法出现的概率就越大；④在其他人的想法基础之上改善和提高——其他人的创意可以被用来促进产生新的创意。

8.创造力

创造力是指利用新的或不同的方法设计、排列、制造新事物。创造性地解决市场需求和问题的能力经常作为商业运作成功的标志。它也用来从普通企业当中区别出那些快速成长的企业。想要具备创造性，你需要开拓你的思维和视野。

二、创业机会的内涵和特征

生活中存在着大量的创业机会，关键是你是否有耐心不断寻找，即便暂时没有得到很好的机会，也不要轻易放弃。只有自信、执着、富有远见、勤于实践，才会让你握有一张创业成功的车票。

(一) 创业机会的内涵

发现、寻找和利用创业机会是所有成功创业者的特征之一，也是成功创办和管理企业的基础。纽约大学柯兹纳教授认为创业机会就是未明确的市场需求或未充分使用的资源或能力。它具有很强的时效性，甚至瞬间即逝，一旦被别人把握住也就不存在了。而创业机会又总是存在的，一种需求得到满足，另一种需求又会产生；一类机会消失了，另一类机会又会产生。大多数机会都不是显而易见的，需要去发现和挖掘。

什么是创业机会？创业机会是能够满足消费者的需求，并能使投资者收回投资的有吸引力的商业想法或主张。判断一个想法能否转化成一个创业机会的标准是什么？简单地说就是收入超过成本并能够得到利润。例如：你可能通过一项新技术发明了一个非常有创意的产品，但是市场可能并不需要它；或者一个想法听起来不错，但是在市场上没有竞争力，不具备必要的资源，也没有可行性。事实上超过80%的新产品是失败的，很多发明看起来很好，但是经不起市场的考验。创业想法和创业机会的区别与联系是：一个好的创业想法未必是一个好的创业机会；一个好的创业机会必定来源于好的创业想法。

(二) 创业机会的特征

许多创业者因为仅仅凭想法去创业而失败了。那么如何评价一个商业机会呢？被誉为“世界创业学之父”的杰夫里·第莫斯教授提出，好的创业机会有以下四个特征：第一，它提供的创业产品或服务应该能吸引顾客；第二，它能在你的商业环境中畅通无阻；第三，它必须在机会之窗存在的期间被实施（机会之窗是指商业想法推广到市场上去所花的时间，若竞争者已经有了同样的思想并已把产品推向市场，那么机会之窗也就关闭了）；第四，你必须有资源（人、财、物、信息、时间）和技能来创立业务。

【教学互动3-1】

互动内容：

赵若铼和他的“朝寝装饰”创业项目

赵若铼是温州大学商学院的大三学生，他创建了属于自己的创业项目“朝寝装饰”，将目光对准了大学生单一乏味的寝室格局。“虽然是学校寝室，但住的地方总想更舒服一些。”赵若铼说，他一直想改变大学里单调乏味的寝室格局，有一次在网上看到国外高校“高大上”的寝室图册，他立刻“动心”了。于是，他找来了几个志同道合的小伙伴组建了创业团队，干起了从来没接触过的“装修业”。

赵若铼说，在经过一段时间的准备之后，“朝寝装饰”将目标对准了9月的开学季，一方面分发宣传单，另一方面赞助学校的“最美寝室评比”活动。经过两个多月的宣传，赵若铼和他的团队接下了6个寝室的“装修单”，并都交出了高分答卷。这些被装修的寝室有地中海风格、简约法式风格、经典欧美风格和小清新风格等。“目前，寝室装修只是软装修。”赵若铼说，软装修的主要内容包括贴墙纸、装扮小饰品、搭配地毯等，还有整体的设计和搭配，使装修后的寝室风格统一。赵若铼说，这些软装修的材料费并不贵，几十元到几百元都有，“但关键是如何把这些东西整合起来，包括有些小饰品放哪里，怎么搭配，都要我们自己设计。”短短两个月的创业期，6个寝室的装修单，尚未给赵若铼和他的小伙伴们带来盈利。

针对自己身边同学的装修需求，赵若铼称每个单子只有100元至300元的毛利空间，而这些利润远不及他们目前所支付的广告宣传费以及团队的办公支出。“路还长，慢慢来。”赵若铼说，好的创业想法总能得到越来越多人的认可。

互动要求：

你认为赵若铼的创业想法怎么样？还有哪些需要改进和完善的地方？

做一做

1.请利用下面的物体，尽可能提出更多的创业想法，填入表3-1中。

表3-1 根据物体提出创业想法

物体	创业想法	补充说明
橘子		
旧图书		
一次性纸杯		
矿泉水瓶		
汽车轮胎		

2.在上述创业想法中，找出你认为最可能成功的一个想法并阐述理由。

3.用表3-2评估你的创业想法是不是好的商业机会。

表3-2 评估创业想法

评估项目	市场规模	竞争对手	门槛限制	产品缺陷	风险控制	成本结构	资金需求	产品利润	盈利时间
评估结论									
你的结论									

4.各小组结合以上内容，运用头脑风暴法列举产生创业想法的途径，并在此基础上，选出三个最重要的方法加以运用。

评一评

创业想法与创业机会参考评价表见表3-3。

表3-3 创业想法与创业机会参考评价表

评价指标（分值）	标准	小组自评（30%）	小组互评（30%）	老师评分（40%）	最后得分（分）
创业想法（20分）	产生的创业想法的数量，越多越好				
找出最成功的创业想法（30分）	格式规范；内容完整；细分标准明确；过程说明清晰；成果展示有特色（每小项6分）				
商业机会评估（30分）	能够用评估指标做出合理评价（每小项6分）				
产生创业想法的途径（20分）	运用头脑风暴法列举产生创业想法的途径，并选出三个最重要的方法加以运用（每小项5分）				
合计（100分）					
老师评语	签名：　　日期：				

任务二　创业机会的来源与识别

任务目标

- 知识目标：认知创业机会的来源、识别过程和类型。
- 能力目标：通过学习和训练，提高创业者识别创业机会的能力。
- 素养目标：在“做一做”中，培养学生解决问题的能力。

【任务导入】

引爆市场的小小改变

有时一个小小的改变，就可以使产品引爆市场。2014年11月5日，一款史上最便捷的路由器Kisslink悄然登陆京东众筹平台，在24小时之内就获得近5 000人支持，筹资金额超过百万元，再次刷新国内产品众筹纪录，创下了在24小时之内支持人数最高纪录，2个月内公司估值就蹿升至数亿元人民币。

这款路由器的创始人是张兆龙，他2004年从中国科技大学毕业后，加盟了Aruba路由器公司，之后当上了产品经理。但是这个做了10年路由器的“技术宅”不满足于现状，决心创业，他选择的方向是面向消费端的家用路由器。

家用路由器的竞争很激烈，除了TP-LINK这个行业巨头外，还有360、小米等后起之秀，要想脱颖而出谈何容易。但是有着10年路由器从业经历的张兆龙还是敏锐地发现了市场空隙。如果打开百度，输入“怎么”两个字，百度智能排序系统一定会自动联想出“怎么设置无线路由器”。这个看似不大的问题，却困扰了所有人。张兆龙找到了进入市场的机会。

经过多年技术积累，张兆龙在2013年为自己未来的路由器申请了拥有全球专利的Kiss认证技术。基于这个技术打造的Kisslink路由器，只要插上网线和电源线就可以上网，不需要输入密码，只需把手机或其他移动设备靠近这个路由器5厘米之内，置于认证面板之上，路由器就会提取用户信息进行匹配，匹配成功就可以上网。这个产品不仅让上网更加“傻瓜”，也从硬件层面阻断了蹭网、黑客攻击等问题，因为没有密码，也就无码可破。

Kisslink解决了人们的痛点，让人们不需要思考和记忆，用最少的精力去关注路由器，从而更多地关注上网体验，更方便地获取信息。

Kisslink几乎同时在京东众筹平台和美国众筹平台Kickstarter发起预售，并很快创下了所有中国项目在海外支持人数最多的纪录。Kisslink还在备受瞩目的CES（国际消费类电子展览会）上高调亮相，并被MSN英文网站列为2015年最佳发明之一，成为首个入榜的中国发明。

短短50天，Kisslink就凭借优美的工业设计、极简的操控以及亲民的价格卖出了近5万台。通过国内外的两次众筹，Kisslink积累了第一批真正热衷于产品的粉丝级用户。

请思考：

张兆龙是怎么识别并把握创业机会的？

学一学

创业机会的识别是创业的开端，也是创业的前提。围绕创业机会，有些问题是所有想创业的人都关心的，比如为什么是他而不是别人看到了机会？未经论证调查的（甚至是偶然发现的）机会，为什么可以成为创业机会？创业机会的来源有哪些，又如何对其进行识别？机会识别要进行哪些可行性论证？

一、创业机会的来源

经常听到一些想创业的朋友抱怨说，“别人机遇好，我运气不好，没有机遇”，或是“我要是早几年做就好了，现在做什么都难了”。其实这都是误解，机遇无处不在，就看你能不能识别它。比如，修自行车是一个不起眼的小生意，但是创业者朱跃清却把它做成了一个很好的创业项目。1997年秋季，朱跃清下岗后立志创业，抓住上海高校后勤服务改革的机会，投资2 000元在复旦大学开了一个自行车维修点。第一个月他就赚了1 000多元，后来他尝试用“连锁经营”的方式拓展维修点，做大修车业务。现在他已在上海12所高校开设了自行车维修点，并先后开拓了绿地养护、无水洗车、物业保洁、汽车装潢等新的项目，不仅自己成功创业，还带出了54个小老板。其实生活中的创业机会无处不在、无时不在，不怕没机会，就怕没眼光。创业机会主要来源于以下五个方面：

（一）问题

创业的出发点是满足顾客需求，而顾客需求在被满足之前就是问题。寻找创业机会的一个重要途径是善于发现和体会自己和他人在需求方面的问题或生活中的难处。

当人们觉得住豪华酒店太贵，普通小旅馆又不卫生时，于是就出现了如家、汉庭等经济酒店来解决人们的外出居住问题；人们抱怨下班高峰期打不到车、出租车司机拒载等问题，于是就出现了滴滴打车来方便人们出行；上班族下班后无暇再去买菜，于是就有了叮咚买菜、盒马鲜生等平台。有痛点才会有需求，有需求就有市场，有市场就有商机，因此如果你能找到消费者的需求，并且能想到简单便捷的方法来解决它，你就能把握住商机，就有可能在这一领域有所成就。

(二）变化

创业的机会大都产生于不断变化的市场环境。环境变化了，市场需求、市场结构必然发生变化。著名管理大师彼得·F.德鲁克将创业者定义为“能寻找变化，并积极反应，把它当作机会充分利用起来的人”。变化主要来自产业结构的变动、消费结构升级、城市化加速、思想观念的变化、政府政策的变化、人口结构的变化、居民收入水平提高、全球化趋势等诸多方面。比如，居民收入水平提高，使得私人轿车的拥有量不断增加，这就会派生出汽车销售、修理、配件、清洁、装潢、二手车交易、陪驾等诸多创业机会。

我国60岁以上的老年人口已经超过1.3亿，人口老龄化出现加速态势已引起了社会各界不同程度的关注，精明的商家从中看到巨大的商机。歌里唱得好：“干了一辈子工作，也该歇歇了。”到了歇下来的时候，谁都希望“住得好，玩得好”，因此有两大支出特别需要关注：一是居住，二是旅游。目前我国有2 000多万“空巢老人”，在城市，“空巢家庭”至少达30%。这就为那些设施完备、服务周到、生态环境好、活动空间大的老年公寓开辟了市场。同样，不少以休闲疗养为主、符合老年人身体特点和兴趣爱好、慢节奏的老龄旅游项目也很受欢迎。旅游企业若能提供符合老年人特点的服务，就会在激烈的旅游市场竞争中独辟蹊径。让越来越多的老人安享晚年，其中究竟蕴含着多少商机，的确值得商家研究。

(三）创造发明

创造发明为消费者提供了新产品、新服务，能够更好地满足顾客的需求，同时也带来了创业机会。比如，随着电脑的诞生，电脑维修、软件开发、电脑操作的培训、图文制作、信息服务、网上开店等创业机会随之产生。即使你没有发明新产品，你也能成为它们的销售和推广者，从而获得创业机会。

(四）竞争

如果能弥补竞争对手的缺陷和不足，这也将成为你的创业机会。看看周围的公司，你能比它们更快、更可靠、更便宜地提供产品或服务吗？若是可以，你也许就找到了机会。新知识、新技术的产生也带来了创业机会，如随着健康知识的普及和技术的进步，围绕“水”产生了许多创业机会，上海就有不少创业者通过加盟“都市清泉”走上了创业之路。

（五）顾客差异

顾客要为创业产品或服务买单，因此顾客的性别、年龄、地域、购买习惯等差异都会影响创业机会的产生。创业机会是指具有较强吸引力的、较为持久的、有利于转化的商业机会，创业者据此可以为顾客提供有价值的产品或服务，并同时使自身获益。因此，创业者要根据顾客的差异化需求，选择好适合自身发展的创业项目赛道或细分市场。

二、创业机会的识别

如何识别创业机会，是创业者首先要解决的问题。好的创业机会必然要有特定的市场定位，专注于满足顾客需求。创业需要机会，机会要靠发现。

（一）识别创业机会的过程

识别创业机会是创业过程中的一个关键阶段。很多好的机会不是突然出现的，而是对“一个有准备的头脑”的“回报”，或是在识别市场机会的机制建立起来之后才会出现。创业机会的识别过程如图3-2所示。

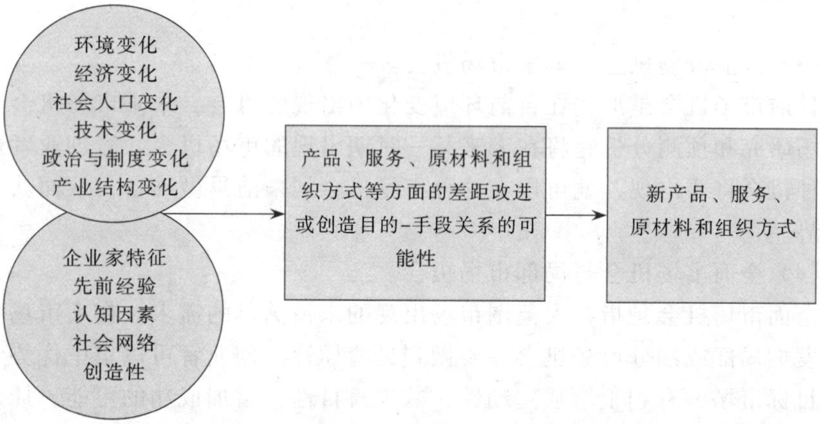

图3-2　创业机会的识别过程

识别创业机会是在诸多的变化及其他因素中搜索潜在的创业机会，并尽最大的可能完善自己的产品来迎合该创业机会的要求，最终完成识别过程。

真正的创业过程开始于创业机会的发现。商业机会存在何处，如何从繁杂多变的市场环境中找到有价值的创业机会，进而开发并最终转化为新创企业，是创业研究的重要内容。事实上，相对于大量以组织成长作为创业过程核心线索的研究，一些研究人员已经开始认识到机会研究是创业研究的中心问题，创业是围绕着机会进行识别、开发、利用的一个完整过程。

（二）创业机会鉴定的规律

好的创业机会具有以下特点：能吸引顾客；在商业环境（市场环境）中行得通；能得到利润；必须在机会之窗存在期间被实施；必须有资源（人、财、物、信息、时间）和技能。

1.创业机会的类型

创业机会按照其特点可分为以下几个类型：

（1）现有市场机会与潜在市场机会。

现有市场机会是市场机会中那些明显未被满足的市场需求，往往发现者多，进入者也多，竞争势必激烈。潜在市场机会是那些隐藏在现有需求背后的市场需求，不易被发现，识别难度大，往往蕴藏着极大的商机。

（2）行业市场机会与边缘市场机会。

行业市场机会是指在某一个行业内的市场机会，发现和识别的难度系数较小，竞争激烈，成功的概率低。边缘市场机会是在不同行业之间的交叉部分出现的市场机会，处于行业与行业之间出现“夹缝”的真空地带，难以发现，需要有丰富的想象力和大胆的开拓精神，一旦开发，成功的概率也较高。

（3）目前市场机会与未来市场机会。

目前市场机会是那些在目前环境变化中出现的机会，未来市场机会是通过市场研究和预测分析它将在未来某一时期出现的市场机会。若创业者预测到某种机会将要出现，就可以在这种市场机会到来前早做准备，从而获得领先优势。

（4）全面市场机会与局部市场机会。

全面市场机会是指在大范围市场出现的未被满足的需求。在大市场中寻找和发掘局部或细分市场机会，要做到见缝插针。创业者可以集中优势资源投入目标市场，有利于增强主动性，减少盲目性，增加成功的可能。局部市场机会则是在一个局部范围或细分市场出现的未被满足的需求。

2.培养商机识别的能力

商机识别的能力是可以培养的，首先要培养市场调研的习惯，其次要多看、多听、多想，见多识广的人路才广，再次要有独特的思维（创造力），最后要用积极的心态去发现创业机会。

著名成功学大师拿破仑·希尔说：“一切成功，一切财富，始于意念。”想创业的朋友们，如果你暂时还没发现机会或抓住机会，请不要怨天怨地怨别人，首先要想一想自己的态度是否积极，思想观念、思维方式是否正确。

3.识别创业想法的可行性

如何分辨和识别创业想法的可行性，并将其转化为创业机会呢？我们必须明白，要想创业成功，光有一个好的“想法”或“点子”是不行的，应该学会辨别创业想法的优劣、是否可行。只有能转化为创业机会并能融入创业项目，创业想法才是可行的。我们可以从如下几方面去考虑：

（1）能不能赚钱。

尽管营利不一定是创业的唯一目的，但创业必须能赚钱。创业成功的衡量标准之一就是赚钱的多少。创业是打实战，不能在象牙塔里空想，创业不是MBA做练习，得把想法放在“实战”的环境里，时刻把想法和“钱”联系在一起。赚钱的想法也要不断改进，争取赚得更多；不赚钱的想法要么放弃，要么继续锤炼，把它一直锤炼到可以赚钱。

判断一个想法赚钱的可能性以及赚钱多少，最好用“自下而上”的方法：精确计算出假设产品的单价，单个产品的成本，毛利、净利润的比例，然后预计你什么时候能卖掉第一个产品，什么时候公司能收支平衡；用加减法，不要用乘除法，把客户一个一个加上去，销售额一点一点加出来。记住：以月为单位，用收入底线来算你第一年、第二年、第三年的销售增长、利润增长……当然，你也可以试试用“自上而下”的方法，先去了解产品的市场总规模有多大，以“年”为单位而不必是“月”，用乘除法计算收益，第一年的目标是占领15%的市场份额，设定每年翻一番，第二年30%，第三年45%，第四年60%……

如果把“自下而上”和“自上而下”的计算结果对比一下，相信你会大吃一惊，二者之间相差的距离可能有十万八千里。如果你想脚踏实地地去打胜仗，以“自下而上”的数字为准；如果你要去获得投资人的青睐，可以带着“自上而下”那套数字。

（2）从小处着眼。

从“小”开始，并非胸无大志。世界上轰轰烈烈的大事情，未必不是从一些小事开始的。

当你在夜市街头看到一位老兄蹲在一辆破夏利车旁卖凉鞋、皮包、T恤衫时，能相信当年沃尔玛就是这样开始的吗？当你中午见到给你送外卖的小伙子满头大汗时，能不能相信有一天他会去创业开快餐连锁店？当你又蹦又跳地玩你的游戏棒时，能不能相信任天堂曾经是一家印制扑克牌的小作坊？

再大的事业也要从小做起，小的事情容易把握。如果你能将小事情理出清晰的脉络，挖掘出其中的闪光点，把它做得有声有色，那把它做大就只是时间的问题。

（3）从熟悉的地方入手。

获得一个好的创业想法，最需要的肯定不是“钱”，不一定是“激情”，也不一定是“坚持”，而是“知识”。没有亲身经历就很难产生真正的创业想法——“灵感”。

制表机器公司的创始人赫尔曼·何乐礼（Herman Hollerith）创业做“运算打卡机”。要是他没有学过数学，没有在国家统计局工作过，在那里整天忙忙碌碌计算统计数字，累得要死，他哪里想得到发明“运算打卡机”来提高工作效益？卢卡斯创立“工业光魔”，首先是满足自己的需要，因为当时世界上没有一家制作公司能够完成他在《星球大战》里的高难度动作，只能自己动手、自己创业。只有你身边熟悉的事情，才能立刻和你发生实实在在的有机联系，才能让你有第一手的感觉和判断，才能使你有自信去解决一个问题，有信念去创造价值，有动力去改变世界，有毅力去找到你的真爱。创业的想法，最好是从自己所学、所接触、所熟悉的事物中来，自然产生，自己热爱。

（4）是骡子是马，牵出来遛遛。

“我想到一个绝妙的想法，但是保密，绝对不能告诉你！”如果把你的想法锁在保险箱里，再挖地三尺埋起来，那么等着吧，过了10年，即使你的想法不发霉、不长虫子，也依然还是想法，没有前进一步；等到那时候再拿出来，不仅大家都会觉得这想法实在不怎么样，恐怕连你自己都会觉得挺没面子的。

想法是需要反馈、推敲、推翻重来、反复锤炼的。偷想法没那么容易，想法被偷去了放在脑子里还是空的。要把一个想法实现，即使花钱、花心血，也不能保证一定会成功。这种偷想法的冒险事情大部分人都不会也不愿去干。你本以为自己的想法有多灵光，可是你一讲出来，别人大加嘲讽，都觉得比你还聪明，他们好的想法比你多，犯不着来偷你的，也许人家还怕你偷他们的想法呢。想法要等到销售额至少达到1亿元的时候，才会有人来偷。在很多情况下，真正的竞争出现在你的想法产生了市场的冲击波之后。一旦你的想法赚了大钱，便会引来一大批“大盗”。“大盗们”偷去了你的想法又会怎么样呢？iPod刚上市的时候，“大盗们”有谁看得起这个小玩意儿？iPod还不是等到了大红大紫的时候才让“大盗们”目瞪口呆、恍然大悟。

保护想法是要看场合的，要把握分寸。如果没有朋友之间的讨论、同事之间的反馈，独自一人很难有十全十美的想法，除非你是牛顿、贝尔、爱因斯坦。

（5）想法是有性格的。

坚持是创业成功的基石。哪怕大家都说你的创业想法不行，但如果你认为是正确的，千万别放弃，要坚持自己的选择，坚持到最后可能才会证明别人都是错的。不要怕犯错误，这世界上没有“十全十美”的想法。想法是需要不断修正、不断改进的，所以，想法2.0版一定会比1.0版完美，3.0版一定比2.0版更完美；创业想法的产生和发展常常是“非理性的”，它并非逻辑上的按部就班，而需要没想透就发了疯似的去干，撞了墙再动脑筋修改。想法再好也不一定成功，成功常常是因为有勇气、有热情。

（6）要有好的想法，更要有恰好的时机。

亨利·福特曾有过一句名言：“如果问从来没有见到过汽车的顾客他们想要什么，他们肯定会说‘我要一匹跑得更快的马’。”创业者的想法是要超越时代、引领大众的，换言之，创业者的想法里有别人还没有看到的机会，有别人还没有认可的价值。

【教学互动3-2】

互动内容：

请同学们结合“任务导入”的材料，根据教材介绍的相关知识，以小组为单位讨论创业识别的策略和原则都有哪些。

互动要求：

以小组为单位，采用讨论的形式提交小组集体意见。

各小组展示陈述的时间不超过5分钟，以导图的形式呈现讨论结果。

做一做

结合所学和小组自身的创业项目信息，完成下面的任务。

一、回顾创业机会的评估原则和策略

（一）创业机会的评估原则

（二）创业机会的评估策略

二、团队间相互展示

请根据团队识别的创业机会完成表3-4。

创业机会的来源与识别参考评价表见表3-5。

表3-4 **团队创业机会识别参考表**

组建指标	创业想法	创业机会
定义		
内涵		
特征		
产生途径		
内在联系		
老师评语	签名： 日期：	

表3-5 **创业机会的来源与识别参考评价表**

评价指标（分值）	标准	小组自评（30%）	小组互评（30%）	老师评分（40%）	最后得分（分）
理解相关术语和定义（40分）	创业想法和创业机会的逻辑关系				
产生创业想法的途径（30分）	调查准备和过程、调查记录、调查呈现				
创业机会的特征（30分）	创业想法和创业机会的内在联系				
合计（100分）					
老师评语	签名： 日期：				

任务三 创业机会的评估

任务目标

● 知识目标：认知创业机会评估准则和指标体系。

● 能力目标：通过学习和训练，缩短创业机会评估时间，提升创业者在实践中的创业机会评估水平和能力。

● 素养目标：在拓展练习活动中，培养解决问题和自我学习的能力。

【任务导入】

团队活动：机会来了。

活动目的：以出人意料的方式激发听众兴趣，形象解释商机是什么。

操作步骤：讲到机会或商机时，培训师从口袋里拿出一张百元钞票举在手里，然后在不做任何解释的情况下突然连声喊："100元卖20，谁要？"一边喊一边在屋子内走动，直到有人上前用20元买下。

培训师从容地将20元钱放入口袋中，然后开始发问：你刚才看到了什么？你有没有发现机会？如果发现了，你行动了吗？如果行动了，你最终是否得到了？现实生活中，机会来的时候你能不能把握住？

小提示：事先安排学员都不认识的培训师来表演，效果更佳。很多人都抱怨没有机会，希望这个活动会给他们带去一些启示。

学一学

所有的创业行为都来自绝佳的创业机会，创业团队与投资者均对创业前景寄予极高的期待。但众所周知，几乎九成以上的创业梦想最后都落空了。创业本身是一种在实践中学习的高风险行为，新创企业获得成功的概率不到1%，失败的原因可能是市场进入时机不对，或者创业构想具有致命瑕疵。如果创业者能事先客观地进行评估，那么创业失败的悲剧就不至于发生。下面我们针对创业机会的市场与效益提出一套评估准则，并对各准则因素加以说明，目的是为创业者提供决策参考。

一、商业机会评估准则

（一）市场评估准则

1. 市场定位

一个好的创业机会必然具有特定市场定位，专注于满足顾客需求，同时能为顾客带来增值的效果。因此在评估创业机会的时候，可根据市场定位是否明确、顾客需求分析是否清晰、顾客接触通道是否流畅、产品是否持续衍生等，来判断创业机会可能创造的市场价值。创业带给顾客的价值越高，创业成功的机会也会越大。

2. 市场结构

针对创业目标市场的结构进行四项分析，包括进入障碍，供货商、顾客、经销商的谈判力量，替代性竞争产品的威胁，以及市场内部竞争的激烈程度。由市场结构分析可以得知新企业未来在市场中的地位，以及可能遭遇竞争对手反击的程度。

3. 市场规模

市场规模大小与成长速度也是影响新企业成败的重要因素。一般而言，市场规模大，进入障碍较低，市场竞争的激烈程度也会略有下降，但利润空间也必然比较小，因此不值得投入；反之，一个正在成长中的市场，通常也会是一个充满商机的市场，所谓水涨船高，只要进入时机正确，必然会有获利的空间。

4. 市场渗透力

对于一个具有巨大市场潜力的创业机会，市场渗透力（市场机会实现的过程）评估是一个非常重要的影响因素。聪明的创业者会在最佳时机，也就是在市场需求大量增加之时进入市场，从而抓住市场渗透的最佳机会。

5. 市场占有率

创业机会预期的市场占有率目标可以显示这家公司未来的市场竞争力。一般而言，要成为市场的领导者，最少需要拥有20%的市场占有率；如果企业的市场占有率低于5%，则这个企业的市场竞争力不强，也会影响企业未来的价值。尤其在具有赢家通吃特点的高科技行业，新企业必须拥有成为市场前几名的能力，才具有投资价值。

6. 产品的成本结构

产品的成本结构可以反映新企业的前景。例如，从物料与人工成本所占比重之高低、变动成本与固定成本的比重，以及经济规模产量大小等方面，可以判断企业创造附加价值的大小以及未来可能的获利空间。

（二）效益评估准则

1.合理的税后净利润

一般而言，具有吸引力的创业机会至少要能够创造15%的税后净利润。如果创业预期的税后净利润在5%以下，那就不是一个好的投资机会。

2.达到损益平衡所需的时间

合理的损益平衡时间点应该能在两年以内达到，如果三年还达不到损益平衡，那就不是一个值得投入的创业机会。不过有的创业机会确实需要比较长的耕耘时间，通过前期投入，创造进入屏障，保证后期的持续获利。在这种情况下，投资者只有将前期投入视为一种投资，才能接受较长的损益平衡时间。

3.投资回报率

考虑到创业可能面临的各项风险，合理的投资回报率应该在25%以上。一般而言，15%以下的投资回报率，是不值得考虑的创业机会。

4.资本需求

投资者一般会比较欢迎资金需求量较低的创业机会。事实上，许多案例显示资本需求过高其实并不利于创业，有时还会带来稀释投资回报率的负面效果。通常，知识越密集的创业机会，对资金的需求量越低，投资回报率越高。因此在创业开始的时候，不要募集太多资金，最好通过盈余积累的方式来进行。而比较低的资本额，将有利于提高每股盈余，并且还可以进一步提高企业未来上市的可能性。

5.毛利率

毛利率高的创业机会，风险相对较低，也比较容易取得损益平衡；反之，毛利率低的创业机会，风险则较高，遇到决策失误或市场发生较大变化的时候，企业很容易遭受损失。一般而言，理想的毛利率是40%。当毛利率低于20%的时候，这个创业机会就不值得考虑。软件行业的毛利率通常都很高，所以只要能找到足够的业务量，从事软件创业在财务上遭受严重损失的风险相对会比较低。

6.策略性价值

能否创造新企业在市场上的策略性价值，也是一项重要的评价指标。一般而言，策略性价值与产业网络规模、利益机制、竞争程度密切相关，而创业机会对于产业价值链所能产生的增值效果，也与它所采取的经营策略与经营模式密切相关。

7.资本市场活力

当新企业处于一个具有高度活力的资本市场时，它的获利回收机会相对也比较高。由于资本市场的变化幅度极大，在市场高点时投入，资金成本较低，筹资相对容易；但在资本市场低点时，投资新企业开发的动力则较小，好的创业机会也相对较少。不过，对投资者而言，市场低点的成本较低，有的时候反而投资回报会更高。一般而言，新创企业活跃的资本市场比较容易创造增值效果，因此资本市场活力也是一项用来评价创业机会的外部环境指标。

8.退出机制与策略

所有投资的目的都在于回收，因此退出机制与策略也是一项评估创业机会的重要指标。企业的价值一般要由具有客观评价能力的交易市场来决定，而这种交易机制的完善程度也会影响新企业退出机制的灵活性。由于退出的难度普遍要高于进入，所以一个具有吸引力的创业机会，应该要为所有投资者考虑退出机制以及退出的策略规划。

二、商业机会评价指标体系

商业机会评价指标体系包含7大类31项指标，见表3-6。

表3-6 商业机会评价指标体系

类型	指标	最有利标准	最不利标准	自我评价标准
行业与市场可行性	市场需求	产品或服务可以创造一种夹缝市场	顾客群忠诚于其他品牌产品或服务	
		能够形成特定的顾客群	顾客不集中	
		顾客利益点突显	顾客利益点不显著	
		投资回收期在1年以内	投资回收期在3年以上	
	市场结构	销售者数目少，销售者规模小	销售者数目多，销售者规模大	
		分销、进入和退出沉没成本较低	分销、进入和退出沉没成本较高	
		信息不对等	信息对等	
	市场规模	需求容量大且全速增长，市场容量大且稳定	规模小	
		持续成长率在30%~50%（新进入者不会引起市场现有竞争者的愤怒）	不能持续增长	
	市场份额	占市场份额20%以上	占市场份额小于5%	
	成本结构	不依赖于规模经济	依赖于规模经济	

续表

类型	指标	最有利标准	最不利标准	自我评价标准
经济可行性	税后利润	10%~20%	低于5%	
	盈亏平衡	1年	3年	
	资本要求	中低水平资本	大量资本	
	毛利率	40%~50%	小于20%	
企业出售可行性	增值潜力	分销优势	无分销优势	
		顾客基础优势	无顾客基础优势	
		知识产权优势	无知识产权优势	
		地理、文化覆盖优势	无地理、文化覆盖优势	
		契约权利优势	无契约权利优势	
	退出机制	服务维修方面有出售企业后的退出机制	没有考虑退出机制	
	资本市场环境	不依赖资本市场环境	依赖资本市场环境	
竞争优势	成本	变动成本最低	变动成本较高	
		固定成本最低	固定成本较高	
		产品成本最低	产品成本较高	
		营销成本最低	营销成本较高	
	控制程度	市场领导者对价格、成本、分销渠道具有中等或较强的控制力	没有对价格、成本、分销渠道等的控制力	
		市场领导者份额大于40%甚至60%，但主导者生产能力已经饱和或者革新速度很慢或傲慢对待顾客	市场的大玩家没有疲倦和迟缓	
	进入壁垒	所有权壁垒 法规优势壁垒回应/交付周期壁垒	无法把其他竞争者阻挡在行业外	

续表

类型	指标	最有利标准	最不利标准	自我评价标准
团队适应性	创业团队	囊括行业内超级明星的高效团队	缺乏业内专家	
	个人履历	在管理、技术、营销、利润等方面的履历满足投资人的期望	缺乏经验	
	整体性	创业团队不但个体好而且整体优	有过不团结记录	
	自知之明	企业的创始人知道自己知道什么和自己不知道什么	没数	
个人标准	成功标准	符合创业者个人成功标准	不符合个人成功标准	
	承担风险	财务风险小于创业者个人资产净值	财务风险大于创业者个人资产净值	
	机会成本	价值大于其他工作	价值小于或等于其他工作	
	愿望	是自己的爱好	不向往	
	压力承受	能够接受高成长、高收益企业的压力	对高成长、高收益企业的压力感到恐慌	
战略差异性	致命缺陷	没有致命缺陷	有一个或两个致命缺陷	
	服务管理	全新的服务标准	传统服务标准	
	时机	恰当时机	半夜鸡叫（早了）；熄灯号（晚了）	
	技术	突破性所有权	没有独创技术	
	柔性	快速上马、快速下马的能力	6年时间改变战略，10~20年时间改变文化	
	分销渠道	邮寄、网络等	传统	
	容错空间	在计划收入、成本、现金流、时机、资本等企业财务战略方面容许有较大误差	容不得犯错误	
综合评价	从商机评价指标体系角度对该创业项目的最终评价是： A.具有商机，保留　　　　B.是创业陷阱			

做一做

各小组在学习了创业机会评估准则、评价指标体系后，进行多方位讨论，根据表3-7识别创业机会与创业机会的评估准则，对自己的“创业想法”进行识别和评估，确定可能的创业机会。每组派代表分享讨论结果，力求做到学以致用。

表3-7 创业机会评估准则、评价指标体系表

类别	指标	最有利标准A	最不利标准E	A	B	C	D	E
行业和市场	市场需求	产品有市场需求	顾客群已忠诚于其他品牌					
		能够形成特定的顾客群	无特定的顾客群					
		产品的顾客利益点突显	产品的顾客利益点不显著					
	市场结构	销售者数目少	销售者数目多					
		销售者规模小	销售者规模大					
		买卖双方信息不对等	买卖双方信息对等					
行业和市场	市场规模	大，占份额很小就能收益很高	小，即使占较大份额收益也很低					
		新兴、不稳定、多变	稳定、机会少					
	市场份额	占市场份额20%以上	占市场份额小于5%					
	成本结构	不依赖规模经济	依赖规模经济					
资本和获利能力	税后利润	10%～20%	低于5%					
	盈亏平衡	1年开始盈利	3年开始盈利					
	资本要求	中低水平资本	大量资本					
	退出机制	能够拥有或者想象一种获利和退出机制	没有一种退出机制					

续表

类别	指标	最有利标准A	最不利标准E	A	B	C	D	E
竞争优势	成本	成本最低	成本较高					
	控制程度	对价格、成本、分销渠道具有中等或较强的控制力	没有对价格、成本和分销渠道等的控制力					
	进入壁垒	拥有所有权、法规优势等壁垒	无法把其他竞争者阻挡在行业外					
管理团队	人员	囊括业内明星团队	缺乏业内专家					
	团队	创业团队团结互补	有过不团结记录					
个人标准	成功标准	创业项目符合创业者个人成功标准，创业动机强烈	创业项目不符合创业者个人成功标准，创业动机不强					
	愿望	自己的爱好	不是自己的意愿					
	机会成本	项目价值大于其他工作	项目价值等于或小于其他工作					
	压力承受	创业者能够接受高成长、高收益项目压力	对高成长、高收益的项目压力感到恐慌					
必需资源	资源的拥有	拥有可用的资金、技术和其他必需的资源	缺乏资金、技术和其他必需的资源					
环境	环境作用	处于有利的环境中	环境不稳定					
缺陷	致命缺陷	没有致命缺陷	有一个或两个致命缺陷					
合计								

评一评

创业机会的评估参考评价表见表3-8。

表3-8 创业机会的评估参考评价表

评价指标（分值）	小组自评（30%）	小组互评（30%）	老师评分（40%）	最后得分（分）
行业和市场（50分）				

续表

评价指标（分值）	小组自评（30%）	小组互评（30%）	老师评分（40%）	最后得分（分）
资本和获利能力（20分）				
竞争优势（15分）				
管理团队（10分）				
个人标准（20分）				
必需资源（5分）				
环境缺陷（10分）				
合计（130分）				
老师评语	签名： 日期：			

备注：总分110~130分，说明你具有较好的创业机会识别能力；总分90~110分，说明你的创业机会识别能力一般；总分90分以下，说明你的创业机会识别能力较差，还需要进一步提升。

【思创空间】

木的本色 梳画青春

——讲述谭木匠一把木梳的创业故事

宋朝《太平御览》中记载了汉武帝第一次见到卫子夫的情景：“头解，上见其美发，悦之，欢乐。”传统中国文化中，及笄是古时女子在年满15岁时举行的仪式，把头发绾起来戴上簪子，梳造出东方女性特有的美，预示着女性的成熟。出嫁前梳头更是一种传统习俗，一梳一齿都诠释着“结发同心”的美好愿景，因此木梳也成了装点东方女性的必备饰品。

谭木匠品牌创始人——谭传华出生在重庆市万州区的农村。18岁因下河炸鱼失掉了右手臂，他的人生轨迹自此发生改变。不过，要强的他很快走出身体残疾的阴影，跟着从部队回来的二哥学得一手好画，并成为一名小学老师。23岁的他就带着父母给的50元钱，开始了他在流浪中寻梦的创业之旅。辗转漂泊到昆明的第三天，谭传华给一个年轻人画了一张像，赚了2元钱，“这是我人生中非常重要的2元钱。他给了我活下去的希望。”在云南流浪两年后，谭传华最终选择回到老家，继承祖上传下来的职业，做了木匠，开始创业。

"当时30多个工人都不知道梳子怎么做，用半年时间研究，终于做了出来。"谭传华的第一批产品出厂了，拿到市场上整整一天的时间，他的4个业务员喊破了嗓子，只卖掉了一把两元钱的梳子，但却迈出了这份事业的第一步。谭传华说，谭木匠公司有钱了，我们坚决不买高档办公楼，坚决不买别墅，坚决不买豪华小轿车，要把有限的资金花在"一硬一软"上：硬是好的设备，软是能干的人；硬是产品的质量，软是产品的文化含量。

1995年，谭传华正式注册"谭木匠"梳子商标。经历过艰难的推销之旅，烧过价值30万元的不合格产品，搞过无数次技术改革，创办过《快乐的谭木匠》宣传漫画报……1997年，谭传华的小木梳终于获得了较好的市场知名度。"谭木匠"的知名度也空前高涨。"谭木匠"出名之后，其他木梳企业也开始苏醒，商场终端竞争激烈起来。1998年3月7日，"谭木匠"与第一家加盟连锁店签约，从此开始了特许经营的发展之路。特许加盟令谭木匠公司走上了产销可控、渠道可控、品牌可控的长远发展道路。

2021年谭木匠在发布2020年财务年报的时候显示营收增长-17.61%，利润增长-33.5%，业绩不佳，年报发布后并未引起什么波澜。然而5个月后，一位细心的网友在谭木匠的财务年报中发现一处非同寻常的细节，瞬间一石激起千层浪：谭木匠工厂正式员工约为720人，其中残疾员工355人。残疾员工占比49.3%。一时间，人们恍然大悟：原来，给我们制作一把把"完美"梳子的人，自身并不"完美"。

资料来源　作者根据相关资料整理而成。

案例解析：《南都周刊》曾评价谭木匠："做什么，爱什么，才会敬畏什么。这是一个最好的时代，也是一个最坏的时代，最需要做到也最难做到的就是守住本心。没有夸夸其谈，没有华丽包装，没有广告营销，只是默默地把该做的事情一件一件用心做好，这就是谭木匠的诚实。"26年间谭木匠所生产的400万把梳子里，有近200万把是残疾人员工做出来的，他们有自己的社会价值。谭木匠真正的价值不是这把梳子，也不是多少亿市值，而是谭木匠工厂里那群残疾人员工，让他们做出世界上最好的梳子，才是谭木匠这个品牌真正的价值。

【思考与练习】

1. 关键术语

创业想法，就是对一个人或者组织识别机会或在环境中（市场、团体等）发展需求的回应，从而对拟创办企业产生的初步设想。

创业机会，是能够满足消费者的需求，并能使投资者收回投资的有吸引力的商业想法或主张。

边缘市场机会，是在不同行业之间的交叉结合部分出现的市场机会，处于行业与行业之间出现“夹缝”的真空地带，难以发现，需要有丰富的想象力和大胆的开拓精神，一旦开发，成功的概率也较高。

全面市场机会，是指在大范围市场出现的未被满足的需求。在大市场中寻找和发掘局部或细分市场机会，见缝插针，创业者就可以集中优势资源投入目标市场，这有利于增强主动性，减少盲目性，提高成功的可能性。

创业机会评估准则，是针对创业机会的市场与效益提出的一套评估准则。准则因素各有其内涵，目的是为创业者创业开发的决策提供参考性评估标准。

2.选择题

○单项选择题

(1)（　　）是在一个局部范围或细分市场出现的未被满足的需求。

A.行业市场机会　　B.潜在市场机会

C.局部市场机会　　D.全面市场机会

随堂测3-1

(2) 市场需求的最有利标准是投资回收期在（　　）年以内。

A. 1　　B. 2　　C. 3　　D. 4

○多项选择题

(1) 下列各项中属于创业想法来源的有（　　）。

A.大众传媒　　B.展览会　　C.爱好和兴趣　　D.创造力

(2) 创业机会的特征包括（　　）。

A.具有竞争力　　B.能够收回投资

随堂测3-2

C.是真实的需求　　D.是有效的资源和技能

(3) 创业机会鉴定的规律包括（　　）。

A.能吸引顾客，有很强的竞争力

B.能在商业环境（市场环境）中行得通并得到利润

C.必须在机会之窗存在的期间被实施

D.必须有资源（人、财、物、信息、时间）和技能

(4) 下列各项中属于创业机会评估准则指标的有（　　）。

A.市场结构　　B.资本需求　　C.市场渗透力　　D.策略性价值

3.判断题

(1) 创业肯定是从一个好主意开始，但是创意不一定是机会，可能只是一个想法。（　　）

(2) 一个好的点子，只有能带来商业价值，才称得上是一个商机。（　　）

随堂测3-3

(3) 市场的痛点是创业的出发点，是可以被替代的。（　　）

项目四　防范创业风险

创学堂 4-1

风险是损失或收益发生的不确定性，即风险由不确定性和损失（或收益）两个要素构成，是在一定条件下、一定时期内某一事件其预期结果与实际结果间的变动程度。变动程度越大，风险越大；反之，风险则越小。

【项目结构】

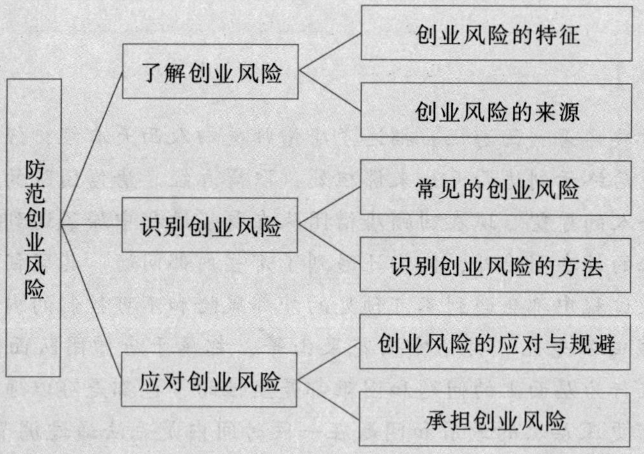

图4-1 项目四内容结构图

任务一 了解创业风险

任务目标

● 知识目标：认知创业风险存在的特征和来源。

● 能力目标：通过学习和训练，更深地了解创业风险存在的特征和渠道。

● 素养目标：在“做一做”中，培养学生勇于创新探索、勇于承担的创业精神。

【任务导入】

中国古典名著《西游记》描述了唐僧师徒四人西天取经，经历了九九八十一难，最后终于到达西天如来佛祖处，取得真经。唐僧团队的所有人员也都实现了个人的愿望。现在回顾唐僧团队在取经过程中除了遇到了显性的九九八十一难的外在困难外，他们还遇到了哪些内部问题。其实任何一个创业团队在创业过程中都会遇到不可预见的外部风险和不可控制的内部困难。比如，猪八戒回高老庄、孙悟空回花果山等，都属于唐僧团队面临的内部问题。这些在行为层面上的问题和困难都是显性的，也都是可以通过调节解决的，但还有更深层次的矛盾和问题在一段时间内是无法通过调节来解决的。比如三打白骨精这一难，因为唐僧是人类而无法直观辨认白骨精的变身法术，从而认为她是好人。孙悟空认出白骨精不是人类要将她除掉，却无法说服师父，所以师徒间就产生了矛盾。在这个问题上，唐僧作为创业团队的主要负责人，同时也是团队思想政治教育的组织者和实施者，处于主动地位和主导作用，三个徒弟则是思想政治教育的受教育者，处于被动地位。取经的过程也是师徒四人在实践中不断提升自我的过程。师父和徒弟相互依存、相互作用、相互促进、教学相长、共同进步。团队成员有着共同的目标和理想，创业之路也是成长之路，相互理解、相互忍让、相互包容。有经验的人要有耐心等待其他人的成长，缺少经验的人要虚心好学，最终实现三观统一、相互信赖，为实现理想的目标而共同努力。

请思考：

（1）唐僧团队在取经创业过程中遇到了哪些风险？

（2）请对这些风险进行分类，哪些属于内部风险？哪些属于外部风险？

学一学

一、创业风险的特征

创业风险具有一定的共性特征。无论创业企业是何种类型，在经营和发展过程中总会遇到风险。科学、客观地了解风险的特征，认真、仔细地分析风险背后的现象，不仅有助于解决目前存在的问题，更有助于防范和控制企业未来发展过程中出现的同样风险。

1. 客观性

客观性表现为风险不以人的意志为转移，是由客观存在的自然现象和社会现象引起的。

2. 不确定性

不确定性指的是风险发生的条件、风险的程度和种类都是不确定的，有时候就是防不胜防。

3. 相对性

相对性指的是由于面对的对象不同，时间和空间有差异，风险的高低不尽相同。

4. 可测量性

随着科技的进步和人们对风险认识的加深，企业可以通过定性或定量的方法对风险进行评估和测量，为风险管理提供可靠依据。

5. 可识别性

根据创业风险的特征和性质，创业风险是可以被识别和划分的。

6. 相关性

创业风险与创业者的行为紧密相联。对同一风险采取不同的对策，将会出现不同的结果。

二、创业风险的来源

创业企业的发展同人的生长发育是一样的，也具有一定的生命周期。企业生命周期主要包括孕育期、婴儿期、学步期、青春期、盛年期、稳定期、贵族期、官僚期和死亡期等，如图4-2所示。人在不同时期会遇到不同的烦恼和困难，企业也一样会在不同时期遇到不同的烦恼和困难。不论是何种类型的企业，在发展过程中都会遇到共性的问题。解决问题的主要因素还是人，发挥人的主动性和主导作用，认真分析风险和问题的成因，制定积极主动的应对措施和实施办法是防范和解决企业风险的关键因素。企业不同生命周期所面临的风险及具体表现见表4-1。

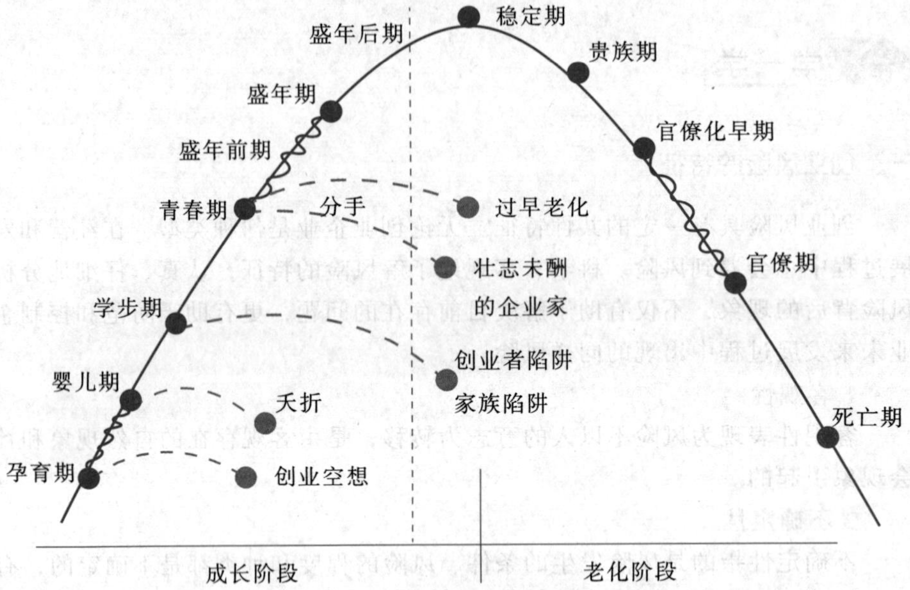

图4-2 企业生命周期

表4-1 企业不同生命周期所面临的风险及具体表现

企业的生命周期	风险的来源	具体表现	
		正常现象	不正常现象
孕育期	创业空想	1.兴奋不已，但经过了现实检验 2.从头到尾都进行了细节考虑 3.创业者现实而有责任心 4.致力于增加价值的产品导向 5.责任心与风险相当 6.创业者掌握控制权	1.所承担的责任没有经过现实检验 2.没有进行从头到尾的细节考虑 3.创业者狂热而不现实 4.纯粹的利润导向 5.责任心与风险不对应 6.创业者的控制地位不稳固
		正常现象	不正常现象
婴儿期	夭折	1.产品导向 2.投资者问题不断 3.责任心没有遇到危机 4.现金支出大于收入 5.责任心持续不变 6.缺乏管理深度 7.缺乏制度 8.没有授权	1.过早的销售导向 2.投资者疑虑不断 3.责任心被危机所破坏 4.意想不到的负现金流 5.丧失责任心 6.过早地授权 7.过早地确定规章制度和程序 8.创业者失去控制

续表

企业的生命周期	风险的来源	具体表现	
		正常现象	不正常现象
婴儿期	夭折	9.独角戏，但愿意听取不同意见 10.失误不少 11.根据危机进行管理 12.家庭成员比较支持 13.董事会成员比较支持 14.领导风格有所变化 15.婴儿期较短 16.短期融资用于短期投资项目 17.善意的独断	9.听不进不同意见，自大 10.不容忍失误 11.出现无法管理的危机 12.缺乏家庭成员的支持 13.缺乏董事会成员的支持 14.领导风格缺乏变化，或是变化不起作用 15.婴儿期过长 16.短期融资用于长期投资项目 17.独断
		正常现象	不正常现象
学步期	创业者陷阱、家族陷阱	1.自信 2.热心 3.精力充沛 4.销售导向 5.寻找其他可做的事情 6.销售超出了配送能力 7.成本控制不够 8.员工会议不规范 9.薪酬管理不连续 10.老板身边是随声附和者 11.逐渐变成遥控式领导 12.领导期望在膨胀 13.期盼奇迹发生 14.责任不明确 15.企业受到批评 16.内部分化 17.基础不稳固 18.能够发挥作用的因人设事的组织机构 19.并非每件事情都优先 20.创业者不可或缺	1.自大 2.缺乏重点 3.精力太过分散 4.以销售为中心及不成熟的利润导向 5.要干的事情没有范围 6.不顾质量进行销售 7.没有成本控制 8.没有员工会议 9.员工工资过高 10.老板身边都是身在曹营心在汉者 11.海鸥综合征 12.领导偏执 13.依靠奇迹 14.缺乏责任 15.企业成为诉讼对象 16.相互间的信任和尊重减少 17.基础崩溃 18.因人设事的组织没有起作用 19.每件事情都是优先的 20.创业者仍然不可或缺，但已经不可救药了

续表

企业的生命周期	风险的来源	具体表现	
		正常现象	不正常现象
青春期	分手 过早老化 壮志未酬的企业家	1.合伙人和决策者之间出现冲突 2.暂时失去方向 3.创业者接受企业的主权 4.激励机制鼓励的是错误的行为 5.溜溜球式的授权 6.制定了政策，但却没有坚持 7.董事会努力施加控制 8.在企业和具有企业家精神的领导机制之间产生爱恨交织的关系 9.变革领导风格的困难 10.企业家角色独占和个人化 11.整合角色被独占 12.缺乏控制 13.缺乏责任和义务 14.士气低落 15.缺乏利润分享安排 16.利润提升，销售平平	1.回到学步期，创业者目标不连贯 2.创业者被免职 3.个人因做出成绩获利而企业在赔钱 4.企业在无穷无尽的权力更迭中瘫痪 5.相互之间的信任和尊重急速下降 6.董事会解聘具有创新精神的领导 7.内部政治斗争过度 8.一成不变、失去作用的领导风格 9.企业家拒绝用一种非个人化的角色取代自己 10.十分传统的管理方式

【教学互动 4-1】

互动内容：

观点一：了解创业风险的内容已经涵盖了创业风险的特征和来源，阐述了创业者要有心理准备，在创业过程中一定会遇到风险是必然事实。

观点二：创业者也不必因为创业风险而畏首畏尾。创业企业在不同时期会遇到共性的创业风险。创业者认真思考、理性对待创业过程中遇到的问题和风险，还是可以对创业风险进行预判的。

互动要求：

（1）结合有关创业风险的知识，发表自己的个人见解，也可以和你的同伴简单沟通后回答。

（2）教师对学生的回答进行点评（你如果做了第一种选择，说明你对创业风险还是有一定认识的，同时，对创业的准备也上升到了理性层面。如果你选择了后一种，则是对创业的准备更加深入，同时对创业风险的出现做好了心理准备）。

做一做

小王的创业案例

小王是柳州职业技术学院的一名应届毕业生，想自己开办一家会计公司，为其他企业代理记账和代理报税。在开办公司前，他进行了大量的市场调查，发现这个行业有很大的市场。同时，他还对开办公司的必要支出进行了估算，大致如下：

1.租一间20平方米左右的办公室，每月需要租金3 000元左右；

2.购置两台电脑，每台5 000元；

3.购置一套最基本的财务软件，大约需要3 000元；

4.购置三套办公桌椅，一般的办公桌椅价格为300元/套；

5.购置两台打印机，一台针式打印机用来打印会计凭证和账簿，另一台激光打印机打印办公文件，两台打印机大概需要3 500元；

6.购置一台税控机，价格3 000元；

7.购置一台传真机，需要花费1 000元；

8.购置一些办公用品及办公耗材，需支出1 000元；

9.购置一台饮水机500元，每月大约需要4桶水，每桶水15元；

10.电话费、网费每月320元左右；

11.水电费每月200元；

12.同类的会计服务公司广告费每月为1 200～2 000元，小王决定按平均花费来准备，每月1 500元；

13.需要雇用1名会计和1名外勤人员，两人的工资每月合计为3 500元，社会保险费合计每月1 000元；尽管现在国家对大学生创业进行了税费减免，但是开户、刻章直至办完整套开业手续，大约需要一个月的时间，注册登记等开业前的基本费用需要1 000元。

对于日后的收入，小王也进行了调查。每增加一个客户每月可以有250元左右的收入，为每个客户服务的基本费用大约为20元/月。另外，客户在60个以内时基本上不用增加会计和外勤人员。

于是，小王简单算了一下他创办会计公司所需要的资金：

房租（3 000）+电脑（5 000×2）+软件（3 000）+办公桌椅（300×3）+打印机（3 500）+税控机（3 000）+传真机（1 000）+办公用品（1 000）+饮水机及1个月的饮用水（560）+电话费、网费（320）+水电费（200）+广告费（1 500）+雇员工资及社保费（4 500）+开办费用（1 000）=33 480（元）

看来开办公司的资金需要不是太多，而从每个客户那里可以赚的钱却相当可观。小王对自己的专业知识和开拓市场的能力非常自信，他相信自己的公司一定会办得很红火。为以防万一，怕哪些项目考虑得不周全，小王在筹集资金时比计算的数额还多筹集了一些，共筹集了50 000元的资金。

可是，令小王没想到的是，在开业仅仅几个月的时候，公司的资金就出现了断流。

请同学们结合任务导入内容讨论案例中小王在创业过程中遇到的风险都有哪些。请描述小王创业的风险来源，填写表4-2。

表4-2 创业风险来源及表现

序号	企业所处生命周期阶段	风险来源	风险表现
1			
2			
3			
4			
5			
⋮			

评一评

了解创业风险参考评价表见表4-3。

表4-3 了解创业风险参考评价表

评价指标（分值）	标准	小组自评（30%）	小组互评（30%）	老师评分（40%）	最后得分（分）
创业风险的客观性（20分）	1.创业风险不是人为因素引起的 2.创业风险是社会和自然现象引起的 （每完成一个标准获得10分）				
创业风险的不确定性（30分）	1.对不确定性的创业风险是否有预判 2.是否有相应的准备和预案应对不确定性风险 （每完成一个标准获得15分）				
初创企业遇到的风险（20分）	1.是否从头到尾地考虑过责任问题 2.创业者是否能够牢牢控制企业 （每完成一个标准获得10分）				

续表

评价指标（分值）	标　准	小组自评（30%）	小组互评（30%）	教师评分（40%）	最后得分（分）
创业起步阶段的风险（30分）	1.企业的现金流是否充裕 2.创业者是否信心依旧或者过分自大 3.创业团队与投资人的关系是否融洽 （每完成一个标准获得10分）				
合计（100分）					
老师评语	签名：　　　　日期：				

任务二　识别创业风险

任务目标

- 知识目标：认知创业过程中常见的风险及方法与步骤。
- 能力目标：通过学习和训练，提高创业者识别风险的能力。
- 素养目标：在“做一做”中，培养学生勇于担当及诚信的精神。

【任务导入】

根据小王的创业案例故事，小王的公司在开业后不久就因资金断流而倒闭了。我们在为小王感到痛惜的同时，是否也从中得到了某些警示？例如：小王是否认真地计算了创业所需的资金？计算的方法是否正确？小王是否认真地进行了项目的市场调研？调研结果如何？同时，小王在员工薪酬的计算上是否还缺少创业者自身的薪酬待遇？对于一个初创企业，是否在办公花销方面需要再节俭一些？比如：能够用旧的就不买新的，能够借到的物资就不要再购买等。

在创业的路上经常会出现各种各样的风险，它们不但考验创业者的胆识，更考验创业者敏锐的目光和对事业的一份执着。创业者在识别创业风险的同时，更需要拥有清醒的头脑来预判创业危机。

请思考：

（1）小王的企业在经营过程中存在哪些风险？

（2）小王是否识别了这些风险？

（3）如果你是小王，从内部因素和外部因素两个方面应该采取哪些主动措施来积极应对风险？

学一学

一、常见的创业风险

在创业过程中有很多不可预判的风险存在。

（一）企业创业过程中常见的风险

1.机会风险

创业者选择创业也就放弃了原先从事的职业。一个人通常只能做好一件事，选择创业就没有其他的选择，这就是所谓的机会成本风险。

2.技术风险

技术风险是指在企业产品创新的过程中，因技术原因导致产品创新失败而使企业面对的风险。

3.市场风险

企业产品或服务在投放市场的过程中，没有做好充分的市场需求调研，致使企业没有收回成本而造成亏损的风险。

4.资金风险

创业者在创业过程中因为资金不能适时供应而导致创业失败的风险。

5.管理风险

由于管理者自身素质和能力而导致企业在决策过程中、在团队的协调等问题上出现的风险。

6.环境风险

企业推出的产品或服务的创新活动由于所处的社会环境、政策、法律环境变化或由于意外灾害发生而造成创新失败的风险。

7.定位风险

企业的产品或服务的定价与当地经济水平和消费习惯不相符而导致的

风险。

(二) 企业在运营过程中常见的几类创业陷阱

1.网络诈骗陷阱

社会上的一些不法分子利用高科技手段移花接木，借用正规企业的名号行骗。企业在交易过程中为防止上当受骗，必须进行线下的考察和认证，特别是业务量大的单子。高利润的项目往往风险也相对较高，创业者更要小心谨慎，亲自走访是非常必要的，不能只是坐在家中敲敲键盘。有条件的话，可请投资、法律方面的专家把关。

2.融资诈骗陷阱

诈骗组织面对个别创业者对资金的渴求，施以高利，引诱个别创业者投资的陷阱。

3.非法传销陷阱

传销实际上是有组织的犯罪活动，参与者对组织者宣称的一夜暴富理念产生兴趣，或被传销头目提出的平等、关爱等虚拟的东西所迷惑。

二、识别创业风险的方法

对创业者而言，在企业运营过程中能够及时识别风险的存在和发生，对企业的正常运营和健康发展至关重要。识别企业风险不仅是对创业者运营能力的考验，更是对创业者能否有坚定的信心和价值观的考验，是伴随企业一同成长的重要因素。

识别创业风险的方法和步骤是创业者根据企业的类型和所处的生命周期，按照市场规律，在总结同行业经验的基础上，列出自己企业可能遇到的创业风险，收集信息、制订相应的方案，积极迎接和化解风险，使企业平稳顺利地运营。

识别风险的方法与步骤如下：

1.确定目标

公司的目标可能是缓慢增长，或者稳步增长，也可能是零增长，或在其他产品领域增长。某个存在风险的应对方案是否与公司目标一致呢？如果是，决策程序将会继续，并对备选方案进行详细评估。

2.分析备选方案

如果存在一定风险的决定（如扩大生产的决定）与公司目标一致，下一步就是通盘考虑各种备选方案，对这些备选方案进行详尽的分析，客观评估其成本。大部分成本是经济成本，但在有些时候也应将个人、社会和自然成本包括进去。例如，一个备选方案是否需要付出过多的个人努力？如果失败，会不会带来社会声望的损失？要对每个可行的备选方案在经济及其他方面的成本进行详细分析。

3.收集信息，权衡备选方案

创业者要收集大量信息，这样才可能对每个备选方案的成败进行现实评估。要对各种预计情况下的需求进行市场评估，还要评估竞争行为的可能性，并预计这些竞争行为会带来什么样的影响。要通盘考虑可能产生的各种结果，并得出合理结论：

——如果需求接近饱和，改进产品能否刺激新市场中需求的增长？

——如果竞争活动使市场份额下降，是否还存在新的市场？

——设备是否易于改进，从而转型生产其他产品？

——如果需求增加，供应商和转包商是否会提高收费？

要在市场信息、对未来需求的预测、对竞争行为的评估和其他一些方面因素（诸如对信贷公司或设备生产商的反应的预测）的分析基础之上，对每个备选方案给公司带来的可能回报进行评估。

4.最小化风险

创业者要对左右结果成败的要素进行现实评估，评估的要素包括：

——对创业者个人能力和公司能力的清楚认识；

——在确定成败如何变化（朝着有利于创业者方向）过程中的创新能力；

——制定能够影响变化的战略和策略的能力；

——实施战略的动力、活力和热情。

5.规划、实施最佳方案

一旦选择了某一备选方案，就要为实施方案草拟出计划，其中要包括时间表、对目标的明确定义、应对可能结果的计划以及反馈程序，这样才能迅速实施必要的改变。

【教学互动4-2】

互动内容：

观点一：识别创业风险的内容涵盖了创业过程中常见的风险、创业陷阱的相关信息以及识别创业风险的方法，创业者必须有强大的内心去面对创业风险。

观点二：创业者不要太过于计较创业风险何时出现、创业陷阱在哪里的问题。一个好的创业者不仅能够及时发现创业风险，而且能够规避创业陷阱。

互动要求：

（1）结合识别创业风险的相关知识，发表自己的个人见解，也可以和你的同伴简单沟通后回答。

（2）教师对学生的回答进行点评（你如果做了第一种选择，说明你对常规创业风险有所了解，同时对创业陷阱也有所掌握，做好了创业的准备。如果你选择了后一种，说明你十分了解自己将要创业的项目会面对什么样的创业风险，同时对将要出现的创业陷阱也比较熟悉。识别创业风险是创业成功的基础，创业者应经常总结和复盘，提高识别创业风险的能力）。

做一做

结合任务导入内容填写表4-4。小王的企业所遇到的风险属于哪一类常见风险？如果你是小王，你将采取什么方法来识别风险？

表4-4　小王的企业常见风险分类及识别方法

序号	常见风险的内容	风险分类	识别风险的方法
1			
2			
3			
4			
5			
⋮			

评一评

常见创业风险的识别及其步骤参考评价表见表4-5。

表4-5　常见创业风险的识别及其步骤参考评价表

评价指标（分值）	标　准	小组自评（30%）	小组互评（30%）	老师评分（40%）	最后得分（分）
创业机会层面常见的风险（10分）	1.是否瞄准了市场需求 2.是否忽略了客户的感受与需求 （每完成一个标准获得5分）				

续表

评价指标（分值）	标 准	小组自评（30%）	小组互评（30%）	老师评分（40%）	最后得分（分）
创业资源层面常见的风险（30分）	1.项目融资已用完，无法获得新融资 2.企业地理位置不佳 3.企业遇到法律方面的风险 4.未有效利用人脉资源 5.精疲力竭 （每完成一个标准获得6分）				
创业团队与管理方面常见的风险（35分）	1.创业团队不行 2.竞争力不够 3.定价成本出了问题 4.糟糕的产品 5.缺乏合适的商业模式 6.糟糕的营销方案 7.未能及时纠偏 （每完成一个标准获得5分）				
识别创业风险的步骤（25分）	1.明确风险存在的目标 2.分析风险，准备处理风险的备选方案 3.收集各种信息，权衡备选方案的利弊 4.在无法规避风险的时候，如何让风险最小化 5.规划和选择最佳的风险方案 （每完成一个标准获得5分）				
合计（100分）					
老师评语	签名： 日期：				

任务三 应对创业风险

任务目标

- 知识目标：认知创业风险防范的种类。
- 能力目标：通过学习和训练，提高创业者善于防范创业风险的能力。
- 素养目标：在“做一做”中，培养学生勇于承担创业风险的精神。

【任务导入】

根据任务一中小王的创业案例所述，小王的企业在开业后不久就倒闭了。小王的案例是大学生在创业过程中常见的典型案例，很多大学生缺少创业经验又急于创业。通过小王的失败案例，我们可以总结出如何防范创业风险。小王对企业存在的风险采取了什么样的防范措施？例如，在企业完成任务总量方面是否应有调整？在企业资金的筹集方面采取了哪些措施？在企业人员方面应该有怎样的激励机制等？

请思考：

（1）小王的企业所出现的风险哪些是可以预判的？

（2）小王对企业存在的风险采取了什么样的防范措施？

学一学

一、创业风险的应对与规避

面对创业风险，企业采取有效合理的方法进行规避，不仅能够避免风险造成的伤害，而且可以进一步加强企业的内部管理，应对外界环境变化所带来的挑战。

（一）企业应对创业风险的一般做法

1.规避风险

规避风险是指对所有可能发生的风险尽可能地规避，这样可以直接消除风险损失。规避风险具有简单、易行、全面、彻底的优点，能将风险的概率保持为零，从而保证项目的安全运行，通常用于造成损失大、发生频率高的风险。

2.转移风险

转移风险是指企业为避免承担风险损失，有意识地将损失转嫁给其他主体承担。转移风险有非保险转移和保险转移两种形式。保险转移是指向保险公司缴纳保险费并同时将风险转移给保险人。

3.损失控制

损失控制是指在风险发生时或在损失发生后为了减少损失而采取的各种措施，如在损失发生后采取自救可以避免损失的扩大。

4.自留风险

自留风险是指企业自己承担风险发生的损失，该方法主要应用于发生频率低和损失程度低的风险的处理。

（二）企业应规避的创业风险

1.现金流周转的风险

创业时，因资金准备不足或资金占用因素导致资金暂时断流，甚至给员工发工资都成问题，这种情况最令创业者被动，因为创业者需要用现金来购买设备、发放工资、缴纳税款、支付账单。所以应该把创业思考的重点放在如何减少资金投入、增加销售周期，特别是尽快获得可重复增加的收入方面，只要手里还有钱，创业企业就没有出局。所以，如果想创业，就要面对现金流问题，采取有效措施使现金良性周转。遵循“现金流至上”的原则，创业也就能够顺利开始。至于创业规模化的问题，等企业有了足够的现金再来考虑也不晚。初次创业必须确定利润模式，快速找到利润点，要有明确的利润来源。

2.创业团队人事风险

受经济危机、商贸洽谈等风潮的影响，创业过程中还有来自合伙人、股东、员工的人事风险，包括退伙（股）、跳槽、利益纠纷等。人事风险不仅仅表现在使创业组织不能正常运行上，还表现在当雇员不能为创业企业所用时，会加入竞争对手团队然后来挖创业企业的“墙脚”。因此创业者要想方设法组建一支可靠的创业团队。有些大公司出来的人，习惯了养尊处优的工作和生活方式，习惯了大手大脚花钱，并不是白手起家创业者的最佳拍档。相反，那些年轻、低薪、渴望工作的人，那些上手快但并不一定有丰富经验的人，那些失业后对工作机会异常珍惜的人，都是白手起家创业者的最佳拍档。创业者应该把这些人凝聚在一起，将其积极性和创造性更为充分地调动起来。同时，创业者要有整合资源的能力，要“团结一切可团结的力量”，打造一个优势互补的利益共同体，以此有效降低成本，提升运营效率，使企业运营事半功倍。

3.政策和决策风险

创业者如果不了解相关行业政策，在创业过程中就无法把握和运用好一些优惠政策，就会走弯路甚至误入歧途。创业者需要熟知国家及地方性法律法规、产业政策，但临时性、突发性的政策和法规，对创业企业的打击似乎最大。决策风险是指不同的决策方案有不同的机会成本以及风险。创业者可能会由于害怕出现决策风险，以及不愿承担由此带来的后果，不敢妄下结论。越是处于发展的关键时刻，越容易出现这种情况。

4.不切实际风险

创业需要创新，但更需要脚踏实地的行动，而不是盲目自大地臆想，痴人说梦。有些创业者将创业前景想得过于简单和乐观，大言不惭地说自己在做没有人做的事，或自己在做别人无法赶超的事，这样可能面临不切实际的创业风险。如果想创业，就要面对现实，从现实中发现市场存在的需求，看看自己能否用新的创业方法去满足市场需求，总的来说就是实事求是地创业。而没有经过认真酝酿，便心血来潮地开始创业行动，看别人干赚钱，于是自己也要干，不考虑自身的素质条件或时机是否成熟，执意模仿与跟随，这样创业成功的概率也比较低，竞争也会更加激烈，最后导致不仅同行不买账，消费者也不买账。创业需要激情但不需要冲动，创业需要脚踏实地地去一步步实现，而不是“一口吃成个大胖子”。

5.产品项目和市场营销风险

市场营销风险是创业过程中较为核心的风险因素，如出现强势的竞争对手导致竞争加剧，市场形势发生变化。市场是检验创业项目与产品优劣的地方，市场营销在创业过程中是重中之重。如果产品选不好、项目选不好，营销能力再强也无异于自掘坟墓；而如果产品或项目都很不错，市场营销能力欠缺，这样所形成的创业风险会导致事倍功半。为谨慎起见，创业者可以先选择一个较小规模的市场进行试销售，根据市场反馈对产品和营销计划进行调整。

二、承担创业风险

创业风险承担能力就是个人或企业组织在创业过程中所能承受的最大风险。风险承担需要综合衡量个人能力、家庭情况、企业资本、组织的综合能力等。一个初创企业在创业过程中会遇到各种各样的风险，同时，这些风险也无时无刻不在考验着创业者的风险承担能力。创业者要学会在未来的创业路上发现创业风险存在的领域，承担其应承担的最大风险。

【教学互动4-3】

互动内容：

观点一：防范创业风险的内容涵盖了防范创业风险的方法、种类和注意事项等。创业者应该有充分的准备，防范创业风险的出现。

观点二：创业者需要制订详细的防范创业风险的措施计划，同时，又要关注自己企业的成长与发展，客观认识企业在发展中出现的风险，组建自己的创业团队，各司其职，有助于应对企业面临的各项风险。

互动要求：

(1) 结合防范创业风险的知识，发表个人的见解，也可以和你的同伴简单沟通后回答。

(2) 教师对学生的回答进行点评（你如果做了第一种选择，说明你对创业风险的防范还停留在认识层面；如果你选择了后一种，说明你对企业的管理和风险的防范有了充分的准备。创业难免会遇到不可预测的风险，创业者需要从细处着眼，认真对待，善于利用资源、整合资源，相信风险是暂时的，关键是加强企业内部的建设与管理）。

做一做

请根据任务导入的内容填写表4-6。如果你是小王，你将对企业出现的风险采取哪些防范措施？

表4-6 对小王的企业出现的创业风险可能采取的防范措施

序号	常见创业风险的内容	采取的防范措施
1		
2		
3		
4		
5		
⋮		

评一评

常见创业风险防范措施参考评价表见表4-7。

表4-7 常见创业风险防范措施参考评价表

评价指标（分值）	标 准	小组自评（30%）	小组互评（30%）	老师评分（40%）	最后得分（分）
规避风险（40分）	1.规避现金周转风险 2.规避团队人事风险 3.规避政策和决策风险 4.规避不切实际风险 （每完成一个标准获得10分）				
转移风险（20分）	1.投资其他项目 2.企业是否有其他收入 （每完成一个标准获得10分）				
损失风险（20分）	1.减少新物品的购买 2.节约人员开支 3.增加激励方法 4.继续拓展市场 （每完成一个标准获得5分）				
自留风险（20分）	1.小王继续增加投资 2.寻找合伙人 （每完成一个标准获得10分）				
合计（100分）					
老师评语	签名： 日期：				

【思创空间】

立志开创中国“芯”时代

2021年10月11日，广东省教育厅公布了“2020年广东大学生年度人物”推选展示活动结果，华南理工大学材料科学与工程学院2018级博士生王永飞获“2020年广东大学生年度人物”称号。国产高端磁芯面临着技术

“卡脖子”的行业痛点，王永飞汇聚非晶纳米晶磁芯技术和人才，立志开创中国“芯”时代。

受父亲的影响，王永飞从小就喜欢看各种材料的说明书和制造流程，凭着对材料科学的兴趣，王永飞完成了初步启蒙。“人生十字路口的几条路都被我走得差不多了”，王永飞曾这样说过。每到毕业季，大学毕业生们总会对以后的发展道路做出选择——是继续求学深造，还是选择就业？又或者自主创业？而这三条截然不同的道路上，都有王永飞的脚印。2015年，在顺利完成了硕士阶段的非晶纳米晶磁芯研究后，深入一线的工作经历让王永飞深刻意识到目前国内材料行业所面临的严峻形势：高端技术被外国垄断，材料市场供需尚不平衡。

2018年，在欧美做技术交流的时候，王永飞感慨万千，一边对发达国家掌握的尖端技术由衷赞叹，一边又为国内落后的研发现状痛心疾首。国内高端磁芯市场几乎被德国VAC和日本日立金属垄断，国产高端磁芯面临着技术“卡脖子”的行业痛点。国内国外在材料技术上的差距让王永飞萌生出创业的想法：“研究者多少都有点高傲，做了这么多年，还要买别人的东西，咽不下这口气，也不相信做不过他们。2018年又是国际形势动荡的一年，中国受到各种制裁，不想再受制于人，就总得有人去突围。”于是，结束欧美游学后，王永飞毅然决定辞职创业。借助在学习和任职期间的理论积累和实践经验，王永飞于2018年5月注册成立了广州金磁海纳新材料科技有限公司，英文名“Joinchina”，寓意要将全球最顶尖的非晶纳米晶磁芯技术和人才汇聚到中国，立志开创中国“芯”时代。

资料来源　佚名．王永飞：立志开创中国“芯”时代的工科学霸［EB/OL］．［2021-10-27］．http：//news.scut.edu.cn/2021/1026/c161a44758/page.htm．有删减．

案例解析：欧美国家为打压中国科技企业发展，针对中国科技企业发展的关键部件“芯片”技术的研发生产进行了无下限的制裁和打压。以王永飞为代表的中国科技工作者从实践岗位出发，心系祖国和民族的发展，投身到科技创业的大潮当中，为我国的芯片产业发展作出了应有的贡献。

【思考与练习】

1.关键术语

风险是损失或收益发生的不确定性，即风险由不确定性和损失（或收益）两个要素构成，是在一定条件下、一定时期内某一事件的预期结果与实际结果间的变动程度。

创业风险的共性特征分别是客观性、不确定性、相对性、可测量性、可识别性、相关性。企业所处的生命周期不同，所遇到的创业风险的共性特征也是不同的。

常见的创业风险有机会风险、技术风险、市场风险、资金风险、管理风险、环境风险等。识别风险的方法主要是为企业确定阶段发展目标，与长远目标相呼应；制订和分析规避风险的备选方案；收集相关信息，权衡备选方案；将风险最小化；规划实施最佳方案。

创业风险的防范种类一般包括规避风险、转移风险、损失控制、自留风险等。企业防范风险的具体事项可分为规避现金流周转风险、规避创业团队人事风险、规避政策和决策风险、规避不切实际的风险、规避产品项目和市场营销风险。

2.选择题

○ 单项选择题

（1）初创企业的创业风险具有一定的（　　）。

A.客观性　B.差别　C.共性特征　D.个性特征

（2）创业过程中很多创业风险是（　　）。

A.经常出现的　B.定时发作的　C.在掌握当中的　D.不可预判的

（3）企业应采取（　　）办法进行创业风险的防范与规避。

A.有效合理　B.听之任之　C.等待的　D.找政府相关部门

随堂测 4-1

○ 多项选择题

（1）创业风险的共性特征包括（　　）。

A.客观性　B.不确定性　C.相对性　D.可测量性

E.可识别性　F.相关性　G.一致性

随堂测 4-2

（2）常见的创业风险有（　　）。

A.机会风险　B.技术风险　C.市场风险　D.资金风险

E.管理风险　F.环境风险

（3）防范创业风险的种类包括（　　）。

A.规避风险　B.转移风险　C.损失风险

D.自留风险　E.改变风险

3.判断题

（1）企业无论处在何种时期，创业风险都会定时发作。（　　）

（2）制订好规避创业风险的计划和策略就可以规避创业风险。（　　）

（3）企业无论怎么准备都无法防范风险。（　　）

随堂测 4-3

项目五　打造创业团队

创学堂5-1

在2017年7月二十国集团领导人汉堡峰会上，习近平总书记发表了题为《坚持开放包容推动联动增长》的重要讲话，其中引用了一句广为流传的德国谚语“一个人的努力是加法，一个团队的努力是乘法”。创业团队更是创业过程中的关键因素。创业团队可以从两个层面来理解，狭义的创业团队是指有着共同目的、共享创业收益、共担创业风险的一群经营、管理新成立的营利性组织的人，他们提供一种新的产品或服务，为社会提供新增价值。

广义的创业团队不仅包括狭义的创业团队，还包括与创业过程有关的各利益相关者（比如风险投资商、供应商、专家咨询团体等），他们在初创企业成长的某个或某几个阶段中起着至关重要的作用，同时也为社会提供了一定的新增价值。

【项目结构】

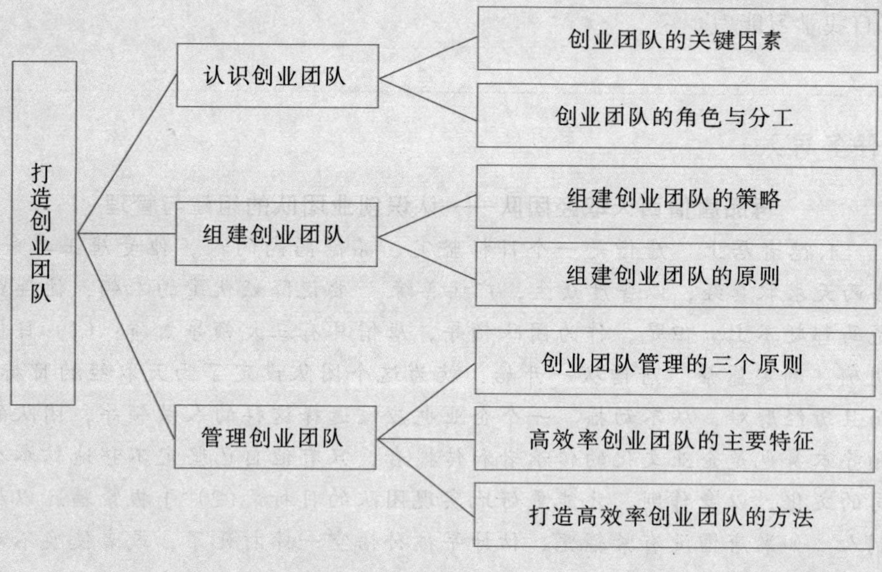

图5-1　项目五内容结构图

任务一 认识创业团队

任务目标

● 知识目标：认知创业团队的关键要素；了解创业团队是如何运作的。

● 能力目标：通过学习和训练，缩短创业团队的磨合期，提升创业团队在实践运作中的水平和能力。

● 素养目标：在“做一做”中，培养团队意识，增强合作精神和自我学习能力。

【任务导入】

再品唐僧西天取经团队——认识创业团队的组建与管理

1.德者居上。唐僧是一个目标坚定、品德高尚的人，他受唐王之命，去西天求取真经，以普度众生，广播善缘。要说降妖伏魔的本领，他连白龙马都赶不上。但是，作为团队领导，唐僧具有三大领导素质：(1) 目标明确，制定愿景。唐僧从一开始，就为这个团队设定了西天取经的目标，而且历经磨难，从不动摇。一个企业也应该选择这样的人做领导，团队的领导本身也是企业文化的传承者和传播者，只有他自己坚定不移地信奉公司的文化，以身作则，才能更好地实现团队的目标。(2) 手握紧箍，以权制人。如果唐僧没有紧箍咒，估计早被孙悟空一棒打死了，或者使唤不动他。唐僧很少使用自己的权力，只有在大是大非的时候，才动用自己的惩罚权，因为他明白惩罚权千万不可滥用，奖励胜于惩罚。(3) 以情感人，以德化人。最初，孙悟空并不尊重唐僧，老觉得这个师父肉眼凡胎、不识好歹，但是在历经艰险后，被唐僧的执着、善良和对自己的关心所感化，从而死心塌地地保护唐僧。

2.智者在侧。猪八戒好吃懒做却肯动脑子。说猪八戒是智者，是因为：第一，他从不掩饰自己的个人要求和欲望，对自己的权益十分重视，是一头胸怀自由主义的特立独行的猪。他不会头脑发热，不会被“普度众生”这样鲜明的公共理想所煽动，他认为成佛远不如回高老庄当女婿潇洒，他的理念和立场基于个体生命的真实感觉，没有专心取悦唐僧的动机。第二，他从不忽视自己言论自由的权利，取经路上经常提出意见，而且多是反对意见——这是关键的关键。

3.能者居前。孙悟空是受控的能量，是优秀的职业经理人。首先，孙悟空不是一般人才，而是一个“人物”，“人物”和“人才”“人力”不一样，在团队里是不可替代的。孙悟空是避害（压在五行山下的日子不好过）而不是趋利者（最后被封为“斗战胜佛”，远不如“齐天大圣”过瘾），这使他多少有了独立人格。有独立人格的人有意愿和能力尊重约定，观音与孙悟空谈判的结果是以责任换自由，这个约定，才是孙悟空真正的“紧箍咒”，签订了合约就认真去做，百折不挠。

4.劳者居后。沙和尚是个很好的管家，任劳任怨，心细如丝。他经常站在孙悟空一方说服唐僧，但当孙悟空有了不敬的言语时，他又马上跳出来斥责孙悟空，护卫师父，可谓忠心耿耿。他是唐僧最信任的人，属于那种有忠诚度但能力欠缺的人才。

请思考：

（1）唐僧西天取经团队是如何进行角色分工的？

（2）唐僧在西天取经团队中所扮演的角色是什么？

（3）唐僧西天取经团队最终实现了目标，是哪些要素起到了核心作用？

学一学

创业过程理论中最重要的三个要素分别是创业机会、创业资源和创业团队，在这三个重要因素中，创业团队的能动性是最强的。构成创业团队的核心是人，确切地说，是怀揣不同创业动机而有着共同目标的创业者。

一、创业团队的关键因素

创业团队的组成要素是完成创业任务、实现创业价值的关键，每一个关键要素都有其不可替代的作用，同时各个要素之间又是相互补充、相互依存的。成熟的创业团队都具备5个关键要素，这些关键要素对应的英语单词首字母均为P，因此被称为创业团队的5P模型（见图5-2）。

（一）目标

创业团队应该有一个既定的共同目标，为团队成员导航，使得团队成员知道要向何处去；没有目标，这个团队就没有存在的价值基础。目标在创业企业的管理中以创业企业的愿景、战略的形式体现，缺乏共同的目标会使创业团队缺乏凝聚力和持续发展的动力。

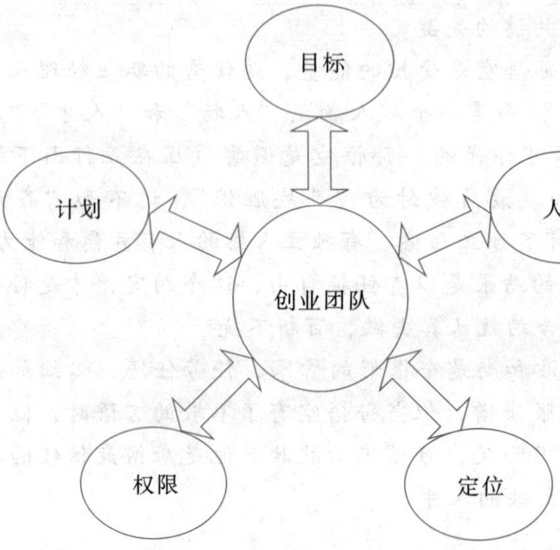

图5-2 创业团队的5P模型

结合项目任务导入环节的案例，我们分析唐僧西天取经团队的共同目标是什么。我们说创业团队的共同目标是大目标，每个人的目标是小目标，只有在团队的共同目标得以实现的前提下，每个人的小目标才能够实现。

(二) 人员

创业团队的构成要素是人，在初创企业中，人力资源是所有创业资源中最活跃、最重要的。创业团队的共同目标是通过人员来实现的，不同的人通过分工共同实现创业团队的目标，所以人员的选择是创业团队建设中非常重要的一部分，创业者应该充分考虑团队成员的能力、性格等多方面因素。

结合项目任务导入环节的案例，我们分析唐僧西天取经团队的人员组成特点：三个徒弟孙悟空、猪八戒、沙僧和白龙马的分工各不相同，彼此相互协作。唐僧在团队中的主导作用毋庸置疑，三个徒弟的战斗力各不相同，孙悟空72变、猪八戒36变、沙僧18变，其岗位也是根据战斗力的不同而定的，白龙马虽然是第二个加入团队的，但却不是二师兄。初创企业首先应该进行公司的岗位设计，然后再根据岗位设计选人用人，把合适的人放在合适的位置上。这样不仅有助于团队成员之间的彼此协作，而且有助于实现团队的共同目标。

(三) 定位

定位指的是创业团队中的具体成员在创业活动中扮演什么角色，也就是创业团队的角色分工。定位关系到每一个成员是否对自身的优势、劣势有清醒的认识。创业活动的成功推进，不仅需要整个企业能够寻找到合适的商机，同时也需要整个创业团队的成员能够各司其职，形成一种良好的合力。

结合项目任务导入环节的案例，我们分析唐僧西天取经团队的人员定位特点。师徒四人的定位特点明显，有坚定意志的师父唐僧是实现团队共同目标的倡导者和坚持者，三个徒弟不仅战斗力有明显差别，而且性格也大不相同。取经路上的外事活动基本上都由孙悟空负责，同时，孙悟空也是降妖除魔和化缘的主力军。猪八戒基本上扮演了照顾师父的角色，负责保护师父免受伤害，同时也负责调节团队的气氛，他的角色承上启下。沙僧在团队中任劳任怨，话语不多、身体力行，是基层员工的榜样。

所以说，创业团队的人员定位是关键，创业者在选人用人的过程中不要只看其能力素质，还要看团队的总体任务与阶段性任务的需要，适当地选择合适的人更有利于团队协作。

(四) 权限

为了实现创业团队成员的良好合作，赋予每位成员一定的权限是必要的。赋予团队成员适当权限，主要是基于：①团队成员对控制力的追求往往是他们参与创业的一个重要动因；②创业活动的动态复杂性，需要团队成员拥有较大的权限来实现目标。

结合项目任务导入环节的案例，我们分析唐僧西天取经团队中唐僧与孙悟空的权限特点，唐僧是团队的主导，在徒弟分工协作方面，唐僧基本上采取以结果为导向的权限授予方式。比如：在降妖除魔的权限上，只要孙悟空能够解决问题，无论去找哪位神仙和求助谁，唐僧基本不过问，但孙悟空会主动向唐僧进行任务过程汇报。这就充分体现出唐僧在用人方面敢于授权，也体现出唐僧对孙悟空的信任。

所以，创业团队在初创期，团队成员之间的相互信任是最关键的。同时，给予相应的授权、允许部门负责人做相应的决策是能够让创业团队健康发展形成合力的关键。

(五) 计划

计划是创业团队未来的发展规划，也是目标和定位的具体体现。在计划的帮助之下，创业团队能够有效制定短期目标和长期目标，能够提出有效实施方案，以及实施过程中的控制和调整措施。这里所讨论的计划可能尚未达到商业计划书那种复杂程度，但是，从团队组建和发展过程来看，计划的指导作用自始至终都是存在的。

结合项目任务导入环节的案例，我们分析唐僧西天取经团队的创业计划，唐僧师徒在取经路上可以说只有一个大目标，而唐僧本人只有一份唐王给予他的通关文牒，也就是现在的“护照”，同时，菩萨告诉唐僧此次取经路上千难万险，要有心理准备。说唐僧在取经路上有计划吧，又没有详细的内容；说没有计划吧，他又按部就班地朝着目标前进。

所以，这很像许多初创团队，只有一个大方向，在创业路上，问题总是不期而遇，困难也是接踵而来，但只有协调合作、舍小顾大、诚信认真地按照“适才适所”的原则各自定位，管理者有效授权，做到“人尽其才、才尽其用”，才能最终实现创业计划的共同目标。

【教学互动5-1】

互动内容：

观点一：任务一“认识创业团队”的内容已经涵盖了所有对创业团队认识的相关信息，表达了创业者对未来自己组建创业团队的思考和认识，创业必须有自己的创业团队。

观点二：不需要对未来的创业团队有多么高深的理解和认识，而在于有一支能够适合项目发展、志同道合、有共同目标的队伍，在边干边学中相互学习、共同成长。

互动要求：

（1）结合有关认识创业团队的知识，发表个人见解，也可以和你的同伴简单沟通后回答。

（2）教师对学生的回答进行点评（你如果做了第一种选择，是对创业团队有了初步的认识。而你选择后一种，则是认真地思考了自己的创业团队如何选人用人以及在选人的问题上有自己的想法）。

二、创业团队的角色与分工

创业团队不仅包含团队内部有共同目的、共享创业收益、共担创业风险的一群创建新企业的人，还包含与创业过程有关的各种利益相关者，如风险投资人、专家顾问等。

从成员所起的作用来看，创业团队的成员可以分为以下四类：①初始创建者：通常指企业的发起人。②核心员工：通常指新企业成立后引进的骨干员工，主要来源包括招聘、熟人介绍等。③董事会：主要指利益相关者，其主要作用是提供指导、增加资信等。④专业顾问：主要指部分与新企业保持紧密联系的外围专家以及利益相关者，包括顾问委员会、投资人和贷款方、咨询师等。

从成员的角色分工来看，成功团队中有九种角色。被誉为“团队角色理论之父”的英国团队管理专家梅雷迪思·贝尔宾（Meredith R.Belbin）在分析成功团队时发现，一个结构合理的团队应该由九种不同的角色组成。依据成员所表现出来的行为和个性特征来划分，这九种角色分别是塑造者、完成者、执行者、协调者、资源调查者、协作者、创新者、专家、监控评估者，他们分别负责行动导向（执行团队任务）、人际导向（协调团队内外部人际关系）、谋略导向（提出创意与提供专家智慧）三类任务，见表5-1。

表5-1　创业团队的角色与分工

类型	角色	角色描述
行动导向（负责执行团队任务）	塑造者	为团队带来动力和韧性。极强的成就导向，充满活力，激发人心，有克服困难的动力和勇气
	完成者	为团队带来严谨和担当。尽职尽责，任劳任怨，积极投入，找出各项差错与遗漏，准时完成任务
	执行者	为团队带来稳步发展与好的信誉，执行力强，纪律性强，办事效率高，值得信赖，稳健
人际导向（负责协调团队内外部人际关系）	协调者	为团队带来成熟的建议并把握节奏。成熟和自信，能够阐明目标，做出决策，合理分工，成员信任与认同，典型的人际导向型团队领导者
	资源调查者	为团队带来热情和法则、机遇。外向，热情，健谈，善于发掘机会、谈判、构建关系网络、获取外部资源
	协作者	为团队带来凝聚力。善于倾听，性格温和，感觉敏锐，能够防止摩擦、平息争端、趋利避害，促使团队融合，保持振奋向上的团队精神
谋略导向（负责提出创意与提供专家智慧）	创新者	为团队带来创新和变革力。高智商，富有创造力和想象力，不墨守成规，敢想敢干，能够解决难题
	专家	为团队带来特殊技能、专业性。目标专一，提供专一的知识与技能，同时表现为高度内向，自我鞭策，甘于奉献
	监控评估者	为团队带来可观评判、明智决策。明智、谨慎、聪明，遇事沉稳冷静，具有战略眼光和远见卓识，在重大决策上往往能够做出正确的评估与判断

创业团队在具体运营和实施过程中，团队中每个人的角色和分工应该既清晰、准确，又相互补充、相互协调和相互制约。每个角色在完成任务的过程中内心始终应关注团队的总体价值和总体目标。

继续以唐僧西天取经为例，来看一看如何运作创业团队。观音虽然没有在行动上参与唐僧团队的具体任务，但观音是整个唐僧团队的设计者和塑造者；在唐僧团队山穷水尽的时候为他们指明方向，激发其斗志。而唐僧作为西天取经项目的执行者，负责团队的全面工作，整顿团队的纪律，有坚强的意志，是团队成员最信赖的人；孙悟空身兼多职，他既是资源调查者又是创新者，善于发现资源、整合资源，解决遇到的困难，不墨守成规，善于用创新思维解决问题；猪八戒既是团队的人际关系协调者，又是完成任务的协作者，偶尔还扮演着不成熟的专家与监控评估者的角色；沙僧很明显是团队的协作者、协调者，在自身能够完成任务的同时，帮助其他成员解决问题。

唐僧团队的人员配备少而精，并建立了有效的制约机制。唐僧直接管理孙悟空，但只有在孙悟空突破底线时才动用紧箍咒，平时则让其充分发挥能动作用；孙悟空对猪八戒在具体工作上有管理权，但他也限制不了猪八戒的言论自由，他自己的行为反而受到猪八戒的监督；猪八戒虽然有“散伙回家”的思想，但因为有孙悟空的金箍棒，思想不能转化为行动；沙僧作为“办公室主任”，管理行李和白龙马，对一线事务从不插嘴。

做一做

各小组结合“任务导入”的内容，正确填写表5-2、表5-3。

表5-2 唐僧创业团队的角色分工

序号	团队成员	角色分工	主要任务	是否完成任务
1				
2				
3				
4				

表5-3 各组创业团队的5P分析

序号	目标	人员	定位	权限	计划
1					
2					
3					
4					

评一评

认识创业团队评分表见表5-4。

表5-4　　认识创业团队评分表

评价指标（分值）	标　准	小组自评（30%）	小组互评（30%）	老师评分（40%）	最后得分（分）
团队目标（20分）	1.团队是否有创业目标 2.团队成员是否有各自的目标 （每完成一个标准获得10分）				
团队人员（30分）	1.成员角色是否清晰 2.各自的任务是否明确 3.相互协作的领域与空间是否明确 （每完成一个标准获得10分）				
团队定位（10分）	1.团队人员的定位是否准确 2.人员类型的区分是否明显 （每完成一个标准获得5分）				
团队权限（10分）	1.是否清晰划分每个人的权限 2.是否了解每个人的权利与其所负责任 （每完成一个标准获得5分）				
团队计划（30分）	1.团队是否有整体规划 2.部门是否有实施计划 3.每个人是否有短期的计划 （每完成一个标准获得10分）				
合计（100分）					
老师评语	签名：　　　　日期：				

任务二 组建创业团队

任务目标

● 知识目标：认知组建创业团队的策略和原则。

● 能力目标：通过学习和训练，提高创业者组建团队的能力。

● 素养目标：在“做一做”中，培养同学们的奉献精神、合作意识。

【任务导入】

电影《中国合伙人》讲述了主人公成东青在自己的创业之路上艰难跋涉，但孟晓骏与王阳这两位合伙人的加入，使他的企业有了不同寻常的发展。成东青有着自己对事业的认识和理解，他不认为自己将来会创立什么了不起的企业，他只是想在北京待下去，不要回老家对着水稻讲英语。在失去了爱情与工作之后，他内心的强大与对梦想的执着展现得淋漓尽致。他用最笨的方法背单词，学着自己并不喜欢的英语，他创办了学校，学生越来越多，但他依旧没有太多的自信。后来，他把很自我、有才华的王阳和孟晓骏召集在一起，创办了新梦想学校。孟晓骏的加入使新梦想学校的面貌焕然一新，因为他在美国生活和工作过，他的梦想是改变世界，但现实却是他没有改变世界，反而认清了这个世界。所以团队的合伙人一定要真正了解业务及其拓展领域。孟晓骏对公司的股份制设计在现在看来也是比较超前的。王阳是一个执着的跟随者，是成东青的大学同学，他交定了这个陪他历经风雨、走过青春的朋友。而成东青的确是一个好的领导者，一个好的领导者不需要掌握很多的技能，而需要把这些有才能的人凝聚在一起，为同一个目标而奋斗。

请思考：

（1）请分析《中国合伙人》中的团队是怎样组建起来的，每个合伙人都有着怎样的特点。

（2）小组间相互展示说明，互相提出意见和建议。

学一学

一、组建创业团队的策略

(一) 合伙人的加入

合伙人是在开始创业之前就决定的，因为没有他们的加入就没有办法开始创业，或者说，在下定决心创业之前，应该先把必要的伙伴找齐。

(二) 选择合伙人的依据

根据职能挑选合伙人，一个互联网创业团队起码应该有1~3位负责不同方向的技术合伙人，1位在内负责管理、在外代表公司（比如，面对投资人和媒体）的CEO，1位产品负责人和1位市场负责人。当然，根据具体人员和项目会有调整，如在工程师能力足够时产品负责人便不是必需的；纯互联网方向的企业在初期不太需要市场；技术性很强的项目可能需要3名技术人员。

总体来看，合伙人团队应该在3~5人。据统计，少于3人或多于5人的创始团队成功率较低。国内创业企业常见的两种状态是单打独斗或者一大堆合伙人，前者在意识到问题后再找人并不困难；而后者出现问题时就比较难处理，因为精简合伙人比招募合伙人难得多。因此千万不能随意招募认识不久、能力不足或者不够信任的合伙人，宁缺毋滥是重要原则。对创业公司来讲，招人是一件非常重要的事。在具体行动方面却要注意做到：尽量晚，尽量少，尽量慢。

(1) 尽量晚。在联合创始团队还忙得过来的时候，不要招普通员工。一方面不给自己添乱，另一方面不给雇员添堵。在创业初期，一个新人的加入可能无法马上为团队带来更大的产出，反而会在招募和磨合阶段消耗不少的成本。而很多创业者都忽视了这点，大肆招人，结果导致负责人的工作只剩招人，各部门工作只剩带人，看上去体量变大，实际上产出不增反降。而且，创业公司早期工作量大、管理混乱，新人是否接受、能否久留都是问题，不可不慎。

(2) 尽量少。尽量少与尽量晚的原因相近，但这一思路可以贯彻到企业整体的管理中，直到企业相当成熟。有许多B轮融资之后的公司仍然奉行着少招雇员的原则，这为它们维持效率、控制成本贡献了非常大的价值。聪明的管理者会不断培养老员工，用各种方法留住老员工，依靠进步（包括自己）而非换人为公司带来动力，对每个员工都用心——可以从对每个员工的亲自面试开始。优秀的企业文化和品牌感也更容易诞生于相对稳定的人事环境中。

(3) 尽量慢。尽量慢并不是指招人流程要冗长拖沓，而是说增员要一个一个来，不要制定“现在需要3个人”“半年内招10个人”的目标。不管是判断公司运作的效率，还是评价新人自身的效率，相对良好的环境都是只引入一个变量的环境。一次招募大量员工，首先会给管理带来麻烦，其次对每个人都不负责任。正确的招人方式应该是招到一个员工后先看他的加入能否缓解公司对人才的需求，如果仍有很大需要，再继续招人。

二、组建创业团队的原则

（一）目标一致

团队中每个人的个性、思维与能力都是不同的，所以，行为也是不一致的。但是为了创业成功，所有人必须目标一致、齐心协力，劲儿往一处使，才不会在前进中迷失方向。

（二）人数合理

一般来说，创业团队的人数控制在3~5人比较合理。成员太少，许多工作无法开展；人数太多，思想不易统一。合理的创业人数，便于领导，也有利于有效分工，保证各项工作完成的速度与质量，提高企业办事效率。

（三）志同道合

志同道合，意味着志趣相投。相似的价值观、理想及信念让彼此信任和依赖，因为，志同道合的人更容易“抱成团”。创业要面对很多不确定因素，风险大，具有共同的兴趣点和共同的创业梦想，对提升和保持团队的凝聚力是非常重要的。相似的成长经历、成长环境和教育背景是比较容易志同道合的。事实上，有时候创业成功并不是因为团队成员有多优秀，而是因为团队成员之间的齐心协力；同样，创业失败也并不是因为团队结构的缺陷，而是因为团队成员间的内部争斗和关系涣散。

（四）优势互补

依托创业项目的特点来组建团队是创业者应该考虑的重要因素。项目所蕴含的不确定性越高，价值创造潜力越大，往往意味着创业过程中面临的任务也越复杂，挑战性越强。理性组建创业团队可能会更好地应对创业过程中的复杂任务，有利于成功创业。比如做“互联网+绿色农产品”项目，团队就需要有互联网技术人才、绿色农产品营销人才，还要有企业管理人才等。这种理性组建，主要强调团队成员间的技能互补、知识互补、能力互补、性格互补、观念互补，这种平衡和补充的作用可以保证新创企业健康有序地发展。

（五）兼顾权益

值得注意的是，志同道合容易走向的一个误区就是，把团队成员（合伙人）等同于兄弟。创业初期，当企业发展并不明朗的时候，创业者们更多考虑的是企业的利益，而耻于谈钱，友谊是维系创业者之间关系的主要纽带。这种关系貌似牢固，其实内藏很多隐患。当企业发展步入正轨、运营平稳、利润增加的时候，个人的利益观念就会凸显，合伙人觉得自己的付出与收获不成正比，容易产生情绪，甚至离开团队并带走一部分利润，影响企业的发展。因此，在创建团队时，即使是最好的朋友也应该建立一种合理的利益分配制度，并得到团队成员的支持，这样可以避免团队冲突。

【教学互动5-2】

互动内容：

观点一：组建创业团队的内容已经涵盖了创业团队组建的相关信息，表述了创业者要组建创业团队的基本策略，要想成功创业就要组建创业者自己的团队。

观点二：不需要组建过于完美、过于理想化的团队，重点是在创业过程中不断地发现团队成员的优点，不断有人进入，同时也不断有人退出。

互动要求：

（1）结合组建创业团队的知识，发表个人见解，也可以和你的同伴简单沟通后回答。

（2）教师对学生的回答进行点评（你如果选择观点一，说明你想要组建自己的团队，但还在犹豫中，不知道如何选择团队成员；你如果选择观点二，则说明你已经有了选人用人的思路，甚至已经有了具体的人选，并希望他们成为你团队中的成员）。

做一做

1.请同学们根据“任务导入”和“学一学”的相关知识，提炼组建创业团队的策略和原则。

2.团队间相互展示自己组建创业团队的策略和原则及人员具体分工，要求其他团队成员进行评判。

评一评

组建创业团队评分表见表5-5。

表5-5 **组建创业团队评分表**

评价指标（分值）	标　准	小组自评（30%）	小组互评（30%）	老师评分（40%）	最后得分（分）
团队人数（10分）	1.创业空想阶段的人数 2.创业起步阶段的人数和将来打算引入的人数 （每完成一个标准获得5分）				
合伙人之间的关系（20分）	1.合伙人与企业创始人之间的关系 2.他们各自负责的领域及其权限和义务 （每完成一个标准获得10分）				
合伙人进入的时间（30分）	1.团队合伙人在企业初创时就在团队里 2.融资之后进入团队 3.带着资金进入团队 （每完成一个标准获得10分）				
合伙人之间的互补条件（10分）	1.简述团队合伙人各自负责的工作和掌握的资源 2.合伙人为企业做出的贡献 （每完成一个标准获得5分）				
组织目标与个人目标的共同点（30分）	1.简述团队目标 2.简述每个人的目标 3.分析个人目标与团队目标的相似处 （每完成一个标准获得10分）				
合计（100分）					
老师评语	签名：　　　　日期：				

任务三 管理创业团队

任务目标

- 知识目标：认知创业团队管理的三个原则。
- 能力目标：通过学习和训练，提高团队管理和运营能力。
- 素养目标：在“做一做”中，培养同学们的奉献精神、合作意识及团队管理的领导力。

【任务导入】

唐僧团队是一个能够经受市场检验的团队，最终取得真经各有收获，但回顾他们的取经过程，还是困难重重。他们不仅有一路上的艰难险阻，遇到各种各样的妖怪这样的外部威胁，同时，团队内部的管理也是一个长期困扰和影响团队的因素。在他们组建团队的初期，一些外部困难也曾影响到内部的团结，比如“三打白骨精”就引发了孙悟空与唐僧之间的矛盾等。

创业路上没有一帆风顺的，只有不期而至的困难和问题不断地考验团队的管理水平。唐僧团队的成功，从团队管理的层面来看，首先归功于他们每个人都对西天取经这个项目发自内心地认可，相信这个项目会给他们带来自身的解放。同时，唐僧在每次收徒弟的时候，徒弟与唐僧之间都有一个口头契约，虽然没有签字备案的协议书，但对神话故事来说，他们内心是承认口头协议的。所以契约精神是团队健康发展的前提。相互协作、目标明确、互相补充是唐僧团队的又一大优点。在没有遇到外部危险的时候，他们之间也会互相开玩笑，但一遇到外部威胁，他们就会一致对外、相互协作。孙悟空负责打妖精，猪八戒负责照顾师父及配合孙悟空，沙僧负责看管行李和师父的安全等，可以说他们的分工协作相当默契。

一个高效率的创业团队不只是分工明确、岗位职责清晰，更重要的是对于自己职责以外的工作和任务，只要其对项目有利、对公司的发展有利，就可以相互协作来完成，这种精神被称为团队精神。

请思考：

（1）请同学们以《西游记》中唐僧西天取经团队为例，讨论他们是如何管理并打造了一支高效率的团队的。

（2）同学们依据教材中的相关知识，对唐僧团队的管理原则、方法和特征进行归类。

学一学

一、创业团队管理的三个原则

（一）重视契约精神

契约精神是西方文明社会的主流精神，“契约”这个词源于拉丁文，原意为交易，其本质是一种契约自由的理念。所谓契约精神，是指存在于商品经济社会，并由此派生出的契约关系与内在原则，是一种自由、平等、守信的精神。

（二）遵循贡献决定权利原则分配股权比例

创业的目标是把蛋糕做大。在现实操作中，创业者往往依据出资额来确定股权。值得注意的是，以技术为出资方式的团队成员，需要谨慎考虑技术的商业价值，在资金和技术之间合理地权衡。

（三）控制权与决策权相统一的原则

在创业初期，更需要集权和统一指挥，控制权与决策权相统一至关重要。

二、高效率创业团队的主要特征

（一）目标明确

团队的目标和愿景并非由创始人一人决定，而是在组织内的成员共同合作时，就使所有的成员都有企业主人的感觉，大家心里认定：这是我们共同的目标和愿景。

（二）各负其责

高效率创业团队中每一位创业伙伴都清楚地了解自己所扮演的角色，更知道自己的行动要有助于实现团队的愿景和目标，同时会为了这个愿景和目标甘愿做出更大的贡献。

（三）强烈参与

成功团队的成员身上总是散发出挡不住的参与的狂热，他们相当积极、相当主动，得到机会就参与。

（四）死心塌地

团队成员之间真心地相互依靠、相互支持是团队成功的保证，其表现出以下几种行为特质：①创始人常向他的伙伴灌输强烈的使命感及共有的价值观，并且不断强化同舟共济、相互扶持的观念；② 鼓励遵守承诺，信用第一；③依靠伙伴，并把伙伴的培养与激励视为最优先的事；④鼓励包容异己，获胜要靠大家协调、互补、合作；⑤畅所欲言，群策群力，团队成员之间能够保持一种真诚的有效沟通，把矛盾解决在初期的浅层阶段，使组织更具有凝聚力；⑥团结互助，每位成员都会视需要自愿调整角色，执行不同任务；⑦互相认同，团队成员之间相互赞赏与表扬，相互鼓励是高效率创业团队的重要特征。

三、打造高效率创业团队的方法

（一）合理分工

有分工，才有协作；有协作，才会高效。创业团队分工，要以团队目标实现为根本出发点，充分考虑团队成员的能力与个性特点，落实责任，明确权利，优势互补，扩大优势，提高创业团队的竞争力。“用人之所短，天下无可用之人；用人之所长，天下无不可用之人”，因此，在团队的管理过程中，我们应该积极地去发现每个人的优点。

（二）努力进行有效沟通

有这样一个小故事：有一把坚实的大锁挂在铁门上，大铁棒费了九牛二虎之力都无法将它撬开。钥匙来了，它瘦小的身子钻进锁孔，只轻轻一转，那锁就“咔”的一声打开了。大铁棒奇怪地问：“为什么我费了那么大力气也打不开，而你却轻而易举地就把它打开了呢?”钥匙说：“因为我最了解它的心。”有效沟通可以让创业团队少走弯路，提高效率。

（三）要正确面对团队冲突，实施有效管理

在创办企业的过程中，创业团队必然会出现团队冲突，团队成员间的意见分歧与对抗也是在所难免的，这势必会造成团队成员之间的不和，破坏良好关系，影响团队目标的实现。因此，必须发挥创业团队的优势，采用正确的方法管理团队。在解决冲突之前，了解导致团队冲突的原因，这样才能化解矛盾，改善创业团队成员之间的关系。

（四）需要建立有效的激励机制

托马斯·沃森说：“企业成败的关键在于能否激励员工的力量与才能。”创业者要善于激励团队，提高团队成员的工作积极性和竞争力，进而挖掘团队的全部潜力。其实，激励的方法有很多，需要根据创业团队的实际情况建立合适的激励机制。

（五）制定规章制度

完善的规章制度能够将所有创业团队成员紧密地凝聚在一起，提高办事效率，发挥团队力量，取得超越个体力量简单相加的效果。同时，规章制度还可以维护团队与团队成员的利益，达到个人和团队利益的高度统一，因此，在创业之前，全体团队成员需要达成共识，建立共同遵守的创业团队规章制度。

（六）精心培育团队精神

创业团队可以通过以下途径培养团队精神：①确立合理的团队目标，鼓舞团队成员团结奋进；②建立沟通与协调机制，营造开放、健康、积极向上的文化氛围；③树立“以人为本”的经营理念，搭建尊重、爱护、关心团队成员的情感平台；④建立科学的激励体系，激发团队成员的力量与才情。

2020年12月30日，山东港口集团青岛港“连钢创新团队”被中宣部授予“时代楷模”荣誉称号。该团队凭借一股倔劲、狠劲，突破了卡脖子的关键核心技术，站在世界港口自动化领域的最前沿。面对西方技术的封锁和轻视，他们不服软、不服输，在无经验、无资料、无外援的“三无”状况下，团队从零干起，经过无数个日夜奋斗，无数次推倒重来，建成了一座拥有自主知识产权的全自动化码头。“连钢创新团队”从零做起的志气、敢为人先的锐气、追求卓越的工匠精神，促使团队实现“从0到1”“从1到10”的转型升级。以“连钢创新团队”为榜样，弘扬践行新时代科学家精神、企业家精神、劳模精神、劳动精神和工匠精神，坚持“四个面向”、推进科技创新，坚持产业报国、勇担时代责任，为夺取全面建设社会主义现代化国家新胜利、实现中华民族伟大复兴而努力奋斗。

（七）加强团队凝聚力建设

团队的凝聚力是指团队成员之间为实现共同目标而团结协作的程度，凝聚力表现在人们的个体动机行为对群体目标任务所具有的依赖性、依从性乃至服从性上。在创业过程中，团队所有成员都应认同整个团队是一股密切联系而又缺一不可的力量。团队的利益高于团队每一位成员的利益，如果团队成员能够为团队的利益而舍弃自己的小利，团队的凝聚力就强了。

（八）掌握团队的沟通技巧

1.领导者以身作则

对于团队沟通的技巧，首先需要团队领导者的重视。领导者往往希望营造一种健康、积极的沟通氛围，但容易忽略自己可能就是沟通的障碍。很多团队的领导者因为权力和地位的关系，在与团队成员的沟通中以自我为中心，居高临下，缺乏诚意。实际上，沟通是一个公平、客观的过程，领导者高傲的态度会使其无法从其他团队成员那里得到真实的反馈，使沟通双方失衡，最终不仅没有实现有效沟通，甚至可能对整个团队产生影响，造成恶性循环，危及整个团队。要想营造有效沟通的氛围，领导者首先要以身作则。

2.要营造良好的工作氛围

“孟母三迁”的故事在中国家喻户晓，团队的领导者也要像孟母一样为团队营造良好的工作氛围。首先要营造公平、公正、自由的企业氛围，尤其注意领导者与团队其他成员之间的和谐；其次要保证团队成员之间真诚相待，彼此信任，只有这样才能保证信息的准确性；最后要体现以人为本的思想，只有尊重员工，员工才会乐于与领导者沟通。

3.缩短信息传递链

如果团队成员在执行命令时总是有偏差，这往往是团队结构较复杂造成的。另外，信息传递者在组织中的地位、表达能力，信息接收者的理解能力等因素都可能导致信息出现偏差，使得团队成员在执行时与信息发布者的初衷不符。所以要想保证团队内信息有效传递，要尽量缩短信息传递链。

4.拓宽沟通渠道

沟通渠道往往分为正式渠道和非正式渠道，正式渠道通常在团队传达重要的信息、文件或决策的时候采用，能够保证信息的权威性；而非正式渠道则不受团队的监督，形式多变，直接明了。除了正式和非正式的渠道外，团队还应该扩展沟通渠道，包括向下沟通渠道、向上沟通渠道和水平沟通渠道，使团队成员都能主动地与对方进行沟通，保障信息及时得到反馈。

沟通是一种艺术，既要遵循一定的程序和方式，又要掌握一定的技巧。认真倾听，养成换位思考的习惯，学会使用多种沟通表达方式，调动团队成员积极乐观的心态，搭建沟通平台，即可换来知无不言、言无不尽、以心换心、以诚换诚的好局面。良好的沟通能使团队建设更成功，创业之路更顺利。

【教学互动5-3】

互动内容：

观点一：管理创业团队的内容已经涵盖了团队管理的有效信息，阐述了如何对一支团队进行有效的管理。

观点二：对创业团队的管理需要根据企业所处的不同时期，采取合适的管理方式。不要过度管理，更不要忽略管理。创业者可以边干边学习边实践，从而找到管理自己团队的合理方式。

互动要求：

（1）结合有关管理团队的知识，发表个人见解，也可以和你的同伴简单沟通后回答。

（2）教师对学生的回答进行点评（你如果做第一种选择，说明你对团队管理还处于一个认识阶段，需要进一步熟知如何将理论与实践相结合；而你选择了后一种，则说明你已经拥有了自己的创业团队，并希望使这支团队能够更有效率地工作）。

做一做

1.同学们依据本任务“学一学”中的相关知识，为打造自己的高效率创业团队制定相关管理制度和方法。

2.依据本任务“学一学”中的相关知识，指出同学们现在的团队与高效率创业团队相比的不足之处。

评一评

高效率创业团队评价表见表5-6。

表5-6 高效率创业团队评价表

评价指标（分值）	标　准	小组自评（30%）	小组互评（30%）	老师评分（40%）	最后得分（分）
对创业团队的管理（20分）	1.团队与成员是否签署了相关协议 2.团队占股比例与团队成员占股比例 3.创始人占股比例 （第一项标准为10分，其他两项标准为每完成一个标准获得5分）				
高效率创业团队的特征（20分）	1.创始人是否与合伙人共同制定了企业的愿景和目标 2.团队中每个人是否愿意为实现团队的愿景和目标而甘愿做出更大的贡献 3.团队成员之间是否真心地相互信任与依靠 4.团队成员之间是否能够做到彼此进行有效沟通、相互根据对方的需要主动转换角色、相互帮助，同时能够相互赞许和表扬 （每完成一个标准获得5分）				
如何打造高效率创业团队（30分）	1.团队成员是否都发挥了自己的长处 2.团队是否制定了有效的激励机制 3.团队是否建立了岗位职责与规章制度 （每完成一个标准获得10分）				
企业文化与团队精神（30分）	1.是否有培养团队精神的有效途径 2.采取什么办法增强团队凝聚力 3.采取哪些手段解决团队的有效沟通问题 （每完成一个标准获得10分）				
合计（100分）					
老师评语	签名：　　　　日期：				

【思创空间】

把青春写进高端海洋装备中、融入海洋强国事业里

哈尔滨工程大学船舶控制工作团队堪称中国船舶控制工程领域的“国家队”。团队经历近半个世纪的发展积淀，几代师生不断探索实践，以

"敢想、敢为、敢赢，求真、求实、求严"的"三敢三求"团队文化，为国家国防需要打造国之重器，解决了卡脖子关键技术问题。

团队研制的某型水下无人航行器，曾在2019年庆祝中华人民共和国成立70周年大会阅兵上亮相，荣获2020年国家科学技术进步二等奖；研制的"定船神针"——国内首套最高级别动力定位系统实现产业化应用……团队紧紧围绕立德树人、科研报国的初心使命，始终坚持"把青春写在海洋装备中、融入海洋里"。

实现水下无人航行器从0到1再到100的跨越

团队负责人严老师说，诞生更多满足国家战略和国防装备需求的科研成果，是团队为国防真做事、善做事、乐做事的渴望与担当。

水下无人航行器属于高技术复合体，涉及材料、结构、能源、导航、控制、水声、推进及测试等多学科，具有无人化、智能化、网络化、冗余性等特点。要做好这项事业，各个学科知识要学、要懂、要融会贯通，遇到难点，要有"啃硬骨头"的劲头。团队成员始终坚持不断学习，"学习和勤奋是我们攻克科研难关的法宝，国家需要的'硬骨头'，总得有人去啃"。

赓续红色基因培养创新型人才

团队对教师以"传承红色基因，厚植爱国情怀"为目标，围绕"三海一核"领域国之重器的思政案例，挖掘"三敢三求"课程思政育人新模式。团队瞄准产学研用合作契机，完善创新创业教育体系，建成智能机器人创新实践基地，入选中国高等教育学会"校企合作双百计划"；团队几代人坚守着谋海济国、向海图强的使命，传承着对"三敢三求"精神的追求与发扬，在向海洋强国进发的征程中，将个人力量与民族复兴的时代诉求交融在一起，用智慧、勇气和坚毅与海洋的建设者们一同奏响"走向深蓝"的和弦。

资料来源 谷雪，刘涛，王社军．哈尔滨工程大学：把青春写进高端海洋装备中、融入海洋强国事业里［EB/OL］．［2022-02-22］．https：//www.xuexi.cn/lgpage/detail/index.html?id=6502762623502591498&amp；itm_id=6502762623502591498.

案例解析：哈尔滨工程大学船舶控制工作团队的所有成员都有一颗爱国之心，他们通过研发、制造、应用水下无人航行器这个非常复杂的装备来加强祖国对深蓝海域的探索和考察，提升国家在此领域研究的话语权。团队几代成员用对祖国和人民的赤诚之心，发扬"三敢三求"的科研精神制造了国之重器深海"无人航行器"，使得中国在迈向海洋强国的道路中大大前进了一步。

【思考与练习】

1.关键术语

创业团队是创业过程理论的重要组成部分，也是相对于创业机会和创业资源而言比较活跃的要素，是创业过程的主导。一个创业团队的构成离不开目标、人员、定位、权限和计划这五个基本要素。

组建一支优秀创业团队的基本原则是目标要一致、人数要合理、志同道合、优势互补、兼顾权益。组建创业团队的原则是尽量晚、尽量少、尽量慢；不急于求成，要根据企业发展的节奏控制团队组建的速度。

管理一支优秀的团队首先要重视契约精神，其次是遵循贡献决定权限原则来分配股权比例，最后是企业的控制权与决策权相统一。其方法是合理分工；努力进行有效沟通；正确面对团队冲突，实施有效管理；建立有效的激励机制；制定规章制度；精心培育团队精神；加强团队凝聚力建设；掌握团队的沟通技巧。

2.选择题

○ 单项选择题

(1) 创业团队在创业过程中起到的作用是（　　）。

A.配合　　B.主导　　C.帮助　　D.提升

随堂测5-1

(2) 组建一支创业团队不要求大家的创业动机一致，但要求每个人的（　　）是一致的。

A.目标　　B.意志　　C.努力　　D.工作

(3) 管理一支优秀的创业团队要做到企业的控制权与决策权是（　　）。

A.分开的　　B.相统一的　　C.平等的　　D.另选他人

○ 多项选择题

(1) 一个创业团队的构成包括（　　）。

A.人员　　B.目标　　C.定位　　D.权限

E.计划　　F.资金

随堂测5-2

(2) 组建一支优秀的创业团队要遵循（　　）原则。

A.目标一致　　B.人数合理

C.盈利方式　　D.志同道合

E.优势互补　　F.兼顾权益

(3) 管理创业团队的技巧包括（　　）。

A.领导者以身作则　　B.要营造良好的工作氛围

C.缩短信息传递链　　D.拓宽沟通渠道

3.判断题

(1) 创业团队中的每一个人都要有不同的目标，这样企业才能完成更大的任务。（　　）

随堂测5-3

(2) 组建团队的核心就是人越多越好，人多力量大。（　　）

(3) 管理一支优秀的创业团队就是领导定目标，员工努力干。（　　）

项目六　整合创业资源

创学堂 6-1

根据资源基础理论和资源依赖理论，新企业获得的资源直接影响它的命运。马克·J.多林格（2006）认为："如果撇开资源去开拓机会，即使最好的机会也难以塑造创业者。"要想取得创业成功，创业者一定要善于获取、整合和使用与创业项目有关的资源。资源是创业三元素之一，创业者一定要予以高度关注。

【项目结构】

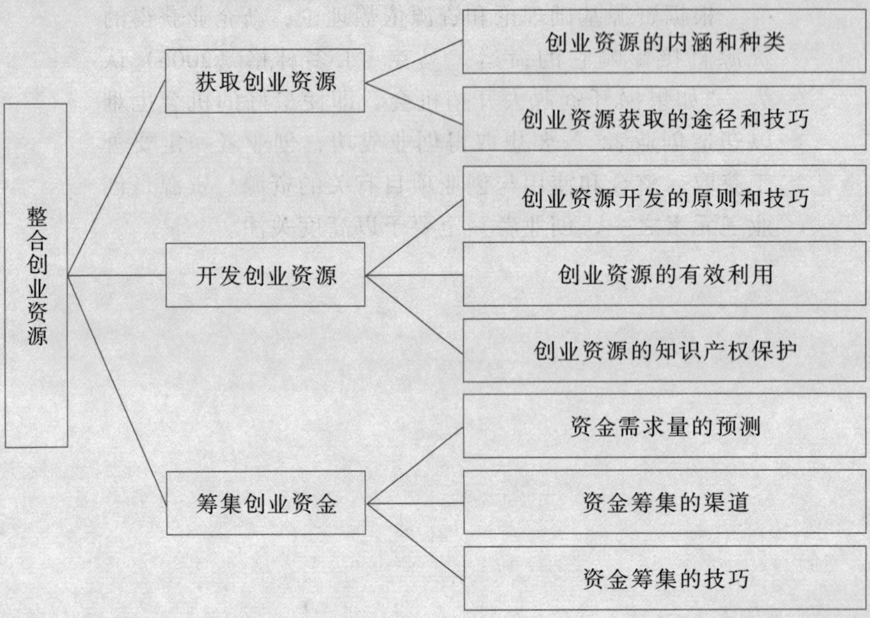

图6-1　项目六内容结构图

任务一 获取创业资源

任务目标

● 知识目标：了解创业资源的类别，熟悉创业资源的获取技巧。

● 能力目标：通过和创业企业座谈、小组讨论或使用焦点小组法，提高获取创业资源的能力。

● 素养目标：在“做一做”中，有意培养对创业资源的敏感性和资源获取意识。

【任务导入】

先天失明的曹军在2008年关停或转让了他的8家按摩店，又卖掉了自己的新房，集资80万元创办了北京保益互动科技发展有限公司。在他的坚持下，在不到两年的时间里，公司成功开发出第一款产品，让诺基亚手机“开口说话”，解决了盲人经常遇到的问题，也使公司迈出了成功的第一步。他用真诚的态度打动了曾就职于搜狗输入法无线研发中心的冀冬，邀他到公司做程序开发，使公司步入正轨。为了解决聊天软件的开发和针对盲人的输入法问题，曹军天天给腾讯客服和百度客服打电话，最终打动了腾讯一位部门负责人，获得了腾讯CEO马化腾的邮箱，并如法炮制获得了百度CEO李彦宏的邮箱，进而得到两位互联网巨头的支持，开发出了针对盲人应用的QQ版本输入法。当触屏手机和安卓系统成为潮流时，冀冬召集了30多名盲人志愿者测量指宽，以计算触屏平均值，开发出了针对盲人的智能手机操作系统的触屏版本，还自创了盲人使用手机的手势，诸如一横一竖代表“返回键”等，极大地方便了文化程度普遍不高的盲人。随着媒体的报道，北京保益互动科技发展有限公司也在“互联网+”的背景下开始和第三方公司进行大量合作，如和高通公司合作研发“你是我的眼”项目，通过远程的视频协助，让正常人帮助盲人通过视频做一些事情，大大方便了盲人的生活。①

请思考：

（1）曹军在企业创办及经营过程中使用了哪些方面的资源？

（2）曹军是如何获得这些资源的？

（3）曹军在获取资源时运用了哪些技巧？

---

① 李家华，王艳茹．创业基础［M］．上海：上海交通大学出版社，2017：131-134.

学一学

一、创业资源的内涵和种类

按照资源基础理论（Resource-Based Theory，RBT）的观点，企业是一系列异质资源的集合体。资源就是任一主体在向社会提供产品或服务的过程中，所拥有或者所支配的能够实现自己目标的各种要素以及要素组合（Bamey，1991；Bamey，2001）。

（一）创业资源的内涵

创业资源是企业在创立和成长过程中所需要的各种生产要素和支撑条件（林强，2003；林篙，2005）。基于以上观点，本书认为创业资源是初创企业在创造价值的过程中需要的特定资产，包括有形资产和无形资产，主要表现为创业人才、创业资本、创业机会、创业技术和创业管理等。对新创建的企业来说，创业者是其独特的资源，也是无法用钱买到的资源。

（二）创业资源的种类

创业资源按性质可以分为人力资源、声誉资源、财务资源、物质资源、技术资源和组织资源六种。[①]

1.人力资源

人力资源不仅包括创业者及创业团队的知识、技能和经验等，也包括团队成员的专业智慧、判断力、视野和愿景，甚至包括创业者本身的人际关系网络。创业者是创业企业最重要的人力资源，其价值观念和信念是新创企业的基石；创业者拥有的人际关系和社会关系网络使其能够接触到大量的外部资源，降低潜在的创业风险，增强合作者之间的信任度和声誉；其拥有的经营管理能力和对所从事行业的了解对创业成功有很大的促进作用。合适的员工也是初创企业人力资源的重要部分，因此，高素质人才——技术人员、销售人才和生产人员等的聘用和培养，便成为企业可持续发展的关键因素。

2.声誉资源

声誉资源是企业环境中人群对企业的感觉，存在于产品层面和公司层面。产品层面的声誉以品牌忠诚度的形式呈现，公司层面的声誉则表现为企业的社会形象。在当今知识经济时代，持续不断的创新和发明大大缩短了技术更新的周期，使企业的技术资源优势只能维持较短的时间，但是声誉资源却可以在相当长的一段时间内得以维持，给企业带来持久的竞争优势。

---

① GREEN，BRUSH，HART，The Corporate Venture Champion：A Resource Based Approach to Role and Process [J]. Entrepreneurship：Theory and Practice，1999（23）：103-122.

3.财务资源

财务资源主要是指资金资源，它通常是创业企业从债权人、权益投资者和通过内部积累筹集的负债资金、权益资金和留存资金的数量之和。一般来说，创业初期以不高于市场平均水平的资本成本及时筹集到足额的资金，是创业企业成功创办和顺利经营的前提条件。创业者在创业初期的辛苦工作、高效节约的作风以及个人社会关系等可以在一定程度上降低对部分资金的需求。e洗车倒闭的原因，除了用户的消费习惯没有培养起来和遭遇资本寒冬之外，据一位知名汽车O2O联合创始人透露，其最大的问题在于盲目烧钱，2个月就烧掉2 000万美元。在业务无法大量扩展的情况下，又遭遇资金紧张的危机，无法按合同约定跟商家结算，遭到商户大量投诉。[①]大连微晒电商集团董事长张晓东创业初期做网站运营项目时，也由于资金不足，项目很快就走向破产的边缘。[②]已经3年没有融到资，并5次游走在资金链断裂边缘的学霸君，2021年在烧完10.88亿元资金，失去最后一位潜在投资者后应声倒闭。

4.物质资源

物质资源是创业企业经营所需要的有形资源，如房屋、建筑物、设施、机器和办公设备、原材料等。一些自然资源如矿山、森林等有时也会成为创业企业的物质资源。

5.技术资源

技术资源包括关键技术、制造流程、作业系统、专用生产设备等。通常，技术资源包含三个层次：一是根据自然科学和生产实践经验发展而成的各种工艺流程、加工方法、劳动技能和诀窍等；二是将这些流程、方法、技能和诀窍等付诸实现的相应的生产工具和其他物资设备；三是适应现代劳动分工和生产规模等要求的对生产系统中所有资源进行有效组织和管理的知识、经验和方法。技术资源大多与物质资源相结合，可以通过法律的手段予以保护，形成组织的无形资产等资源。将聚醚醚酮与3D打印技术完美结合在一起的陕西聚高增材智造科技公司，造出的假体在重量和柔韧性等多方面都优于传统工艺，与人骨高度相似，还能针对身体不同区域的骨骼形态，将假体做到精准还原，被国内外专家认为是下一代植入物3D打印技术的革新。[③]“省心省电少污染、云端共享好方便”的V云印自助云打印平台，则依靠其掌握的云打印技术，不但可以整合4 000万～6 000万台打印复印设

① 佚名. e洗车倒闭内幕：2个月烧光2 000万美金［EB/OL］.［2015-10-21］. http://mt.sohu.com/20151021/n423780814.shtml.

② 孟佩佩. 大学14份兼职造就一位董事长［N］. 中国青年报，2016-05-24.

③ 佚名.与人骨高度适配！3D打印技术以新材料实现脱胎换“骨”［EB/OL］.［2015-08-26］. https://www.163.com/dy/article/G88Q4OHP051186GP.html.

备，还可以每年直接节约139亿～212亿度电。①

6.组织资源

组织资源一般指企业的正式管理系统，包括企业的组织结构、作业流程、工作规范、信息沟通、决策体系、质量系统以及正式或非正式的计划活动等，有时候组织资源也可以表现为个人的技能或能力。其中，组织结构是一种能够使组织区别于竞争对手的无形资源。那些能将创新从生产功能中分离出来的组织结构会加速创新，能将营销从生产功能中分离出来的组织结构能更好地促进营销。组织资源来自创业者或其团队对新创企业的最初设计和不断调整，同时包括对环境的适应和对成功经验的学习。2010年4月底成立的小米公司，从MIUI系统的开发开始到小米手机的推出，再到智能家电布局，乃至成为中国互联网创新企业的标杆，与其采取的非常扁平的三层组织架构不无关系。独特的“爆扁爽”的组织机制可以使大量的基层员工直接面对用户，快速对用户需求做出反应，从而不断推出爆款产品。

二、创业资源获取的途径和技巧

获取创业资源的途径分为市场途径和非市场途径两大类。当创业所需要的资源有活跃的市场，或者有类似的可比资源可供交易时，可以采用市场交易的途径；其他情况下则可以采用非市场交易的途径。对资源获取技巧的了解，有利于创业者更好、更快、更低成本地获取所需资源。

（一）资源获取途径

1.通过市场途径获取资源

通过市场途径获取资源的方式包括购买、资源联盟和资源并购等。购买是指利用财务资源通过市场购入的方式获取外部资源，主要包括购买厂房、装置、设备等物质资源，购买专利和技术，聘请有经验的员工等。需要注意的是，知识尤其是隐性知识等资源虽然可能会附着在非知识资源之上，通过购买物质资源（如机器设备等）得到，但很难通过市场直接购买，因此，需要新创企业通过非市场途径去开发或积累。对创业者来说，购买可能是其最常用的资源获取方式，大部分资源尤其是物质资源、技术资源、人力资源等都可以通过从市场上购买的方式得到。

资源联盟是指通过联合其他组织，对一些难以或无法自己进行开发的资源进行共同开发。很多创业培训都放在孵化园或咖啡厅，其实就是一种资源联盟的方式，一方面培训方节约了场地租用金，另一方面孵化园或咖啡厅通过提供场地发掘了很多潜在的客源，无形中为自己做了宣传。很多培训机构依托高校或研究机构研发培训体系，也是资源联盟的典型表现，借助合作，

① 佚名．V印：“互联网+”时代传统行业转型的典范［EB/OL］．［2015-10-22］．http://ah.ifeng.com/news/wangluo/detail_2015_10/22/4472620_0.shtml.

既可以节约培训机构的研发经费，又可以使培训体系具有前沿性和系统性，高校或科研机构的人员则可以将自己的研究成果转化成生产力，为社会创造价值。如西安蓝晶生物科技有限公司就是通过与西安多个高校联合建立实验室，使用高校实验室的仪器资源来共同从事科研开发，既节省了研发成本，也有利于新产品更快、更好地推出；而且利用高校实验室大大降低了企业的固定经营成本，从而使企业可以轻资产运营，降低经营风险，为西安蓝晶生物科技有限公司带来了高速健康发展的机遇。①

资源并购是通过股权收购或资产收购，将企业外部资源内部化的一种获取资源的方式。资源并购的前提是并购双方的资源尤其是知识等新资源具有比较强的关联度。2016年7月13日，小米电蚊香正式上市，小米电蚊香最大的特点就在于采用Micro USB接口，不仅可以通过普通电源供电，还支持移动电源供电。据官方介绍，10 000毫安时移动电源大约可供电13.8小时，20 000毫安时移动电源可供电28.2小时，即使身在野外也可使用。至此，小米生态产品大到电视、平衡车，小到手机线、电池、电蚊香等，产品品种更加丰富。2014—2016年，小米公司累计投资生态链公司55家，其中从零孵化的29家公司中有20家公司已发布产品，7家公司年收入过亿元，2家公司年收入超过10亿元。②

2.通过非市场途径获取资源

通过非市场途径获取资源的方式主要有资源吸引和资源积累等。资源吸引指发挥无形资源的杠杆作用，利用新创企业的商业计划、通过对创业前景的描述、利用创业团队的声誉来获得或吸引物质资源（厂房、设备）、技术资源（专利、技术）、资金和人力资源（有经验的员工）。创业者在接触风险投资者或者技术拥有者的过程中，可以通过对创业前景的描述或团队良好声誉的展示，获得资源拥有者的信任和青睐，从而吸引其主动将拥有的资源投入到新创企业之中。搜狗在赴美上市前，其掌门人王小川就曾先后说服马云、马化腾入股搜狗，让搜狗在关键时刻获得了所需的资源。③

资源积累指利用现有资源，在企业内部通过培育形成所需的资源，主要包括自建企业的厂房、装置、设备，在企业内部开发新技术，通过培训来增强员工的技能和知识，通过企业自我积累获取资金等。创业者很多时候会采用资源积累的方式来筹集企业所需的人力资源或技术资源。海底捞一直非常注重对员工的培养，为员工提供多条晋升途径，海底捞员工入职培训第一天的第一句话就是：双手改变命运。双手改变命运在海底捞不是一句

① 王艳茹，王兵. 创业基础课堂操作示范［M］. 北京：北京师范大学出版社，2014：205.

② 佚名. 深扒小米生态链投资成绩单［EB/OL］.［2016-04-03］. https://www.sohu.com/a/67455354_375209.

③ 佚名. 搜狗接连傍上阿里、腾讯 王小川得感谢周鸿祎［EB/OL］.［2017-08-06］. http：//tech.sina.com.cn/roll/2017-08-06/doc-ifyiswpt5630159.shtml.

口号，而是事实，因为每个人都必须用双手从服务员干起，只有能把顾客服务好了，才可能晋升。海底捞员工的晋升途径是独特的，一共有三条：一是管理晋升途径，二是技术晋升途径，三是后勤晋升途径。学历在晋升中不是必要条件，工龄也不是必要条件。这种不拘一格选人才的晋升政策，给那些没上过大学的基层服务员，打开了一扇窗户："只要努力，我的人生就还有希望。"

3.资源获取决策

通过市场途径还是非市场途径取得资源，主要取决于资源在市场上的可用性和成本等因素。若证明快速进入市场能够带来成本优势，则外部购买可能就是获取资源的最佳方式。

获取资源贯穿创业的全过程，在创业的初始阶段，它具有更加重要的作用。对多数新创企业来说，由于初始资源禀赋不完整，创业者需要取得资源供应商的信任来获取资源。但无论如何，采用多种途径同时获取不同资源总是正确的选择。INSEAD策略学教授洛朗斯·凯普伦（Laurence Capron）和北卡罗来纳州杜克大学教授威尔·米切尔（Will Mitchell）2010年经过对162家电信公司长达10年的研究得出结论，与采用单一途径的企业相比，通过多种方式获取资源的企业更有优势：它们在未来5年内继续经营的概率比那些主要依赖联盟的企业高46%，比专注于并购的企业高26%，比坚持内部研发的企业高12%。[①]

（二）资源获取技巧

为了及时足额并以较低的成本获得创业所需要的资源，创业者需要掌握一定的创业资源获取技巧。

1.充分重视人力资源的获取

人力资本在创业资源中的决定性作用要求创业者必须充分重视人力资源的获取。创业者一方面应努力加强自身能力的培养，另一方面应充分重视创业团队的建设。一支知己知彼、才华各异、能力互补、目标一致且彼此信任的团队是创业资源中最为重要的资源，也是创业成功必不可少的保证。因此，创业初期创业者需要花大量时间在人力资本的培养和获取上。

创业成功最重要的因素是团队，其次才是产品，有好的团队才有可能做出好产品。在小米成立的第一年，雷军花最多时间做的事情就是找人。

2.以能用和够用为原则

创业者在筹集资源时应坚持能用的原则，只有满足企业需求、可以支配并使其充分发挥作用的资源，才是需要花力气筹集的资源。另外，在筹集创业资源时应该本着够用的原则，既满足企业经营所需又不会因为筹资过多承

① 佚名．并购不一定是企业扩张的最佳途径［EB/OL］．［2011-01-13］．http://money.163.com/11/0113/10/6Q982PIP00253G87.html.

担较高的成本。

通过对农业废弃物的无害处理，将秸秆变成饲料，就可以获得经济和社会效益双丰收，实现国家、农户、农民专业合作社等的多赢。[①]由此可见，只要能为企业所用的物资，就可以成为企业的资源。当代大学生应该培养善于发现的眼睛和善于创新的大脑，以便更多地变废为宝，为实现经济的可持续发展贡献自己的力量。

3.尽可能筹集多用途资源和杠杆资源

一般来说，时间资源和人力资源是用途最多也是最具有杠杆性质的资源。创业者要善于进行时间管理，把有限的时间用在刀刃上，要善于通过授权，将精力集中于关键的决策上，既有利于发挥团队成员的作用，也有利于利用团队成员的能力撬动更多其他资源。上海中科合臣股份有限公司正是通过对姜标等高技术人才的引进和重视，引发了“姜标现象”，取得了巨大的经济效益。

学一学

对上面学习到的知识和调查到的资料进行整理和分析，将创业企业需要资源的类别填写在表6-1中。

表6-1　不同创业企业需要的资源类别

资源类别	小组项目	调查的创业企业	
		企业1	企业2

评一评

创业资源获取参考评价表见表6-2。

① 顾东栋.秸秆变饲料，让农业“绿”起来 海曙探索垃圾源头减量化处理新路子[EB/OL].[2018-10-19]. http://nb.ifeng.com/a/20181019/6958657_0.shtml.

表6-2　　创业资源获取参考评价表

评价指标（分值）	标准	小组自评（30%）	小组互评（30%）	老师评分（40%）	最后得分（分）
小组项目所需资源（40分）	资源类别、资源详细程度、资源和小组项目的匹配度、资源间的逻辑关系（每部分10分）				
被调查企业1的资源（30分）	调查准备和过程、调查记录、调查呈现（每部分10分）				
被调查企业2的资源（30分）	调查准备和过程、调查记录、调查呈现（每部分10分）				
合计（100分）					
老师评语	签名：　　日期：				

任务二　开发创业资源

任务目标

● 知识目标：熟悉创业资源开发的原则和技巧，并能够用自己的语言将其描述出来。

● 能力目标：通过对资源利用方法的学习，提高自己利用资源的能力。

● 素养目标：在企业调研和小组讨论过程中，养成有效利用资源和保护知识产权的习惯。

【任务导入】

女性化妆品正品折扣网店聚美优品，作为首家化妆品电商，一直坚持以用户体验为核心，开创了官方旗舰店入驻的形式，先后吸引了欧莱雅、高丝、资生堂、谜尚等国际知名美妆品牌的抢先入驻。通过平台式整合，聚美优品迎来了新一轮的急速扩张。2013年，聚美优品又携手各大化妆品品牌在全国大力开设聚美线下旗舰店，解决消费者信任问题，开创了中国垂直美妆类B2C正式布局O2O的先例。2014年5月16日，聚美优品在纽交所正式挂牌上市，成为中国首个赴美上市的垂直化妆品电商。①

请思考：

（1）聚美优品在开发资源的过程中坚持了什么原则？

（2）聚美优品是如何有效利用资源的？

（3）聚美优品是如何进行知识产权保护的？你有什么建议吗？

学一学

一、创业资源开发的原则和技巧

想要合理开发创业资源，创业者需要辨析资源拥有者及其利益诉求，通过合理的利益分配机制满足其需求，并依靠沟通建立长期的合作共赢关系。

（一）辨识资源拥有者及其利益诉求

整合外部资源其实是整合资源背后的利益机制，所以一定要关注有利益关系的组织和个人的利益诉求。

利益相关者可以分为以下三个层面：资本市场的利益相关者，如股东和债权人；产品市场的利益相关者，主要包括顾客、供应商、所在社区和工会组织；企业内部的利益相关者，如经营者和其他员工。外部资源整合时强调的利益相关者主要是前两种。创业者要更多地整合外部资源，首先要找到尽可能多的利益相关者。一般来说，投资或经营多样化的利益相关者、有丰富经验的利益相关者、有过剩资源的利益相关者是资本市场主要的利益相关者，创业者应在开发人力资源时想方设法多接触他们，经营好和他们的关系，以便需要筹集资源时与其接洽。

（二）设计合理的利益分配机制

在识别出利益相关者之后，需要设计合理的利益分配机制。只有在给新创企业带来收益的同时，给资源拥有者一定的回报，并能够使对方合理规避

① 李家华，王艳茹．创业基础［M］．上海：上海交通大学出版社，2017：241-243．

可能的风险，才能获得拥有资源的利益相关者的青睐。创业者可以通过出让一定的股权、建立长期供求合作关系、技术联盟等方式设计一套合作共赢的利益分配机制。

（三）建立共赢的长期合作关系

利益分配机制是合作的第一步，此后的友好合作关系还需要创业企业精心的维护。创业者可以通过常规化的沟通方式，让利益相关者了解企业，增强对企业的信任，甚至加大对企业的投资。创业者还需要尽快从人际信任过渡到制度信任，建立更宽泛的信任关系，以获取更大规模的社会资本。

二、创业资源的有效利用

创业资源的有效利用既包括对自有资源的创造性使用，还包括对现有资源的有机整合，以及对杠杆资源的充分利用。

（一）创造性用好自有资源

创业是一个突破资源限制、寻求机会创造价值的过程，创业者可以采用步步为营的方式，精打细算，创造性地用好每一笔资源。

步步为营是指在缺乏资源的情况下，创业者分多个阶段投入资源，并在每个阶段或决策点投入最少的资源。步步为营活动包括：创业者在资源受限的情况下寻找实现理想目标的途径；尽量降低对外部融资的需要；最大限度发挥创业者投在企业内部的资金的作用；实现现金流的最佳使用等。创业者还可以通过入驻创业园、外包或利用临时工或实习生的方式降低资源消耗。

（二）多方努力活用杠杆资源

由于创业者在创业时拥有的资源有限，因此需要创业者在创业过程中尽可能利用资源的杠杆效应，形成杠杆优势。资源的杠杆效应体现在以下方面：能比别人更长时间地运用资源，更充分地利用别人没有意识到的资源，利用他人或者其他企业的资源来完成自己创业的目的，用一种资源补足另一种资源，以产生更高的复合价值，利用一种资源获得其他资源等。

时间资源和人力资源是最具有杠杆性质的资源。创业者可以通过不断搭建自己的平台以吸引强有力的合作者，也可以通过引进风险投资获得经营上的帮助。

（三）创造性拼凑方式利用手边资源

创造性拼凑是指在资源束缚下，创业者为了解决新问题，找到新机会，整合手边现有资源，创造出独特的服务和价值。拼凑的主要方式有：购买废弃的二手设备替代昂贵的先进设备；创业者身兼数职或者“上阵父子兵”，来弥补员工不足。这样通过利用手头已经存在的资源，或者手边能够找到的一切资源，突破习惯性的思维方式，依靠自己的经验和技巧，通过创造性整合帮助实现自己的目标。不过，创业者在进行资源整合时，应注意采用选择性的策略，有所为有所不为。滴滴在创业之初就采用创造性拼凑的方式，先委托第三方开发出打车软件，然后在招聘到技术总监之后不断优化提高产品质量。

三、创业资源的知识产权保护

创业的核心是创新，在创新型创业中离不开对知识产权的重视和保护。知识产权是创业企业中最重要的无形资源，对形成企业的核心竞争力起着非常重要的作用。

（一）知识产权的内涵和特点

通常认为，知识产权是一种无形财产权，是智力成果所有人或工商业标记所有人依法享有的专有权利。从广义上说，知识产权是以“创作性知识成果”和“经营标识”为核心而产生的财产权的总称，包括发明、文学和艺术作品，以及商业中使用的符号、名称、图像和外观设计等。

知识产权可以分为工业产权与版权两类，工业产权包括发明（专利）、商标、工业品外观设计和地理标志，版权则包括文学和艺术作品。此外，还有一种特殊的知识产权，即商业秘密。企业可以认定任何信息为“商业秘密”，禁止能够接触这些机密的人把秘密透露出去，可以通过合约的形式达到这种目的，只要接触到这些秘密的人在获取这些机密前签署合约或同意保密，他们就必须守约。

一般来说，知识产权具有无形性、独占性、地域性、时间性等特征。

1.无形性

知识产权具有的无形性特征将其同一切有形财产权区分开来。它虽然不具有实物形态，但是往往具有较高的市场价值，而且能够给拥有的企业带来一定的经济利益。

2.独占性

法律赋予了知识产权所有者在一定期间内排他性的独占权。未经权利人许可，任何人不得侵害权利人的知识产权。这表明除非通过“强制许可”“合理使用”或者“征用”等法律程序，否则权利人独占或垄断的专有权利受到严格保护，他人不得侵犯。

3.地域性

地域性是指除非国家间签有国际公约或双边互惠协定，经一国法律所保护的某项权利只在该国范围内产生法律效力。按照一国法律取得的知识产权，只能在该国有效，不会产生域外效力。

4.时间性

时间性指法律对各项知识产权权利的保护，都规定有一定的有效期，一旦超出法律规定的有效期，知识产权权利人便丧失了其专有性，相关知识产权就进入公有领域，成为社会的共同财富，任何人都有权利自由利用。如我国规定，发明专利权的保护期为二十年；实用新型的保护期为十年；外观设计专利的保护期为十五年；著作权保护期为作者有生之年及其死后五十年；注册商标的有效期为十年（自核准注册之日起计算），有效期满需要继续使用的可以申请续展注册（每次续展注册的有效期为十年）。

（二）创业企业中常见的知识产权种类

创业企业往往因没有充分认识到知识产权的价值，而未将其作为整体成功计划的一部分，也未能准确识别企业的知识产权，没有采取法律手段保护知识产权。

一般来说，企业各部门中典型的知识产权及其保护方法见表6-3。

表6-3 企业各部门典型的知识产权形式及其保护方法

部门	典型的知识产权形式	保护方法
营销部门	名称、标语、标识、广告语、广告、手册、非正式出版物、未完成的广告拷贝、顾客名单、潜在顾客名单及类似信息	商标、版权和商业秘密
管理部门	招聘手册、员工手册、招聘人员在选择和聘用候选人时使用的表格和清单、书面的培训材料和企业的通信	版权和商业秘密
财务部门	各类描述企业财务绩效的合同、幻灯片，解释企业如何管理财务的书面材料，员工薪酬记录	版权和商业秘密
管理信息系统	网站设计、互联网域名、公司特有的计算机设备和软件的培训手册、计算机源代码、电子邮件名单	版权、商业秘密和注册互联网域名
研究开发部门	新的和有用的发明和商业流程、现有发明和流程的改进、记录发明日期和不同项目进展计划的实验室备忘录	专利和商业秘密

资料来源 巴林格，爱尔兰．创业管理：成功创建新企业［M］．3版．杨俊，薛红杰，译．北京：机械工业出版社，2014.

创业者应熟悉知识产权的相应内容，做到既不侵犯他人的知识产权，又对自己拥有的知识产权进行有效保护。

（三）知识产权保护策略

强调知识产权的重要性，并不是说要对所有构成知识产权内容的信息一视同仁地予以保护，而是应有所甄别，明晰知识产权保护的原则。

确定某项无形资产是否需要纳入知识产权保护范畴，主要有两个原则：

第一，分析该项无形资产是否与竞争优势直接相关。若该项无形资产属于企业的核心技术或核心服务方法，这就属于重点保护内容，最好通过法律途径对其进行合理保护。例如，华为仅2016年在研发上就投入764亿元人民币，占销售收入的14.6%，2006—2016年累计研发投入达3 130亿元。大量的研发投入才保障了华为的核心技术能够一直处于行业前沿。

第二，判断某项无形资产是否具有市场价值。企业在开发创新并采取法律保护手段之前，首先应进行商机的可行性分析和市场调查研究，只有那些具有一定市场价值的产品或服务才值得投入时间和精力去开发，并通过法律手段进行保护。

做一做

结合本任务所学知识和调研到的企业信息，完成下面的内容：

一、回顾创业资源开发的原则和技巧。

1.创业资源开发的原则

2.创业资源开发的技巧

二、被调研企业在创业初期是如何充分利用资源的？

三、了解与被调研企业自有知识产权相关的信息。

1.被调研企业自有的知识产权

2.被调研企业对知识产权采取的保护措施

四、分析讨论小组项目所需资源整合的相应信息，完成下面的任务：

1.小组项目所需资源的开发机制

2.对项目资源有效利用的措施

3.对拥有的知识产权的保护措施

评一评

创业资源开发参考评价表见表6-4。

表6-4 创业资源开发参考评价表

评价指标（分值）	标准	小组自评（30%）	小组互评（30%）	老师评分（40%）	最后得分（分）
资源开发原则和技巧（20分）	知识点掌握的全面性和准确性（每个知识点10分）				
被调查企业的资源利用（20分）	调查记录、调查呈现、与人交流、与人合作（每项5分）				
被调查企业的知识产权（20分）	调查记录、调查呈现、与人交流、与人合作（每项5分）				
小组项目资源状况（40分）	资源的开发机制、资源利用措施、知识产权保护措施、资料整理和呈现（每项10分）				
合计（100分）					
老师评语	签名： 日期：				

任务三 筹集创业资金

任务目标

● 知识目标：熟悉筹资的渠道和技巧，并能用自己的语言来描述。

● 能力目标：掌握资金需求量预测的基本方法，能够预测初创企业的资金需求。

● 素养目标：通过对知识的学习和对初创企业的调查，提高自己的筹资技巧。

【任务导入】

资金是任何一家企业开始经营所必需的资源，也是大多数创业企业面临的第一个难关。据国外文献记载，破产倒闭的企业中有85%以上的企业是盈利情况非常好的，其破产倒闭的主要原因是资金断流。同样，很多关于大学生创业的调查发现，大学生创业最缺的资源就是资金。

请思考：

（1）为什么大学生普遍感觉筹资困难？创办一家企业所需的资金应该如何计算？

（2）筹集资金的渠道有哪些？

（3）筹资过程中有什么样的筹资技巧？

学一学

一、资金需求量的预测

预测资金需求量需要了解创业资金的分类，并分析不同类别资金的具体需求数量。

（一）创业资金的分类

创业资金按照投入企业的时间可分为投资资金和营运资金。

投资资金发生在企业开业之前，是企业在筹办期间发生各种支出所需要的资金。投资资金包括企业在筹建期间为取得原材料、库存商品等流动资产投入的流动资金；购建房屋建筑物，购买机器设备等固定资产，购买或研发专利权、商标权、版权等无形资产投入的非流动资金；在筹建期间发生的人员工资、办公费、培训费、差旅费、印刷费、营业执照费、市场调查费、咨询费和技术资料费等开办费用支出的资金。

营运资金是企业自开始经营之日起到能够做到资金收支平衡止的时期内发生各种支出所需要的资金，是投资者在企业开业后需要继续向企业追加投入的资金。企业从开始经营到能够做到资金收支平衡为止的时间叫作营运前期，营运前期的资金投入主要是流动资金，既包括投资在流动资产上的资金，也包括用于日常开支的费用性支出所需资金。

营运前期的时间跨度往往因企业性质的不同而不同，一般来说，贸易类企业可能会短于一个月；制造类企业则包括从开始生产之日到销售收入到账这段时间，可能要持续几个月甚至几年；对于不同的服务类企业，其营运前期的时间也会有所不同。在很多行业中，营运资金的资金需求要远远大于投资资金的资金需求。充分认识营运资金的重要性，有利于创业者充分估计创业所需资金的数量，从而及时、足额筹集资金。

（二）资金需求量预测

测算创业资金需要充分考虑投资资金和营运资金的需求。

1.投资资金测算

创业者需要按照资金分类中提到的投资资金项目，逐一测算每个项目的资金需求数量，最后加总得到开业前需要投入的资金金额。创业者可以搜索同行业其他企业投资的数据进行参考。

2.营运资金测算

由于创业之初企业经营的不确定性较大，对营运资金的测算需要分月度进行，即逐月分析生产经营过程中可能发生的各种支出及其具体金额，同时考虑经营过程中的资金流入，计算资金流入和资金流出的差额，分月计算营运前期每个月资金流出大于资金流入的金额，其结果就是需要追加的资金数额。

初创企业可以通过表6-5来计算创业所需资金的数量。

表6-5 创业资金计算表

项目	开业前/投资资金	开业后/营运资金								风险储备资金	资金合计
		1	2	3	4	5	……	n	合计		
房屋											
设备											
办公家具											
办公用品											
员工工资											
创业者基本支出											
各项税费											

续表

项目	开业前/投资资金	开业后/营运资金								风险储备资金	资金合计
		1	2	3	4	5	……	n	合计		
业务开拓费											
广告费											
水电费											
电话费											
保险费											
设备维护费											
软件费											
专利使用费											
材料费											
⋮											
资金支出合计											
资金流入											
需投入资金											

二、资金筹集的渠道

企业筹集的资金按照投资者在企业享有的权益不同可以分为股权融资和债权融资。[①]

(一) 股权融资

股权融资形成企业的股权资本，也称权益资本、自有资本，是企业依法取得并长期持有，可自主调配运用的资金。广义上的股权融资包括内部股权融资和外部股权融资。

创业企业在创建的启动阶段及较早发展阶段，内部股权融资格外重要。采用内部股权融资方式融资符合优序融资理论的要求，也是很多创业者的必然选择。内部股权融资的资金来源主要是企业在经营过程中赚取的利润。[②]外部股权融资的途径主要有个人储蓄、亲友资金、风险投资、其他企业投资等形式。

1.个人储蓄和亲友投资

创业者个人储蓄的投入，表明了创业者对项目前景的看法，是创业者日后继续向企业投入时间和精力的保证，也是对债权人债权的保障，还有助于创业者分享投资成功的喜悦。因此，个人储蓄是创业融资最为根本的渠道。

将个人合伙人或个人股东纳入自己的创业团队，利用团队成员的个人储

---

① 王艳茹.创业资源［M］.北京：清华大学出版社，2014：138-156.
② 王艳茹.创业资源［M］.北京：清华大学出版社，2014：157.

蓄是创业者最常用的筹资方式之一。就中国的现状而言，家庭作为市场经济的三大主体之一，在创业中起着重要的支持作用。以家庭为中心，以亲缘、地缘、商缘等为经纬的社会网络关系，对包括创业融资在内的许多创业活动会产生重要影响，因此，创业者及其团队成员的家庭储蓄一般归入个人储蓄的范畴。

如果亲友既看好创业项目，又信任创业者，则可能会对项目投入部分资金，这也是创业初期股权融资的主要渠道。调查显示，2015届毕业生创业过程中遇到的最大困难是资金筹集，大部分创业者创业资金的主要来源为“父母亲友的支持”（专科64.8%、本科58.9%）。

小米能融资成功的原因也一样，小米创立初期，每个员工几乎都把全部身家拿出来投给小米，这就能让投资人相信，创业者是真正破釜沉舟地去创业。小米除了公司员工的投资外，在2010年就融资了500万美元，而当时能融到钱的原因，则是雷军通宵给投资人打电话，并向投资人承诺“你投500万我也投500万”。雷军总结，要融到花不完的钱，首先你得找到一个真正的市场，然后要努力说服创业者，自己是真正倾注了全部的精力和金钱来创业，这样投资人才能相信你会成功。[①]

2.风险投资

天使投资是自由投资者或非正式机构对有创意的创业项目或小型初创企业进行的一次性的前期投资，是一种非组织化的创业投资形式。曾经的创业者、传统意义上的富翁、大型高科技公司或跨国公司的高级管理者是主要的天使投资者，在部分经济发展良好的国家中，政府也扮演天使投资者的角色。天使投资属于广义的风险投资的一种。

狭义的风险投资是由专业机构提供的投资于极具增长潜力的创业企业并参与其管理的权益资本。风险投资往往以股权投资的方式进行，投资者会积极参与所投资企业的创业过程，以整个创业企业为经营对象，比较看重“人”的因素，是一种高风险、高收益的组合投资。根据风险投资的潜规则，一般真正职业的风险投资者是不希望控股的，只占30%左右的股权，他们更多地希望创业管理层能对企业拥有绝对的自主经营权。因此创业者在创业初期选择风险投资时要拿适量的钱，以便未来在企业需要进一步融资时，不至于稀释更多的股份而丧失对企业的控制权。[②]对创业者来说，如果所创企业符合风险投资者的项目选择标准，则风险投资是一种比较好的融资方式。通过风险投资，创业者不但可以筹集资金，还可以得到风险投资者专业的帮助和指导。

---

① 严珺．雷军：小米最初找合伙人是靠“无赖”做法［EB/OL］．［2014-05-20］．http：//tech.163.com/14/0520/11/9SMESQKF000915BF.html.

② 赵旭．新视点：V C更看重创业团队［J］．科技创业，2009（4）：80.

(二) 债权融资

债权融资形成企业的债务资本，也称借入资本，是企业依法取得并依约运用、按期偿还的资本。向亲友借款、向金融机构贷款、交易信贷和融资租赁、中小企业互助贷款等是常用的债权融资方式。

1. 亲友借款

个人储蓄不足时，创业者可以向其亲朋好友借入资金，亲友借款也是创业融资的主要方式之一。需要提醒的是，在向亲友融资时，创业者必须用现代市场经济的游戏规则、契约原则和法律形式来规范融资行为，保障各方利益，减少不必要的纠纷。

2. 金融机构贷款

金融机构贷款指企业向银行或非银行金融机构借入款项。根据法律规定，非银行金融机构包括经银保监会批准设立的信托公司、企业集团财务公司、金融租赁公司、汽车金融公司、货币经纪公司、境外非银行金融机构驻华代表处、农村和城市信用合作社、典当行、保险公司、小额贷款公司等。

比较适合创业者的金融机构贷款形式主要有抵押贷款和担保贷款两种。缺乏经营历史从而也缺乏信用积累的创业者，比较难以获得信用贷款。

创业者可以根据企业需要，结合筹集资金的目的，选择筹集长期或短期的资金，一方面，使资金的来源和运用从期间上相匹配，提高偿还债务的能力；另一方面，尽可能降低资金的筹集成本，提高创业企业的经济效益。①

3. 交易信贷和融资租赁

交易信贷指企业在正常的经营活动和商品交易中由于延期付款或预收货款所形成的企业间常见的信贷关系。企业在筹办期以及生产经营过程中，均可以通过商业信用的方式筹集部分资金。如企业在购置设备或原材料、商品的过程中，可以通过延期付款的方式，在一定期间内免费使用供应商提供的部分资金。

创业者也可以通过融资租赁的方式筹集购置设备等长期性资产所急需的资金。融资租赁是指实质上转移与资产所有权有关的全部或绝大部分风险和报酬的租赁。融资租赁是集融资与融物、贸易与技术更新于一体的新型金融业务。由于其融资与融物相结合的特点，出现问题时租赁公司可以回收、处理租赁物，因而在办理融资时对企业资信和担保的要求不高，非常适合中小企业融资。企业在筹建期，通过融资租赁的方式取得急需设备的使用权，减少资金需求，获得相当于租赁资产全部价值的债务信用，一方面可以使企业

---

① 王艳茹. 创业资源［M］. 北京：清华大学出版社，2014：158.

按期开业，顺利开展生产经营活动；另一方面又可以解决创业初期资金紧张的问题，节约创业初期的资金支出，将购买设备的资金用于主营业务的经营，提高企业现金流量的创造能力；同时融资租赁分期付款的性质可以使企业保持较高的偿付能力，维持财务信誉。

4.中小企业互助贷款

中小企业互助贷款是指中小企业在向银行融通资金的过程中，根据合同约定，由依法设立的担保机构以保证的方式为债务人提供担保，在债务人不能依约履行债务时，由担保机构承担合同约定的偿还责任，从而保障银行债权实现的一种金融支持制度。信用担保可以为中小企业的创业和融资提供便利，分散金融机构的信贷风险，推进银企合作。已经将企业创办起来的创业者，可以借助这种方式筹集所需资金。

(三) 政府资金融资

政府的资金支持是中小企业资金来源的一个重要组成部分。综合世界各国的情况，政府的资金支持一般能占到中小企业外来资金的10%左右，资金支持方式主要包括税收优惠、财政补贴、贷款援助、风险投资和开辟直接融资渠道等。[①]政府支持资金的种类有再就业小额担保贷款、科技型中小企业技术创新基金、中小企业国际市场开拓资金等。

科技型中小企业技术创新基金是经国务院批准设立、用于支持科技型中小企业技术创新的政府专项基金，以扶持和引导科技型中小企业的技术创新活动。根据中小企业和项目的不同特点，科技型中小企业技术创新基金支持方式主要有：贷款贴息、无偿资助、资本金投入等。另外，科学技术部的863计划、火炬计划等，每年也会有一定数额的资金用于科技型中小企业的研发、技术创新和成果转化。

中小企业国际市场开拓资金是由中央财政和地方财政共同设立的专门用于支持中小企业开拓国际市场的专项资金。

财政部设有利用高新技术更新改造项目的贴息基金，国家重点新产品补助基金；国家发展和改革委员会设有产业技术进步资金资助计划、节能产品贴息项目计划；工业和信息化部设有电子信息产业发展基金等；人力资源和社会保障部设有开业贷款担保、小企业担保基金专项贷款、中小企业贷款信用担保、开业贷款担保、大学生科技创业基金等。

创业者应结合自身情况，利用好相关政策，获得更多的政府资金支持，降低融资成本。

(四) 知识产权融资

随着《公司法》对非货币出资比例的放宽，以及大量高科技企业的创

① 陈乐忧．中小企业融资它山之石［J］．财会通讯（综合），2008（10）：20.

立，知识产权融资在创业企业融资中的地位更显重要。知识产权融资既可以采用股权融资的方式，也可以采用债权融资的方式，主要有知识产权作价入股、知识产权抵押贷款、知识产权信托、知识产权证券化等方式。

创业者可以了解不同融资方式的相应规定，按照企业的发展规划进行选择。

三、资金筹集的技巧

股权融资和债权融资各有优缺点，创业者需要在融资之前进行了解，以便做出最有利于企业发展的融资决策。

（一）不同融资渠道的特点

对创业企业来说，股权融资和债权融资具有不同的特点，见表6-6。

表6-6　股权融资和债权融资的比较

比较项目	股权融资	债权融资
本金	永久性资本，保证企业最低的资金需要	到期归还本金
资金成本	根据企业经营情况变动，相对较高	事先约定固定金额的利息，较低
财务风险	低风险	高风险
企业控制权	按比例或约定享有，分散企业控制权	不分散企业控制权
资金使用限制	限制条款少	限制条款多

由表6-6可见，债权融资的资金成本较低，合理使用还能带来杠杆收益，但债务资金使用不当会带来企业清算或终止经营的风险；股权融资的资金成本由于要在企业所得税之后支付，相对较高，但由于在企业正常生产经营过程中，不用归还投资者，是一项企业可永久使用的资金，财务风险较低。创业者在融资时应结合诸多因素予以考虑。

（二）融资渠道选择需要考虑的因素

创业者在筹集资金时应对债务资金、股权资金的优缺点进行比较，并考虑企业资金的可得性、企业自身的风险收益特征、企业生命周期阶段、筹资的成本和风险，以及控制权分散等问题来进行综合分析。

1.企业资金的可得性

对于创业初期迫切需要资金的企业，可能有时候对融资方式的选择是迫于无奈的，无论哪一种方式，只要能够满足当时的资金之需，解企业的燃眉之急即可。企业资金的可得性会成为创业者考虑的首要目标。但是，如果规划适当，则可以更加理性地进行决策。

2.企业自身的风险收益特征

创业企业所处的行业不同，其面临的风险收益特征会有很大的不同，从而导致融资方式的选择会有所不同（见表6-7）。

表6-7 创业企业类型、特征和融资方式

创业企业类型	创业企业特征	融资方式
高风险、预期收益不确定	弱小的现金流 低、中等成长 未经证明的管理层	个人储蓄、亲友款项
低风险、预期收益可预测	一般是传统行业 强大的现金流 优秀的管理层 良好的资产负债表	债权融资
高风险、预期收益较高	独特的商业创意 高成长 利基市场 得到证明的管理层	股权融资

资料来源 巴林格，爱尔兰. 创业管理：成功创建新企业［M］. 杨俊，薛志红，等译. 北京：机械工业出版社，2010：171.

3.企业生命周期阶段

在种子期，企业处于高度的不确定性当中，很难从外部筹集债务资金，创业者个人储蓄、亲友款项、天使投资、创业投资以及合作伙伴的投资可能是采用较多的融资渠道；进入启动期之后，创业者还可以使用抵押贷款的方式筹集债务资金。

企业进入成长期以后，已经有了前期的经营基础，发展潜力逐渐显现，资金需求量较以前有所增加，融资渠道上也有了更多选择。在成长期早期，企业获得常规的现金流用来满足生产经营需要之前，创业者更多地采用股权融资的方式筹集资金，战略伙伴投资、创业投资等是常用的融资方式，此时也可以采用抵押贷款、融资租赁以及商业信用的方式筹集生产经营所需的部分资金。成长期后期，企业的成长性得到充分展现，资产规模不断扩大，产生现金流的能力进一步提高，有能力偿还负债，此时创业者可以采用债权融资方式筹集资金，获得经营杠杆收益。

企业生命周期阶段与融资渠道的对应关系见表6-8。

表 6-8　　企业生命周期阶段与融资渠道的对应关系

融资渠道	种子期	启动期	成长期早期	成长期后期
个人储蓄				
亲友款项				
天使投资				
合作伙伴				
创业投资				
抵押贷款				
融资租赁				
商业信用				

表6-8中深色的区域为创业者在该阶段采用较多的融资渠道，浅色的区域为该阶段可能会采用的融资渠道。

4.筹资的成本和风险

不同筹资渠道成本和风险的比较见表6-6。

5.控制权分散

大量学生的创业案例显示，在创业早期，创业团队的股权被过分稀释，会使团队失去对企业的控制权，并由此给企业长远发展带来严重问题。因为，创业企业在创业早期对创业团队的依赖性非常大，尤其与核心创业者的能力关联性极强。

做一做

在学习相关知识的基础上，结合所调研企业的信息，完成以下任务：

一、将企业筹集资金的一般渠道写在下面空白处

二、被调研企业的筹资渠道、依据及其对你的启发

1.被调研企业采用的筹资渠道和依据

2. 对你的启发

三、小组项目资金需求分析

1. 预测小组项目所需资金的数量

投资资金：

营运资金：

2. 拟采用的筹资方式及相应理由

评一评

创业资金筹集参考评价表见表6-9。

表6-9 创业资金筹集参考评价表

评价指标（分值）	标准	小组自评（30%）	小组互评（30%）	老师评分（40%）	最后得分（分）
资金筹集渠道（30分）	最少给出6个筹资渠道（每个5分）				
被调查企业筹资状况（30分）	被调查企业筹资渠道、筹资依据、对自己的启发（每项10分）				
小组项目筹资状况（40分）	项目所需投资资金的数量、营运资金数量的计算、筹资渠道、选择该渠道的理由（每项10分）				
合计（100分）					
老师评语	签名： 日期：				

【思创空间】

秸秆变饲料，"垃圾"变成宝

每到秋收季，农业种植区便会产生大量秸秆，秸秆焚烧产生的气体会对环境造成严重污染，因此，对秸秆的无害化处理一直是县域基层工作者每年最头痛的事情之一。在宁波海曙区，通过垃圾源头减量化处理，不仅让农民就地把传统意义上的秸秆“废弃物”或者说农民的“累赘”变废为宝，让农民富起来，而且保护了环境，提高了百姓的生活满意度。

当地农民们用秸秆打捆机将收割晚稻产生的新鲜秸秆进行打碎整理，变成“饲料”，用于覆盖雷笋，以及喂养牛羊等牲畜。

仅海曙区洞桥镇就有约12 000亩晚稻，每年能产生8 500吨左右的晚稻秸秆，当地有1 000多亩雷笋的种植量。对于农户来说，将晚稻秸秆覆盖在雷笋上，不仅能保持雷笋温度和湿度，还可以代替部分砻糠的作用，节省一定成本，“垃圾变成了宝贝，提高了经济价值”。

秸秆变饲料的无害化处理，既可以避免焚烧造成的环境污染，农民也不需要到终端处理厂进行回收，降低了处理成本，而且可循环利用的模式还提高了农民的收入，助力实现共同富裕，达到一举多得的效果。

资料来源　顾东栋.秸秆变饲料，让农业“绿”起来［EB/OL］.［2018-10-19］. http://nb.ifeng.com/a/20181019/6958657_0.shtml.

案例解析：换一个视角，垃圾就会变成宝。通过对农业废弃物的无害化处理，可以获得经济和社会效益双丰收，实现国家、农户、农民专业合作社等的多赢。大学生应培养创新精神，用自己的一颗慈善之心，学会从新的视角观察周边事物，在身边寻找创业机会，开发和挖掘既有资源，提高资源配置效率。中国许多创业企业对建筑垃圾的再利用也是很好的案例。

【思考与练习】

1.关键术语

创业资源是新创企业在创造价值的过程中需要的特定资产，包括有形资产与无形资产，主要表现为创业人才、创业资本、创业机会、创业技术和创业管理等。

资源联盟是指通过联合其他组织，对一些难以或无法自己开发的资源进行共同开发。

资源吸引是指发挥无形资产的杠杆作用，利用新创企业的商业计划、对创业前景的描述、创业团队的声誉来获得或吸引物质资源（厂房、设备）、技术资源（专利、技术）、资金和人力资源（有经验的员工）。

步步为营是指在缺乏资源的情况下，创业者分多个阶段投入资源，并在每个阶段或决策点投入最少的资源。

创造性拼凑是指在资源束缚下，创业者为了解决新问题、找到新机会，整合手边现有资源，立即行动，创造出独特的服务和价值。

知识产权是指以“创作性知识成果”和“经营标识”为核心而产生的财产权的总称，包括发明、文学和艺术作品，以及商业中使用的符号、名称、图像和外观设计等。

投资资金发生在企业开业之前，是企业在筹办期间发生各种支出所需要的资金。

营运资金是企业从开始经营之日起到能够做到资金收支平衡为止的时间内发生各种支出所需要的资金，是投资者在开业后需要继续向企业追加投入的资金。

股权融资形成企业的股权资本，也称权益资本、自有资本，是企业依法取得并长期持有、可自主调配运用的资金。

债权融资形成企业的债务资本，也称借入资本，是企业依法取得并依约运用、按期偿还的资本。

交易信贷是指企业在正常的经营活动和商品交易中由于延期付款或预收货款所形成的企业间常见的信贷关系。

融资租赁是指实质上转移与资产所有权有关的全部或绝大部分风险和报酬的租赁。

2. 选择题

○单项选择题

随堂测6-1

(1) 资源以何种途径获取主要依赖资源在市场上的（　　）等因素。

A. 可用性和成本　　B. 活跃性和可用性

C. 成本和时效性　　D. 时效性和活跃性

(2) 创业者在筹集资源时应当以（　　）为原则。

A. 多多益善　　B. 能用和够用

C. 重视人力资源　　D. 量力而行

(3) 创业者需要采用（　　）的方式，精打细算，创造性地用好每一笔资源。

A. 全盘规划　　B. 成本转移

C. 上下游客户锁定　　D. 步步为营

(4) 资源的杠杆效应不具备的优势是（　　）。

A. 实现社会总财富增加

B. 能比别人更长时间地运用资源

C. 利用别人没有意识到的资源

D. 利用他人资源来实现自己的创业目标

(5) 知识产权具有（　　）等特征。

A.无形性、独占性、有用性、地域性

B.无形性、独占性、地域性、时间性

C.无形性、独占性、有用性、时间性

D.无形性、独占性、地域性、价值性

（6）下列筹资方式中不属于债权融资的是（　　）。

A.交易信贷和融资租赁

B.小企业担保基金专项贷款

C.亲友投资

D.知识产权抵押贷款

○多项选择题

随堂测6-2

（1）下列属于人力资源范畴的有（　　）。

A.创业者及创业团队的知识、训练、经验

B.创业团队成员的专业智慧、判断力、视野和视角

C.创业团队成员自身的道德素养及专业素养

D.创业者本身的人际关系网络

（2）下列属于通过市场途径获取资源的方式的有（　　）。

A.购买　　B.联盟

C.并购　　D.吸引

（3）下列属于创业资源开发的原则和技巧的有（　　）。

A.辨识资源拥有者及其利益诉求

B.及时与资源拥有者建立短期的有效联系

C.设计合理的利益分配机制

D.建立共赢的长期合作关系

（4）下列关于投资资金和营运资金的描述，正确的有（　　）。

A.投资资金发生在企业开办之前

B.投资资金是企业在筹办期间发生各种支出所需要的资金

C.营运资金是企业从开始经营之日起到能够做到资金收支平衡为止的期间内发生各种支出所需要的资金

D.营运资金是投资者在开业前需要向企业追加投入的资金

（5）知识产权融资方式中属于债权融资的有（　　）。

A.作价入股　　B.抵押贷款

C.信托　　D.证券化

3.判断题

随堂测6-3

（1）亲友投资是创业企业最根本的股权融资方式。（　　）

（2）税收优惠、财政补贴、金融机构借贷等融资方式均属于政府资金对创业企业的支持方式。（　　）

（3）声誉可以存在于产品层面和公司层面。产品层面的声誉以品牌忠诚度的形式呈现，公司层面的声誉则表现为企业的社会形象。（　　）

（4）创业者可以通过入驻创业园、外包或利用临时工或实习生的方式降低资源耗费。（　　）

项目七　优化商业模式

创学堂7-1

现代管理学之父彼得·F.德鲁克说："当今企业之间的竞争，不是产品之间的竞争，而是商业模式之间的竞争。"的确，21世纪企业竞争的最高境界，不再是产品的竞争、人才的竞争、营销的竞争、服务的竞争……而是商业模式（即盈利模式）的竞争。商业模式创新与技术创新、产品创新同样重要，不可割裂。要想成为行业中优秀的企业，就一定要考虑商业模式的构建问题。商业模式究竟能给企业带来什么？商业模式是企业获取长期竞争优势的根本保证，企业的任何行为都必须是对自身商业模式的策略反映和优化。商业模式创新使企业在行业中有更大的竞争优势，让企业有更大的收益空间，使得企业能有一个较好的、长足稳定的发展。当别人还没有商业概念的时候，你就要突出你的新概念；当你的商业概念与别人一样的时候，你就要比谁的客户价值更大；当客户价值也一样的时候，你就要比谁的核心能力更强；当大家的核心能力也都差不多的时候，那就只能比实现形式了。此时，商业模式的实现形式就成为能否成功的一个重要因素。企业成功首先需要寻找有效的商业模式，寻找商业模式需要创新，而不是简单地照搬他人的成功模式；要根据本企业自身的实际情况，借鉴他人的成功模式，将他人的成功方法与企业自身相结合，做出合理的创新调整，为本企业所用，从而在激烈的竞争中掌握主动权，推动自身持续高效地发展。

【项目结构】

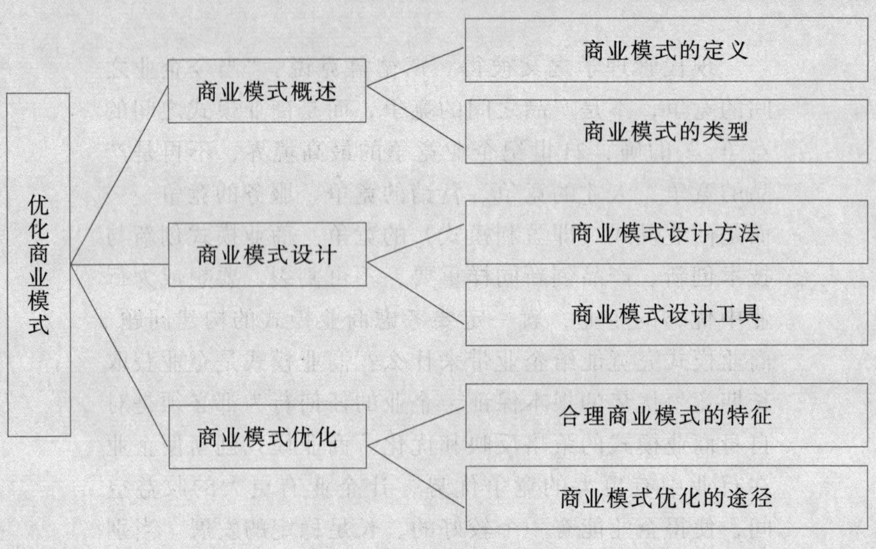

图7-1　项目七内容结构图

任务一 商业模式概述

任务目标

- 知识目标：学习商业模式的基本概念和内涵。
- 能力目标：能够分析初创企业常见的商业模式。
- 素养目标：在“做一做”中，培养对商业模式的认知和理解。

【任务导入】

请同学们分析小米公司和百度公司的盈利方式，围绕业务结构和商务结构两方面探讨商业模式的内涵，全班可以分小组来分析。

请同学们对小米公司和百度公司的业务结构和商务结构进行归纳，填写表7-1。

表7-1 小米公司与百度公司的业务结构和商务结构的归纳表

公司名称	业务结构	商务结构
小米公司		
百度公司		

请思考：

商业模式的构成要素都包括什么？

学一学

一、商业模式的定义

哈佛大学约翰逊教授、克里斯坦森教授在其共同撰写的《商业模式创新白皮书》一书中提出：任何一个商业模式都是由客户价值主张、生产过程和资源、盈利方式构成的一个三维立体模式。在这三个要素中，客户价值主张是指在一个既定价格上企业向客户提供服务或产品时所需要完成的任务；生产过程和资源是指支持客户价值主张和盈利方式的具体经营模式及支持系统；盈利方式是指企业实现经济价值的系统方法。

亚德里安·J.斯莱沃斯基等学者认为：对某个行业来说，盈利区间是可以变动的，在整个产业链（或价值链）上游走，是否能够发现行业盈利要素以及要素之间的匹配度是能否发现行业利润区域的关键，高于匹配度的为高利润区；其他部分就是平均利润区、低利润区或无利润区。可以说，商业模式就是企业以顾客价值和利润为导向，通过提供顾客价值获利并逐步积累利润、形成持续性竞争优势的过程和方法。一般公司都有自己的业务结构，但并不是所有公司都有很强的盈利能力，而拥有成功商业模式的企业可以持续地获得利润。

通过对商业模式的系统研究，我们发现，商业模式是指企业在市场竞争中逐步形成的特有的赖以盈利的商务结构及其对应的业务结构。简而言之，就是企业在市场竞争中赚取利润的带有规律性的方式和方法，它在一定时期内固化为一种比较稳定、成型的范式。企业的商务结构主要是指企业外部的交易对象、交易内容、交易规模、交易方式、交易渠道、交易环境、交易对手等商务内容及其时空结构。企业的业务结构主要是指满足商务结构需要的企业内部有关科研、采购、生产、储运、营销等业务内容及其时空结构。业务结构反映的是企业内部资源配置情况，商务结构反映的是企业内部资源整合的对象及其目的。商务结构和业务结构共同构成了企业商业模式的内容。商务结构侧重于企业资源配置的效益，而业务结构则侧重于为获得效益进行的经营管理的组织效率。

所有企业都有自己的商务结构及其对应的业务结构，但并不是所有企业都能盈利，因而并不是所有企业都有商业模式。商业模式分为自发的商业模式和自觉的商业模式两种，前者是指自发形成的商业模式，企业对如何盈利、未来能否盈利缺乏清醒的认识，企业虽然盈利，但商业模式不明确、不清晰，其商业模式具有隐蔽性、模糊性、缺乏灵活性的特点；后者是指企业自觉形成的商业模式，是企业通过对价值链的分析、盈利实践的总结，对商业模式加以自觉调整和设计而形成的，它具有清晰性、针对性、相对稳定性、环境适应性和灵活性的特征。

【教学互动7-1】

互动内容：

请全班同学集体头脑风暴，列出具有成功商业模式的企业，如滴滴出行、饿了么等，并鼓励同学列出身边不同类型、不同规模的企业。

互动要求：

（1）请大家一起思考，这些商业模式对企业可持续发展和打造竞争力有什么意义和价值？

（2）请大家一起分析，这些企业的商业模式包含了哪些要素？简单地阐述这些商业模式。

（3）教师对学生的回答进行点评。

二、商业模式的类型

根据在价值链中位置的不同，商业模式可以分为运营性商业模式和策略性商业模式。根据业态的不同，商业模式可以分为传统制造商领域的商业模式、直供商业模式、总代理制商业模式、联销体商业模式、仓储式商业模式、专卖式商业模式、复合式商业模式、服务业的商业模式、基于互联网的商业模式等。

互联网的出现和发展为企业价值创造、效率提升提供了重要手段，为企业的经营活动提供了一个新的广阔平台，为企业成长提供了新的机遇。在此背景下，出现了众多不同类型的商业模式。随着互联网应用广度拓宽、深度延伸，互联网技术的进步，以及一代又一代新互联网人群的成长，初创企业的商业模式也打上了“互联网+”的印记。

(一) 鲫鱼模式

这种模式的主要方法是找到与大行业或者大企业的共同利益，主动结盟，将强大的竞争对手转化为依存伙伴，借船出海，借梯登高，以达到争取利润的第一目标并使企业快速壮大。

这种模式在加工企业集中的长三角、珠三角一带十分流行，在广东东莞、江苏昆山，此类小企业随处可见。实践证明，这是初创小企业走向成功的一条捷径，风险小且成功率高。

鲫鱼模式的本质在于，大企业有其通畅的产品流通渠道，有庞大的客户群体，就像一条庞大凶猛的鲨鱼；而小微企业无论在资金、技术，还是在人才等方面，都存在着诸多先天不足。如果小微企业能找到与大企业的利益结合点，与大企业结成联盟，就可以有效弥补自身的短板，自然也就可以分享大企业的利润。鲫鱼模式对小微企业来说，可借鉴程度较高，是一种有效的商业模式，其方式也多种多样，如配套与贴牌生产、代理等。

小微企业之于大企业、创业企业之于成熟企业，最理想的状态是既有经营上的联系，又有资本纽带关系，不被控股，也不是挂靠或上下属关系。小企业在托庇大企业的时候，应仍旧保持独立，拥有较大的经营自主权，有可能的话，尽量同时托庇多家大企业或成熟企业，达到“鸡蛋放在多个篮子”的效果，大大提高企业的生存率。

(二) 专业化模式

专业化的意思就是专精一门，也就是俗话说的“一招鲜，吃遍天”。在这样一个诱惑多多的年代，要静下心来，专精一门是不容易的，要不然就不会有近年来“多元化”在国内企业的甚嚣尘上了。

专业化为什么可以成为一种商业模式？一个最简单的解释是，因为它精，所以它深，这就提高了门槛，别人不容易参与竞争，而专业化的生产企业的组织形式比复合式生产企业要简单得多，管理也相对容易。在市场营销方式上，一旦市场打开，后期几乎不需要更多的投入。成本降低的另一面，就是利润的大幅度提高。而在通常情况下，专业化生产一般最后都会形成独占性生产，至多是几个行业寡头同台竞争，行业间比较容易协调，从业者较易形成相互保护默契，有利于保持较高的行业平均利润率。这是一个封闭或半封闭的市场，不像开放市场上的产品，一旦见到有利可图，大家便蜂拥而入，利润迅速摊薄，成本迅速攀升，本来有利可图的产品很快变成鸡肋，人人都觉得食之无味又弃之可惜。

经测算，如果普通产品的利润是15%，那么，专业化生产的产品的利润通常可以达到60%～70%。当一个企业进行专业化生产时，其多数成本产生在解决方案的开发和创意阶段，一旦方案成立，就可以不断复制，并依照自己的意愿，确定一个较高的市场价格。由于专业化生产者是唯一的或少数能提供该解决方案（或产品）的企业，所以，市场对其高定价根本无力反对。专业化生产的另一个方式是，以简单化带动大规模，迅速降低行业平均利润，使小规模生产者根本无利可图，从而不敢也不愿参与竞争。这就是专业化生产的优势。

专业化的一个重要利润来源是专家，但这里的专家与我们通常所说的专家不同。其不但指研发方面的专家、生产和组织管理的专家、市场营销方面的专家，还包括技术精湛的一线蓝领工人。专业化生产的过程，有利于迅速培养出一批专精于一个环节的生产人员。一般来说，这种专家型员工会比普通员工给企业多带来10%～15%的利润，这是专业化生产独有的好处。

（三）利润乘数模式

借助已经广为市场认同的形象或概念进行包装生产，可以产生良好的效益，这种方式类似于做乘法。利润乘数模式是一种强有力的盈利方式，关键是如何对你所选择的形象或概念的商业价值进行正确的判断。你需要找的是这样一种东西：它的商业价值是个正数，而且大于1；否则，这种东西不但对你毫无意义，甚至可能会对你造成伤害。

利润乘数模式的利润来源十分广泛，可以是一个卡通形象，可以是一个伟大的故事，也可以是一条有价值的信息，或者是一种技巧，甚至是其他任何一种资产，而利润化的方式，则是不断地重复叙述它们、使用它们，同时还可以赋予它们种种不同的外部形象。如世界上最昂贵的猫——Hello Kitty（凯蒂猫）、世界上最著名的狗——Snoopy（史努比）、世界上最受欢迎的熊——Winnie the Pooh（维尼熊）等卡通形象，都是利润乘数模式最经典的案例。

企业是如何通过凯蒂猫、史努比、维尼熊之类的卡通形象获得利润的呢？仔细研究不难看出，对人们所熟知的卡通形象的使用，使企业得以降低产品研发或开发成本，缩短研发或开发时间。最关键的是，通常大多数研发部门都研发不出任何有价值的适应市场的终端产品，而使用这些形象则不存在这个问题。借助为人们所广泛熟知的形象，企业可以使其产品更迅速地进入市场，降低了企业风险，提高了企业的成功率。

通过利润乘数模式进行操作，是成功创业的一条捷径，但也存在种种问题。比如上述形象，它们的授权一般范围都比较广，产品线往往拉得很长，这需要注意以下几点：第一，要清楚容易接受该形象或概念的人集中在哪些地方，并关注这些人的喜好。第二，由于同质产品的泛滥或将来可能的泛滥，你需要将产品个性化，并保持这种个性化，或者创造出一种别具一格、别人难以模仿的经营方式。此外，还可以将产品迅速铺满某个细分市场，不给后来者提供机会，但这需要相当大的投入。第三，借助某种流行形象或概念进行产品生产和市场营销，这在国外已经十分成熟，但对于国内的企业经营者来说还是一个十分陌生的领域。它需要有一些专门的人才，同时还要有一些特殊的手段。如果你打算在这方面发展，那么，最好寻找到一些专门人才来帮助你。第四，流行形象或概念大多属于易碎品，你需要对它们精心呵护，尽量避免将其应用到可能威胁其形象或概念的产品中。

（四）独创产品模式

这里的独创产品是指具有非同一般的生产工艺、配方、原料、核心技术，又有长期市场需求的产品，如专利配方、进入难度很大的新产品等。鉴于该模式的独占性原则，掌握它的企业将获得相当高的利润。

这种模式需要利用各种手段迅速拓展市场，在跟随者到来之前就赚取大量利润，落袋为安。就目前来看，大家都在寻找赚钱机会，一种有利可图的产品，很难长期保持独特性。每个人都在寻找它的弱点，所以，高效率地利用市场空白期迅速赚取利润是这种模式成功的关键。

独创产品模式实际上也是很多创业企业在创业之初可以使用的模式，“独创性”所能带来的高额利润早已不是什么秘密。但是独创产品模式并不是进入利润区的“万能钥匙”，它也有很多局限性：第一，独创即意味着“前无古人”，所以往往需要很多的研发费用和很长的研发时间。第二，独创即意味着市场认知度不高，也意味着打开市场、获取市场认同需要花更多的钱。第三，依靠独创产品具有很大的风险性。常常发生的情况是：你花了很多钱、花费了很大的力气做出了产品，却没能获得市场的认同，结果，你所有的投入都打了水漂。第四，由于对产品缺乏细致的了解和认知，国家有关部门很难对某一种独创产品提供完善的保护，生产者将面临诸多恶意市场竞争，这种竞争经常会使始创者陷入困境。

保护和延长独创产品的生命周期、延长利润产出周期的办法：第一，提高专利意识，积极寻求国家有关部门的保护。第二，增强保密意识，使竞争者无隙可乘。第三，进行周期性的产品更新，提高技术门槛，使后来者难以进入。第四，使企业和产品更加人性化，提高消费者的忠诚度。第五，有饭大家吃，在产能或投入不足的情况下，积极进行授权生产或技术转让，让产品迅速铺满市场，达到共赢。最后一点一般不为经营者所注意，但却是十分有效的一种办法。

（五）策略跟进模式

策略跟进也称强者跟随，与“跟风”的盲目性、哪里热闹往哪里钻不同。策略跟进需要经营者对自己做出正确评估，并分析清楚自己的优势、劣势之后，对未来走向做出判断。

在马拉松比赛中，经常可以看到运动员会形成“第一方阵”和“第二方阵”。一个有趣的现象是：最后获得冠军的往往是开始位居“第二方阵”的运动员。因为“第二方阵”的运动员在大部分的赛程中都处于“跟跑”的位置，所以可以清楚地看见“第一方阵”的运动员的一举一动，并根据其变化很好地把握赛程，调整自己的节奏。同时，作为“第二方阵”的成员，他们所承受的心理压力也相对较小，又因为一直处于蓄势待发的状态，其积蓄的体能有利于在最后冲刺阶段爆发。所以“第二方阵”的运动员获得冠军并非偶然。

这通常也适用于创业过程。在成长的道路上，企业可瞄准一个目标，紧跟其后，时刻关注对方的一举一动，学习其长处，寻找其弱点，等待时机成熟一举超越。甘居人后是大赢家的制胜策略。前面的人最怕有人超过他，因此也最痛恨紧随其后的人，甚至会不惜一切手段打压后者。这时，如果你懂得“示弱”，表现出不能也不想和前面对手竞争的态势，即我所追求的仅仅是你剩余的空间，根本无心也无能力与你抗争，对手就有可能放过你，甚至有可能反过来帮助你。这便给了你成长的空间，使你能在对手眼皮底下悄悄地壮大。

从策略上讲，“跟跑”实际上是压缩投入成本最好的方法。第一，你不用费心去考虑市场。初出道者因为经验不足，对于市场需求往往把握不住，采取观望态度，审慎地注视对手的一举一动，进行跟随，是一种明智的策略。第二，在实力逐渐积累起来以后，如何策略地攻占对方市场也大有讲究。

从利润角度讲，“跟跑者”比跑在前面的要省力，因此利润率也相对要高。在商业活动中，每一个商业行为都有成本，拣取胜利果实等于将成本最小化了，也就等于获得了最大化的利润。

“跟进”哲学是一种应变哲学，绝不是懦夫哲学，甘居“第二方阵”的目的在于在次位上充分谋求利益，避免自身的劣势，充分发挥优势。

（六）婚介所模式

婚介所模式就是吸引供应商和消费者两个方面的关注，从而为供应商和消费者两个方面提供沟通渠道或交易平台并从中不断获取利润的商业模式。但这个模式对操作者来说要求很高，而且前期的投入成本很大，风险也很高。

究竟什么是婚介所模式呢？在某些市场，有许多供应商和消费者，其交易的成本很高，这就催生了一种高价值的中介业务，这种业务的作用类似于婚介所，其功能是在供应商与消费者之间搭建一个沟通的渠道或者交易的平台，从而降低买卖双方的交易成本。而提供中介业务的企业以及身在“婚介所”中的供应商都可以获得较高的回报。这种方式在北方也叫“拼缝”，就是弥补供需双方的缝隙，撮合双方交易，作为中介的企业也可以从中获得不菲的利润。

我们之所以说婚介所模式对创业企业来说值得借鉴，是因为它有很大的市场空间和强烈的市场需求。绝大多数初创企业在市场开拓上都会存在困难。一些小微企业有好的产品却找不到合适的消费者，而一些消费者有消费需求又找不到合适的产品。企业采取婚介所模式，可以将供需双方连接在一起，让初创企业直接面对客户，做成生意的可能性大大提高。

老话说，货卖扎堆，说的就是这种情况。当一个“交易市场”形成了规模，自然带动人气的直线上升，身处这个市场的商家也就省掉了宣传、推广费用，并且大大缩短了客户对其的认知周期，从而加快了进入利润期的速度。

据统计，运用婚介所模式在单位时间内可能做成的生意数量可达到传统运作模式的二倍或三倍。由于婚介所模式的运用，集合了供应商和客户之间的力量，因而宣传成本、运作成本都得到很大幅度下降，因此单位时间和单位努力程度所带来的利润也是传统模式的7～10倍。

（七）产品金字塔模式

为了满足不同客户对产品风格、颜色等的不同偏好，依据个人收入上的差异，达到客户群和市场拥有量的最大化，一些企业不断推出高、中、低各个档次的产品，从而形成产品金字塔。在金字塔的底部，是低价位、大批量的产品，靠薄利多销赚取利润；在金字塔的顶部，是高价位、小批量的产品，靠精益求精获取超额利润。

有些公司在激烈的竞争中胜出，就是依靠对产品金字塔模式的运用——利用低档产品的大量销售建立一道防火墙，使竞争者在价格上无力与之抗衡。但是在产品金字塔模式中，利润的最大来源是中、高档产品。也就是说，靠低档产品占领市场、吸引人气，而靠中、高档产品赚取利润。如果仅仅是在底层设置防火墙，而没有在上层构筑利润来源，企业的竞争力将很难持续。产品金字塔模式是众多想从恶性价格竞争中摆脱出来的小微企业的一个经典模式。

产品金字塔模式的运用有一个前提条件，就是在一个成系统的产品或者领域中运用，必须与客户的市场定位紧密联系，并且高、中、低档产品的客户群之间有一定的联系。真正的产品金字塔模式是一个系统，低档产品的生产和销售为企业赢得市场和消费者的注意力。

(八) 战略领先模式

起步领先不代表永远领先，不能确保永远盈利，因为马上就会有后来者参与竞争。所以适时改变竞争策略，实现由静态到动态的飞跃，可以确保企业从起步领先到战略上的始终领跑，使利润源源不断。

俗话说，创业不易守业更难。如果你跑到了最前面，大大拉开了与后来者的距离，你就会有知名度，会有追星族。如果你跑得比别人更快，你就能得到领先奖赏，赚得更多。所谓早起的鸟儿有虫吃，说的就是这个道理。

目前，小微企业要做到战略领先越来越不容易，这种时间战对小微企业的要求也越来越高。如果你准备运用这种模式，不妨从下面三个方面动脑筋：第一是主业领先。小微企业在决定企业核心主业时，千万不要贪慕虚荣，可以寻找暂时市场竞争性和挑战不大，但有发展前途的领域，抢在他人前面占领市场。第二是技术领先。有领先的技术，企业才会有生命力，特别是在互联网、人工智能、大数据等技术日新月异的发展背景下，要学会主动学习和使用新技术，从而降低企业的成本，优化产品或服务的用户体验。第三是人才领先。企业发展归根到底是靠人才，初创企业要在创业初期就重视人才的引进和培养，要有合理的股权结构和利益机制，促使团队有效运行和不断挖掘其潜力；同时，还要储备更多的技术人才和经营管理人才服务于公司的持续发展。

【教学互动 7-2】

互动内容：

从商业模式类型的角度，对同学们在【教学互动 7-1】中列出的拥有成功商业模式的企业进行分析。

互动要求：

请大家一起思考，这些商业模式应如何进行归类。

做一做

将全班分成以下小组，学生扮演该公司的创始人或者公司经理，假设你们团队在电梯间碰到风险投资人，你将怎样介绍你的企业项目，吸引他们的投资。

第一组：雕爷牛腩

雕爷牛腩餐厅是中国第一家“轻奢餐”餐饮品牌，其烹饪牛腩的秘方是向周星驰电影《食神》中的原型人物——香港食神戴龙以500万元购得的。戴龙经常为李嘉诚、何鸿燊等港澳名流提供家宴料理，他还是1997年香港回归当晚的国宴行政总厨，所以他的代表作——咖喱牛腩饭和金汤牛腩面，成为无数人梦寐以求之舌尖上的巅峰享受。

第二组：三只松鼠

三只松鼠股份有限公司成立于2012年，是中国第一家定位于纯互联网食品品牌的企业，也是当前中国销售规模最大的食品电商企业。

第三组：猪八戒网

猪八戒网于2006年创建，现已发展成为一站式知识工作者共享平台。猪八戒网开创式地搭建起知识工作者与雇主的双边平台，通过线上线下的资源与大数据沉淀，使知识工作者与雇主无缝连接。

第四组：小米科技

北京小米科技有限责任公司成立于2010年3月3日，是一家专注于智能硬件和电子产品研发的移动互联网公司，同时也是一家专注于智能手机、互联网电视以及智能家居生态链建设的创新型科技企业。

每组汇报5分钟，最后全班PK，投票选出介绍得最好的两个小组，两个小组的创始人可以再继续介绍5分钟，然后全班对这两个项目的商业模式类型做深入探讨研究。

评一评

商业模式概述评价表见表7-2。

表7-2 商业模式概述评价表

评价指标（分值）	标准	小组自评（30%）	小组互评（30%）	老师评分（40%）	最后得分（分）
参与程度（10分）	课堂整体参与性和小组成员上课情况				
列出具有不同商业模式的企业数量（30分）	列出数量10个以上为20分，20个以上满分				
商业模式不同类型的归纳（30分）	根据对商业模式分析合理、归纳正确的程度打分				

续表

评价指标（分值）	标准	小组自评（30%）	小组互评（30%）	老师评分（40%）	最后得分（分）
成果与发言（30分）	根据对案例的分析情况给分，投票为优秀的团队给满分，其余小组酌情给分				
合计（100分）					
老师评语	签名： 日期：				

任务二 商业模式设计

任务目标

● 知识目标：掌握商业模式设计的基本方法。

● 能力目标：学会使用商业模式设计画布，并通过画布来设计自己企业的商业模式。

● 素养目标：学习优化商业模式的不同方法和路径。

【任务导入】

阅读下面的材料，并通过互联网查阅相关资料：

1.美团网是于2010年3月4日成立的团购网站，其宗旨是为消费者寻找最值得信赖的商家，让消费者享受超低折扣的优质服务；为商家找到最合适的消费者，向商家提供最大收益的互联网推广服务。在美团网整个运营过程中，商家没有任何风险，消费者如果对合作商家的产品感兴趣，可登录美团网通过支付宝或者银联卡付钱下单，之后消费者会收到美团网短信发送的消费券密码，消费者凭消费券密码可直接到商家消费，商家可凭消费券密码和美团网结算。2016年1月，美团网完成首轮融资，融资额超33亿美元，融资后公司估值超过180亿美元。

2. 大众点评网于2003年4月成立于上海，是中国领先的本地生活信息及交易平台，也是全球最早建立的独立第三方消费点评网站。大众点评网不仅为用户提供商户信息、消费点评及消费优惠等信息服务，同时还提供团购、餐厅预订、外卖及电子会员卡等O2O（Online to Offline）交易服务。2016年1月，“大众点评”APP荣登“2015腾讯应用宝星APP榜”，获得“年度十大最受欢迎APP”，“大众点评”也是唯一获评该奖的美食健康类APP。

3.2015年10月8日，大众点评网与美团网联合发表声明，宣布达成战略合作并成立新公司，新公司将成为中国O2O领域的领先平台。2018年6月22日，美团点评正式向港交所递交IPO申请，9月20日，美团点评登陆港交所。

请思考：

美团、大众点评等团购网站是如何运营的？

【教学互动7-3】

互动内容：

将全班分为5组，分别讨论商业模式设计的五种方法的关键点和使用要求。

互动要求：

（1）请各组派一位代表发言。

（2）教师对学生的回答进行讲解，可参考下面“学一学”的内容。

学一学

一、商业模式设计方法

商业模式设计是每一个处于当今市场经济和国际经济一体化时代的企业都要思考和探究的重要课题。没有商业模式或商业模式模糊，或商业模式缺乏适应性，都会使企业面临危局或消亡之灾。在市场瞬息万变和竞争日益激烈以及技术、产品、服务日新月异，国际一体化趋势越来越明显的形势下，商业模式成为企业成败的关键。一些互联网企业或新兴企业，如阿里巴巴、雅虎、谷歌等的成功案例足以说明这一点。无论是怎样的商业模式，其内涵都应包括反映商务活动和业务活动内容的六个要素，即利润来源、利润项目、利润杠杆、保利策略、利润组织和企业文化。一个新的商业模式的设计必须遵照一定的规则，使企业能够有效运行，并控制它的运作流程使其取得预期的效果和效率。

商业模式设计就是要建立适合企业内外部环境、与企业战略目标相适应、能够最优化企业价值链和业务流程的企业商业模式，区别于其他企业的商业模式，为企业实现差别化战略经营带来超额利润，满足企业利益最大化要求。利用商业模式设计的相关方法、准确定位设计好企业商业模式是创业非常关键的一步。

常用的商业模式设计方法有以下五种：

1.目标法

商业模式的设计最终就是要使企业实现最大利润，这不仅限于短期目标，还应当与企业经营战略目标相结合，从企业长远发展的角度来设计。

2.创新法

创新是企业价值创造的源泉。商业模式设计应综合考虑企业的发展战略、价值链与业务流程的优化、企业的理念与文化价值观等，建立与众不同、符合企业自身发展需要的商业模式。

3.柔性法

商业模式应该具有一定的柔性和灵活性，能迅速地回应市场发生的变化，有效地保持企业与外界环境的联系和平衡，有效地调动组织资源并节约资源。根据市场的变化和企业所处的成长与发展阶段，收入、支出模式应有一定的拓展空间，以适应经济环境的快速变化。企业发展无法脱离外部市场，总是在与外部市场（资本、产品、人才、客户、技术、原材料等）的互动中，不断地适应、调整、拓展新的利润空间。为此，企业应采取相应的措施，配置相应的人员对外部信息进行采集与整理，以利于抓住商业机会，实现利润的增长。

4.效率法

企业组织的目标是追求利润，同时将成本降到最低，效率是衡量商业模式的基础。商业模式的设计如果能使人们以最小的损失或代价（并非以货币或小时等衡量指标来衡量费用）来实现最初目标，就是有效的。

5.独特法

企业的商业模式应该根据企业所在行业、市场环境和企业内部环境来设计，充分考虑各种因素，建立符合企业自身条件的商业模式；不能照抄照搬其他企业成功的模式，由于环境不同，其他企业成功的模式不一定对自己有益。独特法就是要实现企业商业模式的不可重复性，其他企业不能直接引用，从而保证企业的长远收益。

二、商业模式设计工具

商业模式，往简单说就是企业赚钱的模式，往复杂说就是创造和传递客户价值和公司价值的系统。在流行创业的时代，不论是组建一家公司还是开发一个产品，都需要在项目启动之前详细分析并向投资人言简意赅地说明公司或产品面向哪些客户、提供什么、如何盈利等重要问题。商业模式画布（Business Model Canvas）给我们提供了一个简洁、直接的思路去思考企业的商业模式，堪称创业公司头脑风暴和可行性测试的一大利器。

利用商业模式画布讨论商业模式具有以下优点：①完整性。它基本可以展示一款产品的商业模式的方方面面，能够让人们对该公司的商业模式是否完整一目了然。②一致性。它可以判断商业模式的各个方面是否一致。比如，设计合作伙伴假设与设计渠道假设的一致性。③直观性。它可以直观地让你知道你的同事是否清楚你正在做什么以及为什么要这样做。

商业模式画布是会议和头脑风暴的工具，它通常在一面大黑板或一面墙上呈现。这块板子或墙按照一定的顺序被分成九个方格，方格的内容如下：①客户细分——你的目标用户群，一个或多个集合；②价值主张——客户需要的产品或服务，商业上的痛点；③渠道通路——你和客户如何产生联系，不管是你找他们还是他们找你，如实体店、网店、中介；④客户关系——客户接触到你的产品后，你们之间应建立怎样的关系，一锤子买卖还是长期合作；⑤收入来源——你将怎样从你提供的价值中取得收益；⑥关键资源——为了提供并销售这些产品或服务，你必须拥有的资源，如资金、技术、人才；⑦关键业务——商业运作中必须从事的具体业务；⑧重要伙伴——哪些人或机构可以给予战略支持；⑨成本结构——你需要在哪些项目上付出成本。商业模式画布的优点在于让讨论商业模式的会议变得高效率、可执行，同时产生不止一套方案，让每个决策者心中留下多种可能性。画布的参考模板见表7-3。

商业模式画布的九大构造解读如下：

1.客户细分（Customer Segments）

“企业或机构所服务的一个或多个客户分类群体”。对于面向企业用户的产品，此处需要注意的是不要混淆用户和客户。举例来说，一款面向某集团公司的企业应用分析平台，目标客户可以是应用开发商及集团公司本身，但是用户则主要是产品设计、开发及运营人员，如产品经理等。

2.价值主张（Value Propositions）

“解决客户难题和满足客户需求”。此构造块的内容最为重要，需要简练地表述所提供的产品或服务，并且需要明确指出目的、特性、价值等。例如，向用户提供网盘服务，必须描述“可以随时随地获取文件”等价值。

表7-3 画布参考模板

<table>
<tr><td rowspan="2">KP重要伙伴：
让商业模式运转所需的供应商和合作伙伴的网络合作的动机：商业模式的优化和规模经纪的运用，风险和不确定性的降低，特定资源和业务的获取。合作的类型：非竞争者之间的战略联盟关系，竞合关系（竞争者之间的合作），为开发新业务而构建的合作关系，为确保可靠供应的购买方——供应商关系</td><td>KA关键业务：
为了确保商业模式可行，企业必须做的重要事情。制造产品、问题解决、平台/网络</td><td rowspan="2">VP价值主张：
为特定客户细分创造价值的系列产品和服务。新颖、定制化设计、品牌/身份地位、价格、成本削减、风险抑制、便利性/可用性</td><td>CR客户关系：
与特定客户细分群体建立的关系类型，如个人助理、专用个人助理、自助服务、自动化服务、社区、共同创作</td><td rowspan="2">CS客户细分：
企业想要接触和服务的不同人群和组织，如大众市场、利基市场、区隔化市场、多元化市场、多边平台或多边市场</td></tr>
<tr><td>KR关键资源：
让商业模式运转所必需的最重要因素，包括实体资产、知识资产、人力资源、金融资产</td><td>CH渠道通路：
如何沟通、接触其客户细分而传递其价值主张，提升公司产品和服务在客户中的认知，帮助客户评估公司价值主张，协助客户购买特定产品和服务，向客户传递价值主张，提供售后服务和客户支持</td></tr>
<tr><td colspan="2">CS成本结构：
运营一个商业模式的所有成本。成本结构：固定成本、可变成本、规模经济、范围经济</td><td>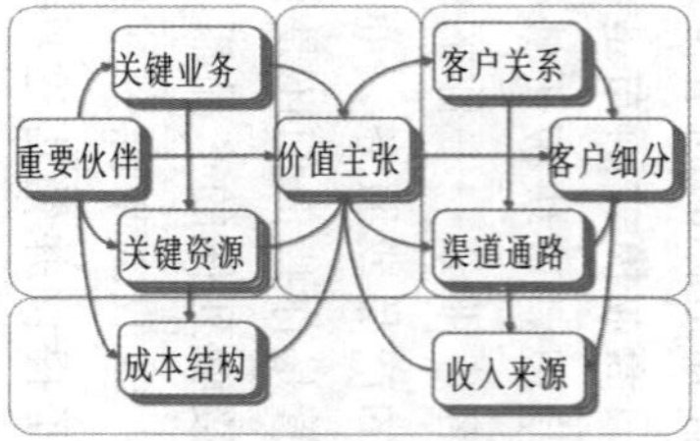
</td><td colspan="2">RS收入来源：
从每个客户群体获取的现金收入（需要从创收中扣除成本）。获取收入的方式：资产销售、使用收费、订阅收费、租赁收费、授权收费、经纪收费、广告收费。定价机制：固定定价、动态定价</td></tr>
</table>

3.渠道通路（Channels）

“如何接触、沟通其客户细分而传递价值主张”。这些渠道可以是自有的，也可以是合作伙伴的。对于企业应用，除了网站、社交媒体等之外，还可以考虑实施团队、现金流、产品等现有资源。

4.客户关系（Customer Relationships）

“描绘与客户群体建立的关系类型”。《商业模式新生代》一书中列举了几种常见的客户关系，如个人助理、自助服务、自动化服务、社区、共同创作等。小米所营造的“粉丝”也是一种非常好的客户关系，通过强黏性的客户关系，为产品的持续改进等提供良好支撑（如在新产品的研发过程中，就可以让典型用户参与进来，优先体验功能、提出改进意见等）。

5.收入来源（Revenue Streams）

“从客户群体中获取的扣除成本之后的现金收入”。主要的现金收入类型有：产品销售收入、使用收费、订阅收费、租赁收费、授权收费以及广告收费等。每种收入都有不同的定价机制，一般来说，有固定定价和动态定价两种类型。通常，如果产品能通过运营来实现收入，则相比一锤子买卖形式的产品销售或项目实施更能打动人。另外，需要注意的是，不要将客户的收入填写到此处，如云盘可以节省存储资源采购费用，但这个是产品为用户创造的价值，而不是产品本身能创造的收入。

6.关键资源（Key Resources）

“让商业模式有效运转所必需的最重要因素”。通常来说，企业的关键资源就是人、财、物，即人力资源、金融资产、实体资产。除此之外，创业者还应当关注知识资产，因为对于某些专业系统或工具，专业人士的作用非常关键；对于数据分析类应用，基础数据库及数据模型等也是关键资源。

7.关键业务（Key Activities）

“为了确保商业模式可行，企业必须做的最重要的事情”。这个比较容易，列举关键事项即可，如数据分析类的数据清洗、建模分析，以及企业应用类的产品设计、产品运营等。用户体验设计等也可以适当考虑。

8.重要伙伴（Key Partnerships）

此处有两种解释，一种是“关键合作”，另一种是“重要伙伴”。企业经营及产品开发早已不是单打独斗的年代了，网络上常用“不怕神一样的对手，就怕猪一样的队友”来形容优秀伙伴的重要性。例如，在开发专业系统时，通过和高校等研究机构或专业技术团队合作，能有效弥补企业在专业研究上的不足，短、平、快地推出产品占领市场。

9.成本结构（Cost Structure）

“运营商业模式所引发的所有成本”，即我们需要列举出所有可能的成本开销。成本结构一般有成本驱动和价值驱动两种类型，成本驱动侧重于在每个地方尽可能降低成本，价值驱动则更专注于价值创造，如豪华酒店等。对于软件企业，主要是人工成本。产品可能会涉及关联系统的接口开发等工作，但不主张在此单列，可以考虑包含在“产品开发”中。

做一做

思考各小组商业模式的核心即价值内涵，也就是你能给客户提供什么价值，客户为什么选择你而不是别人。一个企业不清楚其价值内涵，是无法建立合理的商业模式的。

比如，茅台的价值内涵是：贮足陈酿，国酒永恒。茅台酒可以满足客户两种不同的需求：好酒+国酒。前者是酒本身的品质与特色，满足客户的感官需求；后者围绕茅台的国酒品牌光环，满足客户的心理需求。再如，可口可乐明明就是焦糖水，但是大家都爱喝。这是因为可口可乐的品牌带给人们的心理感受，比如快乐、幸福的生活等。又如，格力的价值内涵是：性能+质量。“好空调，格力造”完美地体现了格力的价值内涵，“好”意味着性能好、质量好，而格力注重研发的商业模式也是与之相对应的，格力专注于空调领域的做法更让这种价值内涵得到了强化，而春兰盲目多元化则让其价值内涵逐渐淡化甚至模糊。

总之，价值内涵是一个企业商业模式的核心，砸钱做广告可以提高品牌知名度与形象，但是并不能真正提高企业的价值内涵。如果投资一个企业却说不清一个企业的价值内涵，那么要么是投资者对这个企业的定性研究还不够，要么是这个企业根本没什么价值内涵而不值得投资。

请全班同学分成若干小组，各小组分别设计一种面向大学生的团购网站的商业模式，要求做到该项目具有目标性、创新性、灵活性、效率性、独特性等特征。

要求每个小组完成某团购网站的商业模式分析（见表7-4）。

表7-4 某团购网站商业模式分析

项目	内容
企业价值主张	
价值传递渠道	
如何获取收入	
关键业务活动	
重要合作伙伴	
核心资源能力	

每个小组对项目进行路演展示，并按照表7-5中所列示的指标予以打分，评出优秀的团购网站商业模式。

表7-5 团购网站商业模式评价

指标	分值（1~5分，最高5分）
目标性	
创新性	
灵活性	
效率性	
独特性	
总分	

学生分别组成小组，利用商业模式画布设计一种商业模式，可以准备一张白挂纸和一些便签，把想到的点子填写或粘贴到9个格子中，最后进行归纳分析，形成最终方案。

进行角色扮演，让全班同学扮演投资人，每个人有虚拟投资金额100万元，对各个项目进行投资，获得投资额最多的项目获胜。

评一评

商业模式设计参考评价表见表7-6。

表7-6 商业模式设计参考评价表

评价指标（分值）	标准	小组自评（30%）	小组互评（30%）	老师评分（40%）	最后得分（分）
参与程度（10分）	课堂整体参与性和小组成员上课情况				
商业模式画布设计的完整性（30分）	各小组是否利用商业模式画布完整地设计了商业模式的九大构造，根据完整程度打分				
商业模式的创新性（30分）	重点考察各小组讨论的商业模式是否具有创新性，根据创新程度打分				

续表

评价指标（分值）	标准	小组自评（30%）	小组互评（30%）	老师评分（40%）	最后得分（分）
成果与发言（30分）	对小组设计的团购网站商业模式展示发言情况打分，获得投资多，说明得到的全班同学认可度高，可获得高分				
合计（100分）					
老师评语	签名：　　日期：				

任务三　商业模式优化

任务目标

- 知识目标：掌握优秀商业模式的基本特征。
- 能力目标：掌握优化商业模式的方法。
- 素养目标：能够对项目的商业模式进行优化设计。

【任务导入】

优秀的商业模式既不是一蹴而就的，也不是一成不变的。一方面，一种优秀的商业模式需要在实践中不断尝试、不断修正甚至不断试错才会变得愈来愈接近完美；另一方面，一种已经接近完美的商业模式也会因产业环境和竞争态势的变化而不再适应市场，因此需要进行新的设计和调整。

（1）深入了解企业的价值内涵。不了解一个企业真正是做什么的、怎么赚钱，就无法投资。

（2）对商业模式画布的九个单元逐一进行分析，看看商业模式是否合理，是否能够支持价值内涵的实现，是否能够支持企业的增长与盈利。

（3）找出商业模式的关键点，重点分析。找到关键，才能抓住重点。

请思考：

如何优化本项目任务二中的团购网站的商业模式。

学一学

一、合理商业模式的特征

商业模式是否具有合理性，是创业能否成功的关键。一般来说，可以通过对收入来源形式、成本构成、所需投资额、关键成功要素等内容进行分析，以判断一种商业模式的合理性。收入来源形式有单一的收入、多种相互独立的收入、多种相互依存的收入，具体收入模式包括会员费、基于使用量的收费、基于广告的收入、授权费、交易佣金等。成本构成主要包括固定成本、可变成本和非再生成本等。所需投资额可以用累积现金流图来分析创业可能需要的最大投资额、企业何时能够实现盈亏平衡、何时能够收回所有投资。关键成功要素分析包括企业是否提供了有核心竞争力的产品或服务，是否已经具备一些关键的核心资源和能力。

一个合理的商业模式应具有以下五个特征：定位准、市场大、扩展快、壁垒高、风险低。可以通过这些特征来判断商业模式是否合理。

（一）定位准

定位最重要的目的就是找到细分市场，为这个市场提供满足顾客需要的、有价值的、独有的产品，让顾客愿意为此付费。在设计你准备提供的产品或服务时，最关键的是：你的产品满足了顾客哪些方面的需要？产品本身为客户创造了怎样的价值？顾客为什么认可该价值并付费？这是产品设计的核心所在，也是定位分析最重要的成果。

（二）市场大

不是随意找一个细分市场提供所需的产品和服务就算一个优秀的市场定位，关键在于要寻找一个大规模、快速持续增长的市场，这是确定市场定位是否优秀的一个关键标准。

（三）扩展快

这是很多商业模式在设计时最容易忽略的一个问题，也是决定该模式是快速增长还是平滑缓慢增长的关键环节。任何一个公司的收入规模从根本上说都取决于客户数量及平均客户贡献额两个因素。要想快速增长，就要设计能快速增加付费客户数量的各种策略，或者提高平均客户贡献额。从商业实践的角度来看，真正起到关键作用的是客户数量的扩展速度。如果不能够大规模复制，从单一客户身上即使获得再高的收入也是枉然。

（四）壁垒高

即使具备了上述三个特征，但却有很高的行业壁垒无法攻破，那也只能是黄粱一梦、望洋兴叹；或者谁都可以进入这个让人跃跃欲试、前途无限的市场，那凭什么你会取得成功呢？所以，一定要扪心自问：自己的优势在哪里？好的商业模式一定要和自身独有的优势紧密结合。很多企业之所以发展到一定阶段后出现问题，就是因为没有考虑到后进者的壁垒，很容易被人赶超。

（五）风险低

要综合评估可能面临的各种风险，但评估风险的目的并不是回避所有风险。事实上，几乎所有重大的商业成功无不是冒着高风险取得的。我们要通过利用风险、规划风险和管理风险来创造商业奇迹。

一个优秀的商业模式需要考虑的方面有很多，但是这五点应该是最基本和最重要的。

【教学互动7-4】

互动内容：

请全班同学回到本项目任务二的分组团队中，根据我们给出的优秀商业模式特征，讨论各小组设计的商业模式是否具备以上特征。

互动要求：

（1）请各组派一位代表发言，重点谈谈各自的项目具备哪些特征。

（2）全班一起再探讨一个问题：除了上述的特征以外，你认为一个优秀的商业模式是否还有其他应该具备的特征？

（3）教师对学生的回答进行讲解，引导学生对照标准反思自己的商业模式，同时传递给学生一个观点：不是所有的优秀商业模式都应完全具备上述特征，上述特征也不是优秀商业模式特征的全部。

二、商业模式优化的途径

商业模式优化的途径主要有：重新定义顾客，提供特别的产品和服务；改变提供产品、服务的路径；改变收入模式；改变对顾客的支持体系；发展独特的价值网络。企业必须适时创新自身的商业模式，保证持续的盈利，获得竞争优势。

（一）重新定义顾客，提供特别的产品和服务

顾客需求会不断发生变化，企业根据变化重新定义顾客，选择新的细分顾客，提供更新、更快、更好、更全的产品和服务给顾客，可以帮助企业更好地适应顾客需求，获取潜在的利润，从根本上创新企业的商业模式。如中国民营航空公司——春秋航空，避开了与大航空公司的竞争，进行了特别的顾客定义，抓住了观光度假旅客和中低收入商务旅客的需求，仅仅向顾客提

供最基本的服务，如在飞机上仅提供一瓶免费的矿泉水等，以此来实现降低机票价格的目的，“省之于旅客，让利于旅客”，创造了国内“廉价航空”商业模式。

（二）改变提供产品、服务的路径

改变提供产品、服务的路径就是改变分销渠道，如戴尔取消了分销商的环节，创造了直销商业模式。通过直接接触，特别是通过互联网，戴尔能够掌握第一手的顾客需求和反馈信息，为顾客提供“一对一”的服务。围绕直销，戴尔打造了整合采购、装配、输出的高效供应链，将电脑直接送到顾客手中。戴尔的直销模式，去除了中间商的利润，极大地降低了成本，取得了巨大的竞争优势。

（三）改变收入模式

连锁快餐企业麦当劳有90%的收入来源于房地产。麦当劳将租来的房产转租给加盟店，通过赚取租金差额来获得大量利润。改变收入模式可以考虑：是否采用信用交易，推行消费信贷，采用批发还是零售交易，是否实行竞标等；计费方法方面可选择不同的计费单位，考虑是否分期付款、折扣、捆绑定价等。

（四）改变对顾客的支持体系

国内在顾客支持方面表现最好的莫过于海尔，依靠其庞大而有效的信息化组织保障，海尔建立了闭环式的服务体系，服务创新每次都走在行业的前列，如顾客拨打“海尔全程管家365”的热线，就可以预约海尔提供的先设计后安装、清洗、维护家电的全方位服务。增值服务已经成为海尔商业模式中不可缺少的部分，提到海尔，人们就会联想到优质服务。

（五）发展独特的价值网络

在全球家电产业链中，格兰仕自定位为“全球名牌家电制造中心”，为国外知名企业进行微波炉贴牌生产，不断积攒实力，实现了超大规模和专业化生产，极大地降低了产品成本。在国内，格兰仕以自有品牌为主，专注于研发和制造，将物流外包给专业公司，采用区域独家代理的经销商制度。格兰仕在价值链中进行了合理的定位，开发出独特的价值网络，创造了“低成本设计”的商业模式，做到了微波炉全球市场占有率排名第一。

做一做

各小组对任务二中设计的商业模式进行评估和优化，各组认真完成商业模式评估表（见表7-7）和商业模式优化画布（见表7-8），并请各组派一位代表分享各组商业模式优化方案。

表 7-7 商业模式评估表

评估指标	分值（1～5分，最高5分）
定位准	
市场大	
扩展快	
壁垒高	
风险低	

表 7-8 商业模式优化画布

优化路径	方案举措
重新定义顾客，提供特别的产品和服务	
改变提供产品、服务的路径	
改变收入模式	
改变对顾客的支持体系	
发展独特的价值网络	

通过本任务的学习，请各小组对各自的项目做进一步完善，参照图 7-2 的结构确定最终的商业模式画布。

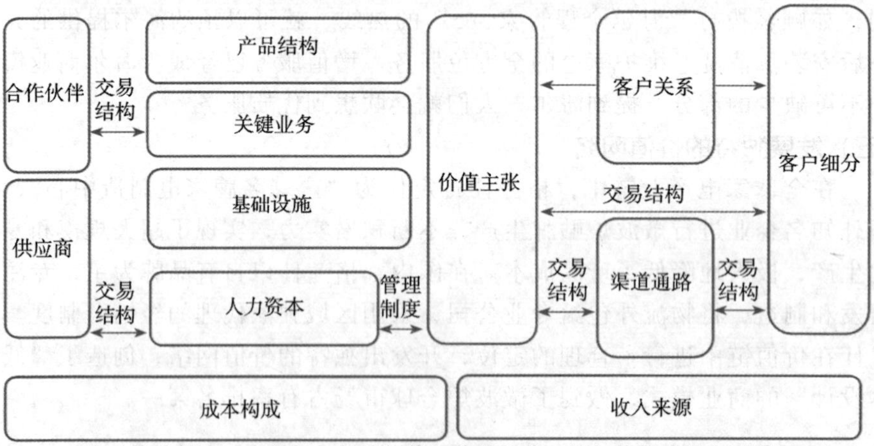

商业模式描述了企业如何创造价值、传递价值、捕捉价值的基本原理

图 7-2 商业模式画布

评一评

商业模式优化评价表见表 7-9。

表7-9　　商业模式优化评价表

评价指标（分值）	标准	小组自评（30%）	小组互评（30%）	老师评分（40%）	最后得分（分）
参与程度（10分）	课堂整体参与性和小组成员上课情况				
优秀商业模式特征的归纳（30分）	根据各小组对各自商业模式特征的分析归纳，以及对其他优秀特征的发散性思考酌情给分				
商业模式的优化效果（30分）	各小组通过商业模式优化的5个路径对各自项目进行优化完善，提出优化的措施越多给分越高				
成果与发言（30分）	根据各组最终的商业模式优化方案发言情况给分				
合计（100分）					
老师评语	签名：　　日期：				

【思创空间】

金光集团（APP）走绿色可持续发展之路

金光集团由印尼知名华人黄奕聪先生创立，1938年起开展业务，1962年正式成立，现已拥有数百家法人公司。作为金光集团的核心产业，APP（Asia Pulp&Paper）创立于1972年，产品涵盖纸浆、工业用纸、文化用纸、生活用纸以及纸制品。截至2020年年底，APP业务覆盖全球6大洲160多个国家和地区，年营业收入651亿元，总资产达2 480亿元。

一、重视森林碳汇与森林保护

从2003年开始，金光APP（中国）林务澜沧经营区在云南省澜沧县、孟连县、西盟县累计种植54万亩林基地。林基地以桉树为主，还包括少部分西南桦、旱冬瓜，以及在种植时保留的约7.7万亩的绿色保护带。这些林木自种植后都未经历过大规模的采伐活动。当地林业部门的森林覆盖率调查情况显示，自澜沧经营区发展种植业以来，澜沧、孟连、西盟三县所辖区域的总体林地面积提高了6.46个百分点，森林覆盖率提高了3.5个百分点。

自2015年起，APP（中国）通过为客户定制的方式，推动在生活用纸、复印纸等系列产品上加载CFCC/PEFC标识的工作。2018年开始，在国家林业和草原局科技发展中心的指导下，APP（中国）进一步加大森林认证产品贴标工作力度，逐步实现CFCC/PEFC贴标常态化。截至2020年年底，APP（中国）CFCC/PEFC贴标产品的品类数量已超过100个，覆盖了APP（中国）旗下的所有生活用纸品类。此外，APP（中国）在社区、高校积极开展宣传倡导活动，并在企业微信公众号多次发布森林认证主题文章，面向社会推广和普及森林认证所代表的可持续发展理念。这些工作的开展能让更多消费者关注产品对环境和社会的影响，帮助消费者更好地辨识源自可持续经营森林的林产品，进而以可持续消费的力量促进森林保护。

二、积极改善能源结构加快转型升级

智能化和数字化发展将加速推动新旧动能转换，不仅能够带来生产效益的提高，还可显著提升绿色制造和安全生产水平。APP（中国）在生产端通过技术升级与清洁生产打造智能产业基地，推动高效率、低能耗的发展模式。在创新方面，APP（中国）硬件软件“两手抓”，一方面追求设备生产的极限效率，另一方面搭建线上指导的数字化平台。目前，APP（中国）已完成了数字化1.0阶段的奠基工作，打通了各业务部门的壁垒，将大部分信息流、业务流作业转移至线上，实现了标准化与实时可视化的管理。每一个员工都实时在线，每一项业务都进度可见，每一台设备都可查询运行状态。

2020年，APP（中国）从集团层面积极推动节能减排设备升级试点项目。广西金桂浆纸新建项目配套污水处理厂所采用的磁悬浮风机，与传统多级离心风机相比，可带来109%～120%的电能节约。在新基地和新建项目中，使用溴化锂吸收式制冷替代电压缩式制冷。溴化锂吸收式制冷采用蒸汽作为驱动能源，可有效提高热电厂的能源利用效率，从而实现节能。与采用电压缩式制冷相比，每制取1千瓦时冷量，可减少燃煤消耗50克；

按制冷机组年运行8 400小时预估，每年可节约燃煤量达1.88吨。

三、全面提升行业企业碳排放管理水平

APP（中国）旗下的工厂积极配合政府及相关部门开展碳排放核算和审计工作，并逐步建立碳排放监测、报告与核查管理机制，针对企业生产过程中的关键环节，做好了碳排放核查工作。APP（中国）于2019年11月启动了森林碳汇项目，并于2020年9月正式成立了林业碳汇项目组。APP（中国）委托第三方权威专业机构，根据“碳汇造林项目方法学”，对自有林地碳汇进行了集中核算。核算结果显示，截至2020年年底，APP（中国）自营林吸收二氧化碳约4 239.51万吨，2020年碳汇净增量达462.39万吨二氧化碳。此次核算工作对APP（中国）摸清自身排放水平以及挖掘其减排潜力有着非常深远的影响，对APP（中国）推动应对气候变化和碳排放管理制度起到了十分积极的作用。

APP（中国）全面推进产品森林认证，并在产品包装上予以标示，以进一步培养消费者的绿色消费意识。认证产品表明其原料源自通过了认证的可持续经营森林，经营管理符合可持续经营标准与要求，通过产销监管链认证，能够实现原料来源可追溯。一方面，产品森林认证促使更多消费者认识“碳中和”的重要性，呼吁更多人参与“减碳”行动，形成良性循环，实现对森林资源的合理利用；另一方面，在行业内、上下游供应链内宣传低碳环保、资源节约的绿色供应链理念，携手供应商共同构建全方位的可持续发展绿色供应链，以此在树立企业良好绿色生产形象的同时，引领绿色消费新风尚。

资料来源　作者根据相关资料整理而成。

案例解析：我国作为发展中国家，尚处于新型工业化、信息化、城镇化加快推进阶段，实现全面绿色转型的基础仍然薄弱，生态环境保护压力尚未得到根本缓解。与发达国家相比，我国实现“双碳”目标，时间更紧、跨度更大、困难更多。在此大背景下，造纸工业要如期实现“双碳”目标，亟须系统的理论指引和变革性技术支撑。我国国情与世界发达国家存在较大差异，造纸工业未来的能源替代技术和能源利用需求与发达国家也有所不同。制浆造纸过程需要大量热能，需要对行业替代能源来源和能源利用方式进行研究，探索更加高效的跨行业能源协作模式，更需要系统组织和专项规划，集中人力、物力和财力，进而取得行业共性技术的重大突破。

【思考与练习】

1.关键术语

商业模式是指企业在市场竞争中逐步形成的企业特有的赖以盈利的商务

结构及其对应的业务结构。简言之，就是企业在市场竞争中赚取利润带有规律性的方式和方法，它在一定时期内固化为一种比较稳定成型的范式。

根据在价值链中的位置进行划分，商业模式可以分为：运营性商业模式和策略性商业模式。根据业态的不同进行划分，商业模式可以分为：传统制造商领域的商业模式、直供商业模式、总代理制商业模式、联销体商业模式、仓储式商业模式、专卖式商业模式、复合式商业模式、服务业的商业模式、基于互联网的商业模式等。

商业模式的内涵包括反映商务活动和业务活动内容的六个要素，即利润来源、利润项目、利润杠杆、保利策略、利润组织和企业文化。

商业模式的设计就是要建立适合企业内外部环境、与企业战略目标相适应、能够最优化企业价值链和业务流程的商业模式，以使其区别于其他企业的商业模式，为企业带来差别化战略经营所产生的超额利润，实现企业利益最大化。

商业模式优化创新的途径主要有重新定义顾客，提供特别的产品和服务；改变提供产品、服务的路径；改变收入模式；改变对顾客的支持体系；发展独特的价值网络。企业必须适时创新自身的商业模式，保证持续的盈利，获得竞争优势。

2.选择题

○单项选择题

(1) 下列不属于小企业实施战略领先商业模式采取的策略的是（　　）。

A.规模领先　　B.主业领先　　C.技术领先　　D.人才领先

(2) 商业模式画布是讨论项目时常用的工具，下列不属于该工具的优点的是（　　）。

随堂测7-1

A.完整性　　B.一致性　　C.直观性　　D.复杂性

(3) 下列各项中不是一个好的商业模式标准特征的是（　　）。

A.扩展快　　B.壁垒高　　C.投资大　　D.风险低

○多项选择题

(1) 顾客需求不断发生变化，企业根据这种变化重新定义顾客，选择新的细分顾客，提供更新、更快、更好、更全的产品和特别的服务给顾客，其目的有（　　）。

随堂测7-2

A.帮助企业更好地适应顾客需求

B.获取潜在的利润

C.从根本上创新企业的商业模式

D.提高技术壁垒

(2) 企业的商务结构主要指企业选择的交易对象、交易内容、交易规模和（　　）等商务内容及其时空结构。

A.交易方式　　B.交易渠道　　C.交易环境　　D.交易对手

(3) 企业的业务结构主要指满足商务结构需要的企业内部的科研和(　　)等业务内容及其时空结构。

A.采购　　B.生产　　C.储运　　D.营销

(4) 商业模式画布中的九大构造指：客户细分、价值主张、渠道通路、客户关系、收入来源和(　　)。

A.关键资源　　B.关键业务　　C.重要伙伴　　D.成本结构

3.判断题

随堂测7-3

(1) 独创产品模式是指既具有非同一般的生产工艺、配方、原料、核心技术，又有长期市场需求的产品，但这一模式比较难获得高利润。(　　)

(2) 策略跟进模式需要经营者对自己做出正确评估，并分析清楚自己的优劣势之后，对未来走向做出判断。(　　)

(3) 商业模式的设计最终就是要使企业实现最大利润，但其不应局限于短期目标，还应当与企业战略目标相结合，从企业长远发展的角度进行设计。(　　)

项目八　初识企业财税

创学堂8-1

在目前的双创背景下，大学生参与创业的比例呈逐年增加的趋势，各种创业大赛和创业活动风起云涌。按照中国人民大学2016年12月28日发布的《2016大学生创业报告》的数据，89.8%的在校大学生曾考虑过创业，18.2%（该比例在《中国大学生创业报告2020》中提高到49.86%）的在校大学生有强烈或较强的创业意愿，约有12万名大学生正在创业或有过创业经历，占调查学生总人数的28%。可是，中国创业企业的失败率高达86.7%，企业平均寿命不足1.6年，而大学生创业的失败率更超过95%。[①]失败的原因多与企业对获利能力估计不准确、不知道如何进行投资和经营分析有关。因此，无论创业者的专业背景如何，创办和经营企业都必须了解和初创企业有关的财税知识，以便在遵循法律和法规、熟悉市场和企业自身财务状况的情况下做出科学决策。

① 苏德中. 解密成功创业者［J］. 销售与管理，2016.

【项目结构】

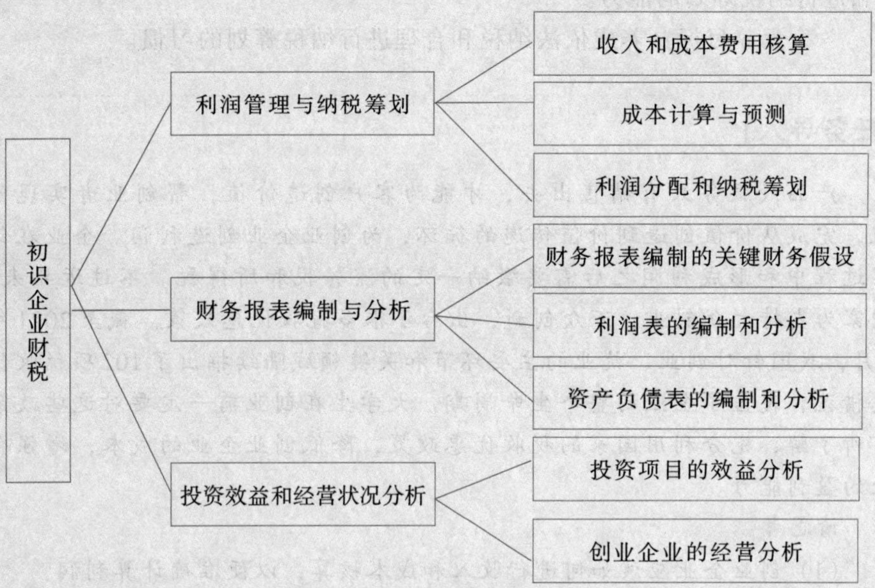

图8-1 项目八内容结构图

任务一　利润管理与纳税筹划

任务目标

● 知识目标：掌握收入和成本费用的计算与预测方法。

● 能力目标：通过学习和调查了解，提高制订企业利润分配方案和进行纳税筹划的能力。

● 素养目标：养成依法纳税和合理进行纳税筹划的习惯。

【任务导入】

产品或服务只有销售出去，才能为客户创造价值，帮创业者实现价值，完成从价值创造到价值传递的循环，为创业企业创造利润。企业在销售过程中和形成利润之后需要缴纳一定的流转税和所得税。不过近年来，国家为支持大众创业、万众创新，出台了很多税收优惠政策。截至2021年6月，我国针对创业、就业的主要环节和关键领域陆续推出了102项税收优惠措施，覆盖了企业的整个生命周期。大学生在创业前一定要对这些政策有所了解，充分利用国家的税收优惠政策，降低创业企业的成本，增强企业的盈利能力。

请思考：

（1）创业企业应该如何进行收入和成本核算，以便准确计算利润？

（2）创业企业应该如何进行成本的计算和预测？

（3）创业企业怎样才能做好利润分配和纳税筹划工作？

学一学

一、收入和成本费用核算

企业的日常现金流量来源于经营过程中产生的收入，对收入和成本费用的管理是初创企业需要重视的内容之一。

（一）收入核算

收入，是指企业在日常生产经营活动中形成的，会使所有者权益增加、与所有者投入资本无关的经济利益的总流入。收入包括销售商品收入和提供劳务收入。

企业应当在发出商品且收到货款或取得收款权利时，确认销售商品收入；应当按照从购买方已收或应收的合同或协议价款，确定销售商品收入金额；销售商品涉及现金折扣的，应当按照扣除现金折扣前的金额确定销售商品收入金额，现金折扣应当在实际发生时，计入当期损益；销售商品涉及商业折扣的，应当按照扣除商业折扣后的金额确定销售商品收入金额。如企业销售自己生产的产品一批，价款10 000元，增值税1 300元。合同规定，给予买方5%的商业折扣，允许买方先行支付款项的60%，余下的40%在下月支付，则企业应该确认的销售收入为9 500元（10 000×（1-5%）)，鉴于已经取得收取款项的权利，所以无论是否收到40%的款项，均应确认为当期的销售收入。

提供劳务收入的金额为提供劳务方已收或应收的合同或协议价款。同一会计年度内开始并完成的劳务，应当在提供劳务交易完成且收到款项或取得收款权利时，确认提供劳务收入；劳务的开始和完成分属不同会计年度的，应当按照完工进度确认提供劳务收入。如某高科技企业于2022年10月8日为客户定制一套软件，工期大约5个月，合同总收入2 000 000元，至2022年年底发生成本1 000 000元（假定均为开发人员工资），预收账款1 500 000元。预计开发完还将发生成本300 000元。2022年年底经专业测量师测量，软件的开发完成程度为60%，则：

2022年确认收入=劳务总收入×劳务的完成程度-以前年度已确认的收入

=2 000 000×60%-0=1 200 000（元）

（二）成本费用核算

创业者需要了解企业产品或服务的成本构成及其高低，以便分析不同产品或服务的盈利情况，做出正确决策。

1.制造业企业的成本费用构成

制造业企业在生产经营过程中发生的全部支出按是否计入产品成本可分为生产费用和期间费用。生产过程中为进行产品生产所发生的费用称为生产费用，在生产的产品完工时，生产费用转变为产品的制造成本；在会计期间内发生的用于企业经营管理的管理费用、销售费用和财务费用统称为期间费用，期间费用直接计入当期损益。

生产费用是生产过程中为进行产品生产所发生的费用，主要包括材料的耗费、活劳动的耗费、固定资产的价值磨损以及生产车间的水电费、办公费等其他耗费，是企业在一定时期内为生产产品而发生的物化劳动和活劳动的货币表现。为了正确计算产品成本，通常将构成产品制造成本的各种耗费按其用途划分为三个项目：直接材料、直接人工和制造费用。直接材料是企业生产过程中直接用于产品生产，构成产品实体的原材料、辅助材料、外购半成品及有助于产品形成的其他材料等；直接人工是指企业在制造产品的过程中，为获得直接参加产品生产的人员提供的服务而给予的各种形式的报酬以及其他相关支出。直接材料和直接人工统称为直接费用。制造费用是指企业为生产产品和提供劳务而发生的各项间接费用，包括车间管理人员的薪酬，机器设备和厂房的价值磨损以及修理费，车间的水电费、物料消耗、办公费、劳动保护费及其他制造费用。企业应当根据制造费用的性质，选择合理的制造费用分配方法，将其计入产品生产成本。制造费用的分配标准可以是生产工人的薪酬比例、工时比例、耗用原材料的数量或成本等。

在期间费用中，管理费用是行政管理部门为组织和管理企业生产经营所发生的各种费用；销售费用是指企业在销售商品和材料、提供劳务过程中发生的各种费用；财务费用是企业为筹集和使用生产经营所需资金等而发生的筹资和用资费用，包括利息支出（减利息收入）、汇兑损益以及相关的手续费、企业提供的现金折扣或收到的现金折扣等。

2.其他行业企业的成本费用构成

批发零售企业的成本费用包括进货成本、相关税费、采购费等项目。

信息传输企业的成本费用包括直接人工、固定资产折旧、无形资产摊销、低值易耗品摊销、业务费、电路及网元租赁费等项目。

软件及信息技术服务企业的成本费用包括直接人工、外购软件与服务费、场地租赁费、固定资产折旧、无形资产摊销、差旅费、培训费、转包成本、水电费、办公费等项目。

文化企业一般按照开发成本和制作成本等项目来进行成本费用的计算和预测。

二、成本计算与预测

【例 8-1】

下面通过××科技发展有限公司（一般纳税人）2022年8月份发生的经济业务，说明成本计算和预测的方法。假定取得的所有增值税专用发票的进项税额均已认证，可以抵扣。

1.5日，购入联想服务器6件，取得增值税专用发票注明的价款为20 000元，税款为2 600元；购入电脑配件60件，取得增值税专用发票注明的价款为60 000元，税款为7 800元。

2.15日，支付财务软件服务费，取得增值税专用发票注明的价款为2 000元，税款为120元。

3.16日，支付保险费，取得增值税专用发票注明的价款为650元，税款为39元。

4.20日，销售台式机10台、笔记本电脑2台、联想服务器3件、电脑配件60件，开具增值税专用发票，价款和税款分别为58 000元、7 540元；9 400元、1 222元；14 000元、1 820元；78 600元、10 218元。

5.26日，员工报销培训费6 000元，增值税360元（增值税普通发票）、机票7 800元、市内交通费1 000元（出租车小票）。

6.28日，支付服务器维护费200元、购置办公用品费60元、CA证书（电子身份认证）服务费120元。均未取得增值税专用发票。

7.20日，支付销售产品的运输费890元，未取得增值税专用发票。

8.26日，支付电费，取得增值税专用发票注明的价款为16 000元，税款2 080元。

9.30日，向银行借款50 000元，利率8%，用现金支付手续费8元。

10.30日，计提税金，其中城建税503.51元，教育费附加及地方教育附加分别为215.79元和143.86元。

11.30日，计提并发放本月职工工资24 000元。其中，创业者本人5 000元，其他均为业务人员的工资。

月初库存台式机15台，单位成本5 000元；笔记本电脑2台，单位成本3 500元。企业采用先进先出法对发出存货计价。

要求：计算该公司的营业成本费用金额。

分析：购入的商品在销售之前形成企业的存货，销售出去之后才能计入营业成本，销售人员的工资计入销售费用，其他人员的工资计入管理费用。于是，企业的成本费用分别为：

营业成本=5 000×10+3 500×2+20 000÷6×3+60 000

=50 000+7 000+10 000+60 000=127 000（元）

三、利润分配和纳税筹划

利润是企业在一定会计期间的经营成果，在量上表现为全部收入抵减全部支出后的余额。只有当企业的收入高于其全部支出时，企业才可能获利。

(一) 利润构成

企业的利润包括营业利润、利润总额和净利润。

（1）营业利润。

营业利润，是企业在一定时期内从事生产经营活动所获得的利润，是营业收入减去营业成本、税金及附加、销售费用、管理费用、研发费用和财务费用，加上投资收益（或减去投资损失）后的金额。

（2）利润总额。

利润总额，是营业利润加上营业外收入，减去营业外支出后的金额。

（3）净利润。

净利润，是利润总额减去所得税费用后的净额。

公司制企业应当按照企业所得税法的规定计算当期应纳税额，确认所得税费用。企业应当在利润总额的基础上，按照企业所得税法的规定进行纳税调整，计算出当期应纳税所得额，按照应纳税所得额与适用的所得税税率计算确定当期应纳税额。

个人独资企业和合伙企业不用缴纳企业所得税，只需要投资者个人按照生产经营所得计算缴纳个人所得税。

(二) 利润管理

创业者还应该熟悉利润的管理方法，分析企业实现盈利的可能时间及盈利能力，做好利润规划。

1.盈亏平衡分析

创业者可以通过计算盈亏平衡点的方式对企业实现盈利的时间进行分析。盈亏平衡点是使企业达到盈亏平衡状态的业务量，在该业务量上，企业的销售收入等于总成本，不盈利也不亏损，利润为零。

2.盈利能力分析

同一种产品或服务在不同市场上的售价可能会有差别，导致其毛利会有所不同；如果企业提供多种产品或服务，不同产品或服务的毛利也会不同。在进行成本计算时，应尽可能分产品、分市场分别计算，以便对产品或服务的获利能力进行分析。企业应将资源优先配备到毛利高的产品或服务（或市场）上，优先发展能使企业得以生存的业务，并结合企业的长远发展规划进行有重点的投资。产品销售毛利率的计算公式如下：

销售毛利率=销售成本÷销售收入×100%

如山东某高校大学生就利用互联网将其家族企业长期以来一直生产的汽车配件卖到了非洲和拉丁美洲，既开拓了产品市场，又规避了国内的激烈竞争，不但使企业的销售收入有了大幅度增长，而且卖出了比国内更高的价格。因此，该企业拟将更多的精力投入到非洲市场，并和其他公司共同开发一个更有针对性的电商管理平台，以实现更大的突破。

(三) 利润分配

企业实现盈利之后应该做一定的利润分配，使创业者分享创业成果，从而提振信心。

创业企业在实现盈利之后，需要按照以下的顺序进行分配：①弥补以前年度的亏损（连续五年税前补亏）；②缴纳所得税（公司制企业）；③弥补亏损（连续五年税前未能弥补完的亏损，税后继续弥补）；④提取任意盈余公积（公司制企业）；⑤向投资者进行利润分配。

(四) 纳税筹划

创业企业的纳税筹划主要是充分利用国家的税收优惠政策，减少税费支出，增加企业的现金流量。

1.流转税税收优惠政策

在中华人民共和国境内销售货物或者提供加工、修理修配劳务以及进口货物，销售服务、无形资产或者不动产的增值税小规模纳税人，在2018年1月1日至2020年12月31日，月销售额2万元（含本数）至3万元的，免征增值税。2019年1月，国务院常务会议决定对主要包括小微企业、个体工商户和其他个人的小规模纳税人，将增值税起征点由月销售额3万元提高到10万元，2021年再次提高到月销售额15万元；小规模纳税人继续执行1%的增值税税率政策；允许各省（区、市）政府对增值税小规模纳税人，在50%幅度内减征资源税、城市维护建设税、印花税、城镇土地使用税、耕地占用税等地方税种及教育费附加、地方教育附加。按季纳税申报的增值税小规模纳税人，实际经营期不足一个季度的，以实际经营月份计算当期可享受小微企业免征增值税政策的销售额度。自2014年1月1日起，对持“就业失业登记证”（注明“自主创业税收政策”或附着“高校毕业生自主创业证”）人员从事个体经营的，在3年内按每户每年8 000元为限额依次扣减其当年实际应缴纳的营业税（自2016年5月1日起改为增值税）、城市维护建设税、教育费附加、地方教育附加和个人所得税。限额标准最高可上浮20%，各省、自治区、直辖市人民政府可根据本地区实际情况在此幅度内确定具体限额标准，并报财政部和国家税务总局备案。纳税人年度应缴纳税款小于上述扣减限额的，以其实际缴纳的税款为限；大于上述扣减限额的，以上述扣减限额为限。

对商贸企业、服务型企业、劳动就业服务企业中的加工型企业和街道社区具有加工性质的小型企业实体，在新增加的岗位中，当年新招用的在人力资源和社会保障部门公共就业服务机构登记失业一年以上且持“就业失业登记证”（注明“企业吸纳税收政策”）人员（或自主就业退役士兵），与其签订1年以上期限劳动合同并依法缴纳社会保险费的，在3年内按实际招用人数予以定额依次扣减营业税（自2016年5月1日起改为增值税）、城市维护建设税、教育费附加、地方教育附加和企业所得税。定额标准为每人每年4 000元，最高可上浮30%，各省、自治区、直辖市人民政府可根据本地区实际情况在此幅度内确定具体定额标准，并报财政部和国家税务总局备案。按上述标准计算的税收扣减额应在企业当年实际应缴纳的营业税（增值税）、城市维护建设税、教育费附加、地方教育附加和企业所得税税额中扣减，当年扣减不足的，不得结转下年使用。

2.所得税税收优惠

为鼓励“大众创业、万众创新”，国家对企业所得税的优惠力度不断加大。自2017年1月1日至2019年12月31日，对年应纳税所得额50万元以下、符合《中华人民共和国企业所得税法》（以下简称《企业所得税法》）及其实施条例以及相关税收政策规定的小型微利企业，其所得减按50%计入应纳税所得额，按20%的税率缴纳企业所得税。2019年1月国务院常务会议决定大幅放宽可享受企业所得税优惠的小型微利企业标准，加大所得税优惠力度，对小型微利企业应纳税所得额不超过100万元、100万元到300万元的部分，分别减按25%、50%计入应纳税所得额，使税负降至5%和10%，2022年再次分别将税负降为2.5%和5%。小型微利企业，是指符合《企业所得税法》及其实施条例规定的小型微利企业。

对高校毕业生创办的小型微利企业，减半征收企业所得税。

3.其他税费优惠

属于国家重点扶持行业的高新技术企业可以享受企业所得税15%的优惠税率。企业发生的职工教育经费支出，不超过工资总额8%的部分，准予在计算企业所得税应纳税所得额时扣除；超过部分，准予在以后纳税年度结转扣除。自2022年1月1日起，将科技型中小企业研发费用加计扣除比例由75%提高到100%。

自工商登记注册之日起3年内，安排残疾人就业未达到规定比例，在职职工总人数小于等于20人的，免缴残疾人就业保障金。

取消企业注册登记费等行政事业收费。

【教学互动8-1】

互动内容：

登录上海震业财务咨询有限公司网站和震业咨询微信公众号sh-chuangyezhengtu，了解与创业财税相关的信息。

互动要求：

登录公众号后，分组进行总结和经验分享，让大家了解与创业财税相关的知识。

做一做

利用所学的知识和被调查企业的调查资料，完成下述内容：

一、被调查企业的收入来源

将被调查企业的主要收入来源填写在表8-1中。

表8-1　被调查企业的主要收入来源

	被调查企业1	被调查企业2
收入来源1		
收入来源2		
收入来源3		
⋮		

二、被调查企业的成本构成

1.将被调查企业的主要成本费用项目填写在表8-2中。

表8-2　被调查企业的主要成本费用项目

	被调查企业1	被调查企业2
成本项目1		
成本项目2		
成本项目3		
⋮		
费用项目1		
费用项目2		
费用项目3		
⋮		

2.请写出被调查企业的成本预测方法。

三、被调查企业的利润分配政策及其原因

四、国家对新创企业的主要税收优惠政策

1.流转税的税收优惠政策

2.所得税的税收优惠政策

3.其他税收优惠政策

五、小组项目的收入、成本费用预测和利润分配方案

1.小组项目未来3～5年的收入预测

2.小组项目未来3～5年的成本费用预测

3.小组项目未来3～5年的利润分配方案

评一评

利润管理与纳税筹划参考评价表见表8-3。

表 8-3　　利润管理与纳税筹划参考评价表

评价指标（分值）	标　准	小组自评（30%）	小组互评（30%）	老师评分（40%）	最后得分（分）
被调查企业状况（40分）	被调查企业的收入来源、成本项目、成本预测方法、利润分配政策及其理由（每项10分）				
税收优惠政策（30分）	流转税、所得税、其他税收优惠（每项10分）				
小组项目（30分）	收入预测、成本费用预测、利润分配方案（每项10分）				
合计（100分）					
老师评语	签名：　　日期：				

任务二　财务报表编制与分析

任务目标

● 知识目标：熟练掌握报表编制的基本假设和报表项目数据的来源。

● 能力目标：培养编制创业企业利润表和资产负债表的能力。

● 素养目标：养成重视财务报表的理念，熟悉企业的财务状况。

【任务导入】

创业者需要通过财务报表了解企业的整体经营状况，做出科学的生产经营决策；外部投资者需要通过财务报表了解企业的盈利能力，做出是否投资的决策；供应商需要根据企业的偿债能力做出赊销与否的决策；国家有关部门需要通过财务报表分析企业的纳税状况。财务报表将企业自身的经营情况和诸多的利益相关者连接起来，起到了桥梁的作用。财务报表在企业经营中的重要性可见一斑。

请思考：

（1）小企业要编制哪些财务报表？编制时要遵循哪些基本假设？

（2）创业企业应该如何编制利润表并对其进行分析？

（3）创业企业资产负债表应该如何编制和分析？

学一学

小企业需要编制的财务报表有利润表和资产负债表。

一、财务报表编制的关键财务假设

编制财务报表前需要对所依据的关键财务假设做出说明，因为会计政策不同会导致相同业务核算出的数据不同。财务报表编制的关键财务假设是指在编制财务报表时所依据的关键会计政策和财务假设等。一般来说，关键财务假设应包括以下内容：

（一）收入增长预期

收入增长预期会影响销售收入预测的可靠性。收入增长率需要考虑宏观经济的增长率、行业的增长状况及企业采用的销售策略和营销定位。除非企业有大的创新，一般情况下企业的销售收入增长率不应该偏离行业增长率太多。

（二）成本费用的构成及预测方法

企业需要阐明成本费用的主要构成，以及不同成本费用占销售收入的比重，以便进行成本费用的预测。正常情况下，各项成本费用占销售收入的比重会比较稳定，除非企业处于大的变革期，如华为近些年在研发上的投入基本为销售收入的15%左右。

（三）折旧和摊销政策

折旧和摊销对企业来说是一种非付现的支出，虽不影响企业的现金流量，却对利润有一定影响，尤其是重资产企业。所以，应该对折旧和摊销政策进行描述，如采用直线法折旧还是加速折旧方法。对于摊销，要给出不同的无形资产的摊销年限，以便确定摊销金额。

（四）税费政策

对于流转税和所得税，应说明对应的税率，以及是否享受税收减免政策。

（五）信用政策

信用政策主要指企业销售（或采购）过程中现金销售和赊销的比例（现购和赊购的比例）、信用期限等。企业在初创期更应关注赊销及赊购的比例，以对企业的现金流量和应收、应付账款进行合理的预测。每个行业都有基本的赊销和赊购的比例可供参考，初创企业的信用政策一般不会与行业平均水平有太大出入。

（六）存货计价方法

企业存货是采用先进先出法、加权平均法还是移动加权平均法，是采用永续盘存制还是实地盘点制进行日常核算需要进行说明。存货计价方法不仅影响利润表中营业成本的金额，还会影响资产负债表中存货金额的确定。

（七）薪酬制度

企业要对初期的人员构成及薪酬支付方法进行说明，不同人员的薪酬需要计入不同的成本费用；月初还是月末发薪会影响相应的会计处理。

（八）投资回报率的要求

对投资回报率的要求会影响项目投资分析。在计算投资决策的相应指标时，需要将投资回报率作为折现率计算不同时间现金流量的现值。

（九）利润分配政策

利润分配政策会影响资产负债表中所有者权益部分的填制，以及创业者对企业未来发展的预期、企业未来筹资计划的可行性等，因此，应该在财务预测部分予以说明。

二、利润表的编制和分析

利润表是用来反映企业在某一会计期间的经营成果的财务报表。该表是根据“收入-费用=利润”的会计等式，按营业利润、利润总额、净利润的顺序编制而成的，是某一时期的动态的报表。

（一）利润表的格式

按照我国会计准则的规定，企业应当编制多步式利润表，按顺序分别计算营业利润、利润总额和净利润的金额。

简单的多步式利润表的格式见表8-4。

表8-4　　利润表　　会企02表

编制单位：　　年　月　　单位：元

项目	本期金额	上期金额
一、营业收入		
减：营业成本		
税金及附加		
销售费用		
管理费用		
研发费用		
财务费用		
二、营业利润（亏损以“-”号填列）		
加：营业外收入		
减：营业外支出		
三、利润总额（亏损总额以“-”号填列）		
减：所得税费用		
四、净利润（净亏损以“-”号填列）		

(二) 利润表的编制

利润表各项目的填制方法如下:

"营业收入"项目,反映企业主要经营业务和其他业务所确认的收入总额。[①]

"营业成本"项目,反映企业主要经营业务和其他业务所发生的成本总额。[②]

"税金及附加"项目,反映企业经营业务应负担的消费税、城市维护建设税、资源税、教育费附加及房产税、城镇土地使用税、车船税、印花税等。

"营业利润"项目,反映企业实现的营业利润。如为亏损,则以"-"号列示。

"营业外收入"项目,反映企业发生的与经营业务无直接关系的各项收入和利得,如债务重组利得[③]、与企业日常活动无关的政府补助、盘盈利得、捐赠利得等。

"营业外支出"项目,反映企业发生的与经营业务无直接关系的各项支出和损失。如非流动资产毁损报废损失、债务重组损失、公益性捐赠支出、非正常损失、盘亏损失等。

"利润总额"项目,反映企业实现的利润。如为亏损,则以"-"号列示。

"所得税费用"项目,反映企业应从当期利润总额中扣除的所得税费用。

"净利润"项目,反映企业实现的净利润。如为亏损,则以"-"号列示。

[例 8-2]

沿用[例 8-1]的资料。

要求:编制该企业2022年8月的利润表。

分析:自2019年1月起对年应纳税所得额不超过100万元、符合《企业所得税法》及其实施条例以及相关税收政策规定的小型微利企业,其所得减按25%计入应纳税所得额,按20%的税率缴纳企业所得税;2022年后再减半征收。所以,企业的所得税费用可以按照该政策执行,年终再进行汇算清缴。编制的利润表见表8-5。

---

① 对制造企业来说,主要经营业务是产品的生产和销售,所以,其主营业务收入指销售商品、提供劳务过程中确认的收入;其他业务收入是企业确认的除主营业务活动以外的其他经营活动实现的收入,包括出租固定资产、出租无形资产、出租包装物和商品、销售材料等实现的收入。

② 主营业务成本是企业销售商品、提供劳务过程中应结转的成本;其他业务成本是企业确认的除主营业务活动以外的其他经营活动所发生的支出,包括销售材料的成本、出租固定资产的折旧费及相关的维修费用、出租无形资产的摊销额及发生的其他直接支出、出租包装物的成本或摊销额等。

③ 债务重组指在债务人发生财务困难的情况下,债权人按照其与债务人达成的协议或者法院的裁定做出让步的事项。

表 8-5 利润表 会企02表

编制单位：××科技发展有限公司 2022年8月 单位：元

项目	本期金额	上期金额
一、营业收入	160 000.00	略
减：营业成本	127 000.00	
税金及附加	863.16	
销售费用	19 890.00	
管理费用	38 546.00	
研发费用	0	
财务费用	8.00	
二、营业利润（亏损以“－”号填列）	−26 307.16	
加：营业外收入	0	
减：营业外支出	0	
三、利润总额（亏损总额以“－”号填列）	−26 307.16	
减：所得税费用	0	
四、净利润（净亏损以“－”号填列）	−26 307.16	

（三）对利润表的分析

对利润表的分析可以从结构变化和趋势变化两方面进行。

1.利润表结构分析

利润表结构是指利润表中各内容要素金额之间的相互关系。利润表结构分析就是对这种关系进行分析，从而对企业整体的经营成果做出判断。

（1）结构分析报表的编制。

利润表结构分析一般以利润表中的某一关键项目为基数，其金额设为100或1，分别计算其余项目金额占关键项目金额的百分比，这个百分比表示项目的比重，通过比重对各项目做出判断和评价。

利润表通常以营业收入总额或利润总额为基数，来计算结构百分比。

结构百分比=某项指标值÷关键项目值×100%

[例8-3]

沿用［例8-2］的资料。

要求：以营业收入为关键项目，进行利润表的结构分析。

分析：利润表的结构分析可以直接在利润表的右边加一列来显示各项目占营业收入的百分比，见表8-6。

表 8-6 利润表结构分析 金额单位：元

项目	本期金额	项目百分比
一、营业收入	160 000.00	100%
减：营业成本	127 000.00	79.4%
税金及附加	863.16	0.5%
销售费用	19 890.00	12.4%
管理费用	38 546.00	24.1%
研发费用	0	0
财务费用	8.00	0
二、营业利润（亏损以“-”号填列）	-26 307.16	-16.4%
加：营业外收入	0	0
减：营业外支出	0	0
三、利润总额（亏损总额以“-”号填列）	-26 307.16	-16.4%
减：所得税费用	0	0
四、净利润（净亏损以“-”号填列）	-26 307.16	-16.4%

通过利润表结构分析，管理者可以看出各项目占营业收入的比重，并找出那些对利润有较大影响的项目进行重点管理。本例中，营业成本的比重最大，其次是管理费用。至于各项目的比重是否合理，还需要将若干期的结构百分比资料放在一起，通过编制共同比利润表进行对比分析。

（2）共同比利润表的编制。

共同比利润表的格式见表8-7。

表8-7 共同比利润表

项目	6月	7月	8月
一、营业收入	100%	100%	100%
减：营业成本			
税金及附加			
销售费用			
管理费用			
研发费用			
财务费用			
二、营业利润（亏损以“-”号填列）			
加：营业外收入			
减：营业外支出			
三、利润总额（亏损总额以“-”号填列）			
减：所得税费用			
四、净利润（净亏损以“-”号填列）			

通过共同比利润表，管理者可以看出各项目占关键指标百分比的变化情况，找出呈不利变化的比重大的项目进行详细分析。此外，管理者还要找出变化虽然不大，但是呈明显不利趋势的项目展开分析。对于以上项目，管理者要找出原因，制定出改进策略，尽可能降低企业成本。

2.利润表趋势分析

利润表趋势分析就是采用比较的方法，以企业连续若干年经营成果的相关信息为分析对象，观察其变动趋势。

趋势分析法是根据企业连续数期的财务报告，以第一年或另外选择某一期间为基期，计算每一期各项目对基期同一项目的趋势百分比，或计算趋势比例或指数，形成一系列具有可比性的百分数或指数，从而揭示当期经营成果的增减变化及发展趋势。对不同时期的财务指标进行比较时，可以计算动态比率指标，根据采用的基期不同，所计算的动态指标比率有定基比和环比两种。

定基比趋势分析=分析期某指标数值÷固定基期某指标数值×100%

环比趋势分析=（分析期某指标数值-上一期某指标数值）÷上一期某指标数值×100%

表8-8是以6月份为基期的定基比趋势分析表，可以看出6月份所有指标的比例均为100%，7月份和8月份的所有指标均需要计算其占6月份相应指标的比率，大于100%说明比基期提高，小于100%说明比基期下降。

表8-8 定基比趋势分析表

项目	6月	7月	8月
一、营业收入	100%		
减：营业成本	100%		
税金及附加	100%		
销售费用	100%		
管理费用	100%		
研发费用	100%		
财务费用	100%		
二、营业利润（亏损以“－”号填列）	100%		
加：营业外收入	100%		
减：营业外支出	100%		
三、利润总额（亏损总额以“－”号填列）	100%		
减：所得税费用	100%		
四、净利润（净亏损以“－”号填列）	100%		

环比趋势分析法在此不作阐述。

三、资产负债表的编制和分析

资产负债表是总括反映企业在某一特定日期全部资产、负债和所有者权益状况的报表。资产负债表是根据“资产=负债+所有者权益”这一会计基本等式，依照流动资产和非流动资产、流动负债和非流动负债及所有者权益列示，并按照一定要求编制的，是时点的、静态的财务报表。

(一) 资产负债表的格式

根据财务报表列报准则的规定，资产负债表采用账户式的格式。简单的资产负债表的格式见表8-9。

表8-9　资产负债表　会企01表

编制单位：　年　月　日　单位：元

资产	期末余额	年初余额	负债和所有者权益	期末余额	年初余额
流动资产：			流动负债：		
货币资金			短期借款		
应收票据			应付票据		
应收账款			应付账款		
预付款项			预收款项		
其他应收款			应付职工薪酬		
存货			应交税费		
一年内到期的非流动资产			其他应付款		
其他流动资产			一年内到期的非流动负债		
流动资产合计			其他流动负债		
非流动资产：			流动负债合计		
长期应收款			非流动负债：		
长期股权投资			长期借款		
固定资产			其他非流动负债		
在建工程			非流动负债合计		
无形资产			负债合计		
其他非流动资产			所有者权益：		
非流动资产合计			实收资本		
			资本公积		
			盈余公积		
			未分配利润		
			所有者权益合计		
资产总计			负债和所有者权益总计		

（二）资产负债表的编制

资产负债表中各项目的填报方法如下所述：

1.资产类项目的填报方法及内容

“货币资金”项目，反映企业“库存现金”“银行存款”“其他货币资金”[①]的合计。

“应收票据”项目，反映企业因销售商品、提供劳务等经营活动应收取的商业汇票。

“应收账款”项目，反映企业因销售商品、提供劳务等经营活动应收取的款项。

“预付款项”项目，反映企业按照购货合同规定预付给供应单位的款项等。

“其他应收款”项目，反映企业除应收票据、应收账款、预付款项、应收股利、应收利息等以外的其他各种应收、暂付的款项。

“存货”项目，反映企业期末在库、在途和在加工中的各种存货的可变现净值[②]，包括原材料、库存商品等的价值。

“一年内到期的非流动资产”项目，反映企业将于一年内到期的非流动资产项目金额。

“其他流动资产”项目，反映企业除货币资金、应收账款、应收利息、应收股利、其他应收款、存货等流动资产以外的其他流动资产。

“长期应收款”项目，反映企业融资租赁产生的应收款项、采用递延方式具有融资性质的销售商品和提供劳务等产生的长期应收款项等。

“长期股权投资”项目，反映企业持有的对子公司、联营企业和合营企业的长期股权投资。

“固定资产”项目，反映企业各种固定资产原价减去累计折旧和累计减值准备后的净额。

“在建工程”项目，反映企业期末各项未完工程的实际支出，包括交付安装的设备价值、未完建筑安装工程已经耗用的材料、工资和费用支出、预付出包工程的价款等的可收回金额，以及为在建工程准备的各种物资的期末账面价值。

“无形资产”项目，反映企业持有的无形资产，包括专利权、非专利技术、商标权、著作权、土地使用权等。

“其他非流动资产”项目，反映企业除长期股权投资、固定资产、在建工程、工程物资、无形资产等以外的其他非流动资产。

---

① 其他货币资金是指除库存现金、银行存款以外的其他各种货币资金，如企业的信用卡存款、存出投资款、外埠存款等。

② 可变现净值是指在正常生产经营过程中，以预计售价减去进一步加工成本和预计销售费用以及相关税费后的净值。

2.负债类项目的填报方法及内容

“短期借款”项目，反映企业向银行或其他金融机构等借入的期限在一年以内（含一年）的各种借款。

“应付票据”项目，反映企业因购买材料、商品和接受劳务供应等经营活动时开出、承兑的商业汇票。

“应付账款”项目，反映企业因购买材料、商品和接受劳务供应等经营活动应支付的款项。

“预收款项”项目，反映企业按照销货合同规定预收购货单位的款项。

“应付职工薪酬”项目，反映企业根据有关规定应付给职工的工资、福利、社会保险费、住房公积金、工会经费、职工教育经费、非货币性福利、辞退福利等各种薪酬。

“应交税费”项目，反映企业按照税法规定计算并缴纳的各种税费，包括增值税、消费税、所得税、资源税、土地增值税、城市维护建设税、房产税、城镇土地使用税、车船税、教育费附加、矿产资源补偿费等。

“其他应付款”项目，反映企业除应付票据、应付账款、预收款项、应付职工薪酬、应交税费等以外的其他各项应付、暂收的款项。

“其他流动负债”项目，反映企业除短期借款、交易性金融负债、应付票据、应付账款、应付职工薪酬、应交税费等流动负债以外的其他流动负债。

“长期借款”项目，反映企业向银行或其他金融机构借入的期限在一年以上（不含一年）的各项借款。

“一年内到期的非流动负债”项目，反映企业非流动负债中将于资产负债表日后一年内到期部分的金额，如将于一年内偿还的长期借款。

“其他非流动负债”项目，反映企业除长期借款、应付债券等负债以外的其他非流动负债。

3.所有者权益类项目的填报方法及内容

“实收资本”项目，反映企业各投资者实际投入的资本（或股本）总额。

“资本公积”项目，反映企业资本公积[①]的期末余额。

“盈余公积”项目，反映企业盈余公积[②]的期末余额。

“未分配利润”项目，反映企业尚未分配的利润。

（三）对资产负债表的分析

对资产负债表的分析可以从报表项目、结构和趋势三个方面进行。

① 资本公积是企业收到投资者出资额超出其在注册资本或股本中所占份额的部分。

② 盈余公积是企业从净利润中提取的，等于企业按照法律规定从净利润中提取的法定盈余公积和按照股东会意见提取的任意盈余公积之和。

1.资产负债表项目分析

资产负债表项目分析是分析资产负债表主要项目的合理性。对初创企业来说，至少需要重点关注以下项目：

(1) 货币资金

对货币资金进行分析，一是看货币资金的使用是否符合国家相关法律、法规的规定；二是看货币资金的持有量是否合适；三是注意与前期比较的同时，与同行业比较，并结合现金流量表进行分析，找到货币资金发生变动的原因，如销售规模变动、信用政策改变、为大笔资金支出做准备或者所筹集的资金尚未使用等。

通常情况下，货币资金持有量根据以下因素确定：第一，企业规模。企业规模越大，业务量越多，货币资金的需求量就越大，货币资金的持有量越大。第二，行业特点。不同行业对货币资金的需求量不一样，如制造业对货币资金的需求量相对较小，商品流通业对货币资金的需求量相对较大。第三，企业融资能力。企业融资能力较强时，就不必持有过多的货币资金。第四，企业负债结构。如果企业流动负债较多，就应该持有较多的货币资金。

货币资金发生变动的原因可能是：第一，销售规模变动。一般来说，销售规模增大会使货币资金相应增加，二者有一定的相关性。第二，信用政策变动。如果企业改变了收账政策，提高了现金销售的比例，即便销售规模不变，货币资金也会增加。第三，为大笔现金支出做准备。比如，在生产经营过程中，准备偿还将要到期的大量借款，或者集中采购时往往积累大量的货币资金。

创业者应能够看懂现金日记账和银行存款日记账，分析资金的主要来源和运用，做好现金流管理，保障资金不断流，尽可能规避财务风险。

(2) 应收款项

这里主要指应收票据及应收账款。应收款项的起点是销售，终点是现金，应收款项分析应与销售和现金流分析联系起来。正常情况下，销售额增加会引起应收款项增加，现金的存量和经营现金流量也会增加。如果一个企业的应收款项日益增加，而销售额和现金日益减少，则说明企业的营销政策可能已经出现问题。

应收款项增长较快、所占比重较高时，应当分析其原因。一般来说，应收款项增加的原因主要有三个：一是销售增加；二是企业为扩大销售，适当放宽信用标准；三是客户财务发生困难，拖延付款。

对应收款项进行分析时应注意以下两点：第一，销售规模的变动。一般来说，当销售规模发生变动时，应收款项和货币资金会同比增长。第二，考察应收款项的质量。这可以通过账龄分析、债务人的构成分析、形成债权的内部经手人的构成分析来进行。对超过信用期的应收款项，应加强管理，适当催收；如果应收款项主要集中于少部分客户，则应注重对这部分客户进行管理。

（3）其他应收款

其他应收款与营业收入产生的债权相比，其数额不应太大。如果其他应收款的金额过大，则可能隐含企业的违规行为，应引起警惕。

（4）存货

存货过多会增加企业的成本和市场风险。因此对于存货，第一，应分析会计政策变更对存货的影响，如存货发出计价方法的变化对期末存货价值和营业成本的影响；第二，需要对存货的物理质量进行分析，看看是否完好无损；第三，应进行存货的时效状况分析，如食品是否超过保质期、出版物的内容是否过时等；第四，应进行存货的品种构成分析，分析盈利产品占企业品种构成的比例和市场发展前景；第五，应进行存货的日常管理分析，可以采用ABC分类法等对存货进行日常管理，只有恰当保持各项存货的比例和库存周期，存货才能及时实现销售。

（5）固定资产

首先，分析折旧方法变更对固定资产价值和企业利润的影响；其次，分析固定资产的持有量是否符合行业的特点；再次，分析固定资产的构成——生产经营用和非生产经营用的固定资产比例变化，有没有未使用和不需用的固定资产，考察生产用固定资产内部的结构；最后，分析固定资产增减变化的影响，从年度固定资产结构的变化与生产经营特点之间的吻合程度方面，对固定资产质量的变化做出判断。

（6）应付款项

这里主要指应付票据及应付账款。应付款项是因为商品交易而产生的。其影响因素有：企业销售规模的变动、供应商信用政策的变化、企业资金的充裕程度等。一定数量的应付款项会降低企业成本，使企业免费使用供应商的资金；但是企业应注重遵守与供应商之间的约定，在规定的信用期限内支付款项；同时，企业应分析现金折扣成本和收益之间的关系，做出科学决策。

2.资产负债表结构分析

资产负债表结构是指资产负债表中各内容要素金额之间的相互关系。资产负债表结构分析就是对这种关系进行分析，从而对企业整体的财务状况做出判断。

资产负债表结构分析一般以资产负债表中的某一关键项目为基数，其金额设为100或1，分别计算出其余项目金额占关键项目金额的百分比，这个百分比表示项目的比重，根据比重对各项目做出判断和评价。

资产负债表通常以资产总额为基数来计算结构百分比。

结构百分比=某项指标值÷关键项目值×100%

通过资产负债表结构分析可以看出各项目占资产总额的比重，找出那些变化较大的项目进行重点管理。至于各项目的比重是否合理，还需要将若干期的结构百分比资料放在一起，通过编制共同比资产负债表进行对比分析。结构分析表和共同比资产负债表的格式与利润表类似，只是把各利润表项目换成资产负债表项目，此处不再赘述。

3.资产负债表趋势分析

资产负债表趋势分析就是采用比较的方法，以企业连续若干年财务状况的相关信息为分析对象，观察其变动趋势。资产负债表趋势分析法与利润表趋势分析法相同，也可以采用定基比趋势分析和环比趋势分析两种方式，分析思路也与利润表趋势分析类似，此处不再赘述，感兴趣的读者可以自行学习“财务分析”课程的内容。

做一做

在学习本任务基本内容的基础上完成以下任务：

一、列举小企业需要编制的报表种类

二、列出关键的财务假设

三、编制小组项目预计的利润表

四、编制小组项目预计的资产负债表

评一评

财务报表编制与分析参考评价表见表8-10。

表8-10 财务报表编制与分析参考评价表

评价指标（分值）	标 准	小组自评（30%）	小组互评（30%）	老师评分（40%）	最后得分（分）
报表种类（10分）	报表名称正确（每个5分）				
财务假设（40分）	最少写出8个（每个5分）				
利润表（20分）	计算正确性、报表完整性（每项10分）				
资产负债表（30分）	计算正确性、资料对应性、报表完整性（每项10分）				
合计（100分）					
老师评语	签名： 日期：				

任务三 投资效益和经营状况分析

任务目标

● 知识目标：了解企业经营状况分析的方法，掌握投资项目效益分析指标的计算。

● 能力目标：提高项目投资决策和经营状况分析的能力。

● 素养目标：养成对财务报表进行分析的习惯，用数据辅助决策。

【任务导入】

创业企业经营状况如何，该不该投资某个项目，均需要依靠数据判断。因此，创业者一定要学会进行成本效益分析，以便做出科学决策。在学习本任务相关知识后，请学生对1～2家企业进行调研。

请思考：

（1）创业项目的投资效益分析有哪些基本方法？

（2）如何进行创业企业经营状况分析？

学一学

一、投资项目的效益分析

创业者在对创业项目进行评估时，首先要熟悉传统的投资评价指标，从投资效益的角度进行分析；同时，要结合创业活动自身的特性，充分考虑创业活动附带的未来选择权。

传统的投资评价指标有净现值、内含报酬率、现值指数、投资回收期以及相对市场价值等。

（一）净现值（NPV）

投资项目投入使用后的净现金流量，按创业者期望得到的报酬率折算为现值，减去初始投资现值后的余额，叫作净现值。其计算公式为：

$$NPV=\sum_{t=m+1}^{m+n}\frac{CF_t}{(1+i)^t}-\sum_{t=1}^{m}\frac{CF_t}{(1+i)^t}$$

式中，CF_t是每年的现金净流量，i是创业者要求的报酬率，n是项目投产后产生现金流量的期间，m是项目从筹建开始到产生营业现金流量的期间，NPV表示项目的净现值。

净现值法所依据的基本原理是：假设原始投资是按资本成本借入的，当净现值为正数时，偿还本息后该项目仍有剩余收益；当净现值为零时，偿还本息后一无所获；当净现值为负数时，该项目收益不足以偿还本息。

净现值反映了在考虑货币时间价值后，投资项目能够给企业带来的经济利益总流入。按照净现值法的评价标准，在只有一个备选方案的采纳与否决决策中，净现值为正则采纳，净现值为负则不采纳。在有多个备选方案的互斥项目①决策中，应选择净现值为正值中的最大者。当寿命相同、投资规模不同的项目带来的净现值存在较大差异时，按照净现值的经济意义，依然应该选择净现值最大的项目。例如，对于两个寿命相同、投资额不同的A项目和B项目，A项目需要投资100万元、净现值为20万元，B项目需要投资10万元、净现值为3万元，创业者应该选择哪个项目呢？由于在计算净现值时已经考虑了货币时间价值，即资金自身的成本，因此，只要能够筹集到100万元，创业者就应该投资A项目，多获取17万元的净现值。

（二）内含报酬率（IRR）

内含报酬率是能够使未来现金流入现值等于未来现金流出现值的贴现率，或者说是使投资方案净现值为零的贴现率。其计算公式如下：

---

① 互斥项目是指多个互相排斥、不能同时并存的项目。如两种产能和价格不同，但性能相同，用于生产同一类产品的机器设备的购置决策就属于互斥决策，创业者只会选择其一，而不会同时选择多个项目。

$$\sum_{t=m+1}^{m+n}\frac{CF_t}{(1+IRR)^t}=\sum_{t=1}^{m}\frac{CF_t}{(1+IRR)^t}$$

式中各个符号的解释与净现值的计算公式相同。根据公式计算出的IRR就是投资项目本身的报酬率，也是投资项目的真实报酬率。因此，内含报酬率法是根据方案本身的内含报酬率来评价方案优劣的一种方法。内含报酬率大于创业者要求的报酬率，则方案可行，且内含报酬率越高方案越优。

内含报酬率的计算通常采用“逐次测试法”。首先估计一个折现率，用它来计算项目的净现值。如果净现值为正数，说明项目本身的报酬率超过折现率，应提高折现率继续测试；如果项目的净现值为负数，说明项目本身的报酬率低于折现率，应降低折现率继续测试。经过多次测试，寻找出使净现值接近零的折现率，即项目本身的内含报酬率。当项目本身的内含报酬率高于创业者要求的必要报酬率时，项目可行；对于互斥项目，正常情况下应选择内含报酬率高的项目。

净现值法和内含报酬率法在多数情况下会得出一致的结论，当净现值大于0时，项目的内含报酬率会高于资本成本，反之则会低于资本成本。但是，如果项目的投资规模不同、现金流量的分布不同，或者项目有不规则的现金流量时（现金流量的正负号变化超过一次），两种方法的评价指标也会出现矛盾。尤其是当项目现金流量的正负号变化超过一次时（由于创业项目的高风险，其现金流量正负号变化超过一次的情况要比成熟企业多得多），会出现几个不同的内含报酬率，使创业者无所适从。因此，二者相比，净现值法的适用范围更广。

（三）现值指数（PI）

现值指数是投资项目未来报酬的总现值与初始投资额的现值之比。其计算公式为：

$$PI=\sum_{t=m+1}^{m+n}\frac{CF_t}{(1+i)^t}\div\sum_{t=1}^{m}\frac{CF_t}{(1+i)^t}$$

式中各个符号的解释与净现值的计算公式相同。现值指数反映每1元初始投资给企业带来的考虑货币时间价值后的净收益，消除了投资额差异对项目评价的影响。按照现值指数法的评价标准，单一项目现值指数大于1时，项目可行；多个项目选优时，应取现值指数最大者。

现值指数是相对数，反映投资的效率；净现值是绝对数，反映投资的效益。两者各有自己的用途。一般情况下，现值指数法与净现值法的评价结论相同。若净现值大于0，则现值指数大于1；但净现值法侧重于互斥项目比较，现值指数法侧重于独立项目[①]比较。

---

① 独立项目是指不受其他项目的影响而进行选择的项目。也就是说，该项目的接受既不要求也不排除其他的投资项目。如购置空调、财务软件和办公桌椅的决策就是独立项目的选择决策，任何一个项目的选择都不会影响其他项目的执行与否。

二、创业企业的经营分析

可以通过对销售状况、成本状况和经营费用的分析，了解创业企业的经营情况，进行科学决策。

（一）销售分析

对产品或服务的销售分析，可以基于不同产品或服务的品种进行，也可以基于不同客户进行，还可以同时进行同比或环比分析。

1.基于不同产品或服务的品种进行分析

按照二八原则，企业80%的利润是由20%的产品或服务提供的。因此，当企业生产不同种类的产品或提供一种以上的服务时，创业者不但要关注全部收入情况，还应该关注不同产品或服务的销售收入情况，以及毛利率的不同状况，找到毛利率高的产品或服务，将管理重点放在这些产品或服务上，不断扩大这些种类的产品或服务的销售，以获取更多利润；同样，找出毛利率低的产品或服务，分析其原因，以便寻求改进措施。这种分析可以借助表8-11或通过柱状图的方式进行。

表8-11　**不同产品或服务的销售和毛利情况**

产品	计划销售		实际销售		回款百分比	毛利率	
	收入	占比	收入	占比		计划	实际
A产品							
B产品							
C产品							
合计							

柱状图的方式此处暂不阐述。

回款百分比可以分析销售收入的质量以及其与企业信用政策的匹配情况。

在进行不同产品或服务的销售收入完成情况分析时，还可以结合上一年同期数据进行同比分析，或根据上月数据进行环比分析。

2.基于不同客户进行分析

同样，按照二八原则，企业80%的销售是由20%的客户带来的。因此，创业者还应该关注针对不同客户的销售收入状况，尤其是销售给不同客户形成的毛利状况，找到销售毛利率高的20%客户，将80%的管理精力放在这些客户身上，以增加对这些客户的销售额，获取更多利润；对于那些毛利率低的客户，分析原因，从而提高对这些客户的销售收入或销售毛利率。这种分析也可以借助表8-12或通过柱状图的方式进行。

表 8-12 不同客户的销售和毛利情况

客户	计划销售		实际销售		回款百分比	毛利率	
	收入	占比	收入	占比		计划	实际
甲客户							
乙客户							
丙客户							
合计							

3.基于不同市场进行分析

不同产品或服务在不同市场上的毛利也会有所不同，创业者应对此有所了解，以便了解不同客户的“画像”，制定有针对性的销售策略。基于不同市场的分析方法同上，此处不再赘述。

(二) 成本分析

通过成本分析表，创业者可以将成本管理与技术管理相结合，分析成本升降的具体原因，寻求降低成本的途径和方法。制造业企业利用全部产品生产成本表和主要产品单位成本表，可以了解企业为生产一定种类和数量的产品所发生的生产费用水平及其构成情况，并与计划数、上年实际数、企业历史最高水平或同行业同类产品先进水平相比较，以分析产品成本的变动情况和趋势。

1.全部产品生产成本表

全部产品生产成本表可以根据分析的需要，按照产品品种和成本项目分别编制。下面以二者结合的方式为例进行说明，见表8-13。

表 8-13 全部产品生产成本表

20××年××月 单位：元

产品		项目	本期计划	本期实际	去年同期±%	上月实际±%
可比产品	甲产品	直接材料				
		直接人工				
		制造费用				
		生产费用合计				
		单位产品成本				
	乙产品	直接材料				
		直接人工				
		制造费用				
		生产费用合计				
		单位产品成本				
不可比产品	丙产品	直接材料				
		直接人工				
		制造费用				
		生产费用合计				
		单位产品成本				

编制这样的分析表不但可以了解本期计划和实际的对比情况，还可以了解同比和环比的成本项目变动情况，以及不同产品成本项目的变动情况，发现不同产品成本变化的基本原因，以便对症下药，寻求降低成本的对策，加强成本管理。

2. 主要产品单位成本变动分析

主要产品是指企业经常生产、在企业全部产品中所占比重较大、能总括反映企业生产经营情况的产品。

主要产品单位成本表是反映和比较企业年度内生产的主要产品单位成本构成的报表。利用主要产品单位成本表，可以按成本项目分析和考核主要产品单位成本计划的执行情况；按成本项目将本月实际和本年累计实际平均单位成本与上年实际平均单位成本进行对比，了解单位成本的变动情况，可以分析和考核各种主要产品的经济技术指标，进而查明引起主要产品单位成本变动的具体原因。如果企业想了解主要产品成本构成情况与历史最高水平的差异，也可以在表中每个成本项目下增加"历史最高水平"一栏。主要产品单位成本表的格式与全部产品生产成本表类似，根据分析需要增加栏目即可，此处不再赘述。

在进行产品成本变化分析时，还可以以柱状图和饼状图的方式，将不同产品成本项目的构成情况标注在图上，看起来更加醒目，分别如图8-2和图8-3所示。

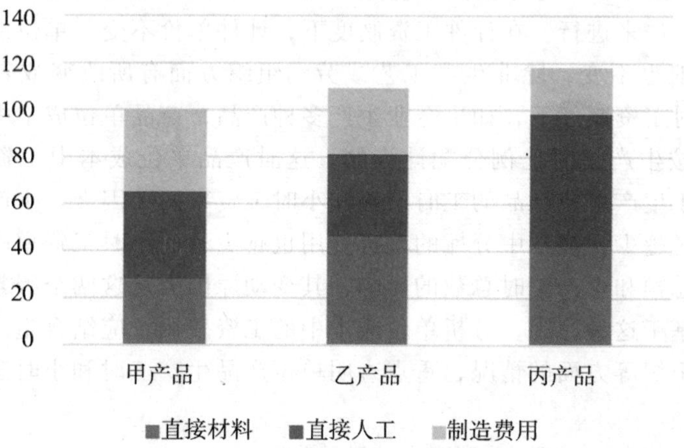

图8-2 不同产品成本项目分析图

运用图的方式进行分析时，可以将不同产品成本项目进行对比分析，也可以将同一种产品的成本构成与计划、去年同期以及历史最高水平或者同行业最高水平进行对比分析，企业应找对标杆，赶超先进，不断提高企业的成本管理水平。

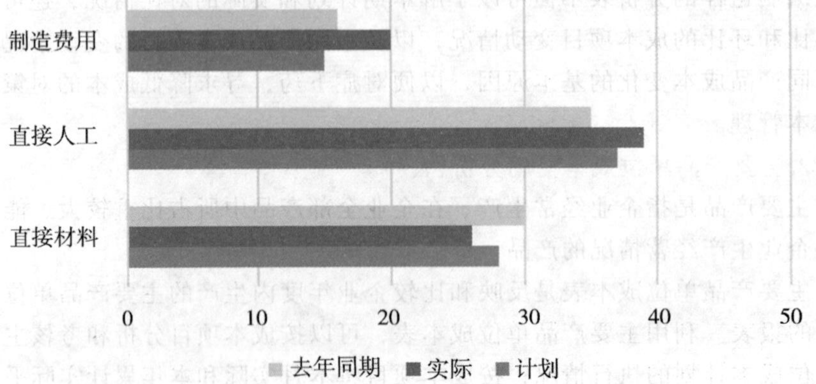

图8-3 甲产品成本项目对比分析图

3.成本变动的影响因素分析

进行成本分析时，除了要了解成本项目的变动外，还要进一步分析各个成本项目变动的原因，进行因素分析。

因素分析是依据分析指标与其影响因素之间的关系，按照一定的程序和方法，确定各因素对分析指标影响程度的一种技术分析方法。

影响材料成本变动的因素有材料的单位成本和消耗量，具体分析时可采用连环替代的方法和差额分析的方法。

直接材料成本=单位产品材料消耗量×材料单价

分析产品单位成本中的人工费用，需按照不同的工资制度和工资费用计入成本的方法来进行。在计件工资制度下，计件单价不变，单位成本中的工资费用一般也不变，除非生产工艺或劳动组织方面有所改变或者出现了问题；在计时工资制度下，如果企业生产多种产品，产品单位成本中的工资费用一般是按生产工时比例分配计入的。这时产品单位成本中工资费用的多少，取决于生产单位产品的工时消耗和小时工资率两个因素。生产单位产品消耗的工时越少，成本中分摊的工资费用也越少；而小时工资率的变动则受计时工资总额和生产工时总数的影响，其变动原因需从这两个因素的总体角度查明。基于这种原因，分析单位成本中的工资费用，应结合生产技术、工艺和劳动组织等方面的情况，重点查明单位产品生产工时和小时工资率变动的原因。

直接人工成本=单位产品生产工时×小时工资率

制造费用在多产品生产中通常是间接计入费用，分配标准一般是受益产品所耗用工时。因此，产品单位成本中的制造费用的多少就取决于单位产品工时消耗量和小时制造费用两个因素。其计算公式为：

单位产品制造费用=单位产品工时消耗量×小时制造费用额（或小时制造费用率）

（三）经营费用分析

经营费用分析的主要内容是将企业在一定时期内各种费用的发生额及其构成情况与计划（或预算）数及上期实际数进行对比，分析各项支出的变动情况及变动趋势。创业者可以通过制造费用明细表、管理费用明细表、销售费用明细表和财务费用明细表等对各经营费用进行详细分析，了解企业经营费用的开支情况。

1.经营费用变化趋势分析

进行经营费用变化趋势分析时，首先，需要计算各项费用具体项目的构成情况，以判断各项费用中应重点关注的项目。其次，根据费用明细表中的资料，将本期实际数与上期实际数进行对比，揭示本期实际与上期实际之间的增减变化，以便从动态上观察、比较各项费用，特别是一些主要的、重点的费用项目的变动情况和变动趋势。在进行分析时应注意前后期费用指标的口径是否一致，如果不一致，应按照基期或报告期的口径进行调整，调整后再进行比较分析。最后，在对管理费用、财务费用和销售费用进行分析时还应注意，对于变动费用项目，应联系业务量的变动，计算相对的节约或超支；对于固定费用项目，可以将实际数与基数相比较，直接确定其绝对差异，是节约还是超支；对于某些支出和损失项目，应结合其抵销数进行分析。上述分析能促使企业不断总结经验，改进企业的生产经营管理，有效控制各种费用支出，最终提高企业的经济效益。

下面以销售费用为例阐述对各项目增减变动情况的分析，分析资料见表8-14。

表8-14　**销售费用各项目增减变动情况分析表**　金额单位：元

项　目	上期实际数	本期实际数	本期比上期		各项目占总体比重（%）	
			增减金额	变动率（%）	上期数	实际数
运输费						
装卸费						
包装费						
折旧费						
修理费						
办公费						
保险费						
广告费						
展览费						
租赁费						
物料消耗						
专设销售机构经费						
其他						
销售费用合计						

2.经营费用计划完成情况分析

对于编制成本费用计划的企业，可以将“上期实际数”改为“本期计划数”，以此分析各成本费用项目的计划完成情况，找出例外项目和偏差金额大的项目进行重点管理。

做一做

首先学习书本中的相关知识，可以结合慕课或者其他视频资料帮助理解有关内容；然后在进行企业调研的过程中，尝试将所学理论和企业实际相结合，在此基础上完成下面的任务：

一、列举创业项目效益分析的基本方法

二、对被调研企业的项目投资和经营状况进行分析

三、对小组创业项目进行投资效益分析

四、根据预计报表对小组项目未来的销售、成本和费用状况进行分析

评一评

投资和经营效益分析参考评价表见表8-15。

表 8-15 投资和经营效益分析参考评价表

评价指标（分值）	标 准	小组自评（30%）	小组互评（30%）	老师评分（40%）	最后得分（分）
效益分析方法（30分）	指标名称、公式表达、评价标准（每项10分）				
被调查企业效益分析（40分）	项目投资分析、经营状况分析（每项20分）				
小组项目分析（30分）	投资分析、收入分析、成本费用分析（每项10分）				
合计（100分）					
老师评语	签名： 日期：				

【思创空间】

直播网红偷逃税款被查

2013年，随着微博平台商业化进程加速，手持网红流量池的社交平台“微博”和有着卖货需求的电商平台“淘宝”完成了初次牵手合作。二者打通融合之后，网络达人找到了流量入口，带货变成了推荐渠道，“网红经济”至此成型。2014年之后，伴随着4G网络技术和手机的逐渐普及，网络达人获取流量的途径和手段更加丰富。除了最初微博、微信平台上的文字和图片外，语音、视频也成了宣传和吸引粉丝的形式，这为直播带货提供了新的发展可能性。

2016年“双十一”，直播带货成为商家不可或缺的重要宣传渠道。在MCN（Multi-Channel Network，多频道网络）们的包装下，一代又一代的“网红商品”成功打包售出，不断实现商业价值。

然而，2021年12月20日，浙江省杭州市税务局发出公告，直播卖火箭的薇娅在近两年偷税漏税6亿元，加上滞纳金和处罚款，一共需要补缴13.41亿元。此外，雪梨以及林珊珊等主播的偷税漏税行为也相继被公开处分。

资料来源 佚名.薇娅被罚背后，是大佬们的真正较量［EB/OL］.［2021-12-21］. https://mp.weixin.qq.com/s/eO5V1N1BE61D_fgIU2E6GA.

案例解析：创办企业是在法制框架下的社会行为，创业者首先要做一个守法的公民。所以，创业成功的前提是履行社会责任，对各方利益相关者负责。树立债权人权益优先于所有者权益的理念。债权可以放弃，但债务必须偿还。学会将人生财富放入会计等式，衡量自己对社会的净贡献。数字经济背景下，直播带货可以帮助消费者更好地了解产品，做出消费决策。但是，直播带货的主播应该遵循法律规定，及时、足额纳税，做一个守法公民，而不是钻法律的漏洞，肥自己的私囊。

【思考与练习】

1.关键术语

收入是指企业在日常生产经营活动中形成的，会使所有者权益增加、与所有者投入资本无关的经济利益总流入。收入包括销售商品收入和提供劳务收入。

制造业企业在生产经营过程中发生的全部支出按是否计入产品成本可分为生产费用和期间费用。生产过程中为进行产品生产所发生的费用称为生产费用；在会计期间内发生的用于企业经营管理的管理费用、销售费用和财务费用统称为期间费用。

利润是企业在一定会计期间的经营成果，在量上表现为全部收入抵减全部支出后的余额。企业在盈利后进行利润分配时需要遵循法律、法规的规定，按既定顺序开展。

财务报表编制的关键财务假设是指在编制财务报表时所依据的关键会计政策和财务假设等。一般来说，其应包括收入增长预期、成本费用的构成及预测方法、折旧和摊销政策、税费、信用政策、存货计价方法、薪酬制度、投资回报率的要求以及利润分配政策等内容。

利润表是用来反映企业在某一会计期间的经营成果的财务报表。该表是根据“收入-费用=利润”的会计等式，按营业利润、利润总额、净利润的顺序编制而成的，是某一时期的、动态的报表。利润表可以从趋势变化和结构变化两方面进行分析。

资产负债表是总括反映企业在某一特定日期全部资产、负债和所有者权益状况的报表。它是根据“资产=负债+所有者权益”这一会计基本等式，依照流动资产和非流动资产、流动负债和非流动负债以及所有者权益列示，并按照一定要求编制的，是时点的、静态的财务报表。资产负债表可以从报表项目、结构和趋势三个方面进行分析。

传统的投资评价指标有净现值、内含报酬率、现值指数、投资回收期和相对市场价值等。

2.选择题

○单项选择题

随堂测8-1

（1）企业取得与收益相关的政府补助，用于补偿已发生的相关费用，直接计入补偿当期的项目是（　　）。

A.资本公积　　B.营业外收入

C.其他业务收入　　D.主营业务收入

（2）资产负债表“应收账款”项目反映（　　）。

A.应收账款可回收的账面价值

B.应收账款可回收的账面余额

C.应收账款可回收的市场价值

D.应收账款可回收的公允价值

（3）某企业“应收账款”有两个明细账户：“应收账款——甲企业”，其期末余额在借方，为30 000元；“应收账款——乙企业”，其期末余额在贷方，为8 000元；“预收账款”有一个明细账户，其期末余额在贷方，为6 000元。则资产负债表中“预收账款”项目填列的金额为（　　）元。

A.14 000　　B.30 000　　C.6 000　　D.38 000

（4）资产负债表中的“未分配利润”项目应根据（　　）填列。

A.“利润分配”科目余额

B.“本年利润”科目余额

C.“本年利润”科目和“利润分配”科目的余额计算后

D.“盈余公积”科目余额

（5）编制和报告企业财务报表的主体是（　　）。

A.企业投资者　　B.企业经营者

C.企业债权者　　D.会计师事务所

（6）净现值属于（　　）。

A.静态评价指标　　B.反指标

C.次要指标　　D.绝对数指标

（7）某软件公司项目A的现金流量分析见表8-16。设贴现率为10%，则第二年现金流量的现值是（　　）元。

表8-16　某软件公司项目A的现金流量分析　单位：元

时间	初始	第一年	第二年	第三年	第四年
现金流量	-3 000 000	889 000	1 139 000	1 514 000	1 250 000

A.1 378 190　　B.949 167　　C.941 322　　D.922 590

（8）在使用IRR时应遵循的准则是（　　）。

A.接受IRR大于公司要求的回报率的项目，拒绝IRR小于公司要求的回报率的项目

B.接受IRR小于公司要求的回报率的项目，拒绝IRR大于公司要求的回报率的项目

C.接受IRR等于公司要求的回报率的项目，拒绝IRR不等于公司要求的回报率的项目

D.接受IRR不等于公司要求的回报率的项目，拒绝IRR等于公司要求的回报率的项目

○多项选择题

随堂测8-2

(1) 下列各项中，不应计入管理费用的有（　　）。

A.总部办公楼折旧　　B.生产设备改良支出

C.经营租出专用设备的修理费　　D.专设销售机构房屋的修理费

(2) 下列各项中，影响企业营业利润的有（　　）。

A.处置无形资产净收益　　B.出租包装物取得的收入

C.接受公益性捐赠利得　　D.经营租出固定资产的折旧额

(3) 下列各项中，影响当期利润表中利润总额的有（　　）。

A.固定资产盘盈　　B.确认所得税费用

C.对外捐赠固定资产　　D.无形资产出售利得

(4) 下列各项中，属于编制财务报表前的关键财务假设的有（　　）。

A.折旧和摊销政策　　B.存货计价方法

C.收入增长预期　　D.利润分配政策

(5) 在会计期间发生的用于企业经营管理的费用为期间费用，包括（　　）。

A.管理费用　　B.销售费用

C.制造费用　　D.财务费用

(6) 企业的利润包括（　　）。

A.产品销售利润　　B.营业利润

C.利润总额　　D.净利润

3.判断题

随堂测8-3

(1) 自2022年1月起，增值税小规模纳税人增值税的起征点改为月销售额或营业额10万元。（　　）

(2) 影响材料成本变动的因素有材料的单位成本和消耗量，具体分析时可采用连环替代的方法和差额分析的方法。（　　）

(3) 盈亏平衡点是使企业达到盈亏平衡状态的业务量，在该业务量上，企业的销售收入等于总成本，不盈利也不亏损，利润为零。（　　）

(4) 资产负债表通常以负债总额为基数来计算结构百分比。（　　）

项目九　撰写创业计划

创业计划是创业者叩响投资者大门的“敲门砖”，也是企业长远发展以及企业管理和操作的行为指南，用以描述与拟创办企业相关的内外部环境条件和要素特点，为业务的发展提供指示图和衡量业务进展情况的标准。当一个创业者决定把一个创业机会转变成一个完整的创业计划时，就必须思考、推理并付诸行动；同时，通过精心的策划和准备，完整地向合作伙伴或投资人展示创业项目的核心内容。本项目将系统阐述创业计划的基本结构和创业项目的路演与技巧。

【项目结构】

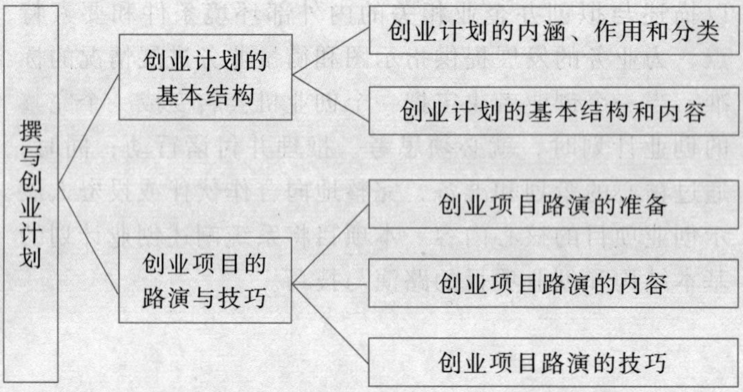

图 9-1　项目九内容结构图

任务一　创业计划的基本结构

创学堂9-1

任务目标

● 知识目标：了解创业计划的内涵、作用、类型和基本结构。

● 能力目标：通过学习和训练，培养学生独立撰写具有可行性的创业计划的能力。

● 素养目标：通过案例实操、解析等训练，挖掘和培养学生的创业素质和潜力，使学生理性地认识创业，激发学生的创业自信心。

【任务导入】

小年轻创业，莫忽视创业计划的重要性

很多人不想与求职大军挤独木桥，其实不当上班族或许是一种更优的路径。自主创业正在成为小年轻们寻找自我价值的新途径。据远翔神思营销咨询机构统计，在以“90后”甚至“95后”为主的新生力量创业大军中，有近一半的创业计划都将创业目光紧紧锁定海淘、O2O、自媒体等互联网创业项目。作为跟随互联网发展而成长起来的一代人，他们还非常敢于尝试由互联网所催生出的各种新鲜职业，创业计划的写作也是新颖独到，让人耳目一新。

刚刚大学毕业的小顾，做了一个新项目“小玩子”，前期通过优质的创业计划，已经打动了投资人，现在马上就要登陆各大应用商店了。

1993年出生的小顾是创业圈子里的“老人”了。从高中做紫菜包饭生意开始，到大学期间承包饮水机、保险柜等项目，她还创办了8家餐饮实体，均实现了盈利。后来，她创建了恋爱问答互动App“恋爱说”，两个月用户就达到27万，成功拿到知名媒体人王冠雄以及英诺的种子轮投资。目前，她携团队从广州来到北京，入驻了腾讯众创空间。

从创业计划中可以知道，“小玩子”主要面向“95后”消费人群，定位于“95后”的“什么都玩”，核心竞争力是主题玩乐的行程攻略，通过自有的编辑团队与外部编辑合作推出一系列玩乐行程套餐，并精选美食与活动项目，为“95后”们提供最快捷、有趣的生活消费决策导航。这些在创业计划中表现出来的亮点，成功地吸引了投资人。

小顾形容自己是个执着的“疯子”，公司从广州搬到北京，将近30人的团队变为7人，项目从社区跨到电商，之前的用户归零，撰写创业计划时，数日不眠不休，不过面对逐渐明朗的项目，她还是很开心。

她唯一有些介意的，是因为外貌出众而带来的诸多标签。“‘美女CEO’也好，‘现实版顾里’也罢，我不是很抗拒，只是介意这些标签太普通。”小顾表示，“总体来讲，好的外貌对创业比赛、媒体宣传、融资都是比较有利的，一开始的融资也是在卫视的创投节目上获得的。”然而，她告诫广大和她一样正在创业的“小仙女”，光靠颜值是走不长久的，创业的第一步还是要踏踏实实地把创业计划做好。

请思考：

（1）小顾的创业计划主要涉及哪些内容？

（2）小顾撰写创业计划的目的是什么？

学一学

对初创企业来说，创业计划堪称作战图，对内可有效指导企业经营，对外可凭此寻找战略盟友——投资人。创业计划的制订是一个复杂的系统工程，不但要对行业、市场进行充分的研究，还要有很好的文字功底。对一个发展中的企业来说，专业的创业计划既是寻找投资人的必备材料，也是企业对自身的现状及未来发展战略全面思索和重新定位的过程。在本任务中，我们将学习创业计划的内涵、类型、大纲和撰写。

一、创业计划的内涵、作用和分类

（一）创业计划的内涵

计划对于任何工作都是必不可少的。撰写创业计划之所以显得特别重要，是因为“撰写创业计划可以迫使创业者系统地思考新创企业的各个因素”。当创业者决定把一个商机转变成一个完整的商业计划时，就必须思考、推理并付诸行动。

创业计划，也叫商业计划（Business Plan），在特定语境下也被简称为BP，是企业围绕一项具有市场前景的产品或服务，以获得融资或其他发展目标为目的，对企业内部的人员、制度、管理、财务以及企业的产品、营销、市场等各个方面进行可行性分析，全面展示项目的背景、现状与规划、未来发展前景的纲领性文件。

一份高质量的创业计划，既是与外部投资者沟通的桥梁和媒介，又是统一企业员工思想、使员工齐心协力沿着企业发展目标前进的路标，还能帮助创业团队厘清创业思路，明晰企业发展蓝图、战略、资源以及人员匹配要求。创业计划所包含的产业分析、市场分析以及财务分析，将使创业者更加全面、更加清醒地审视企业的预期成就与现实之间的差距；创业计划使目标得以量化，能为创业者预测与实际结果的差距提供可度量的标准。可以说，创业计划是“创业者对时间和金钱的绝佳投资”。

【教学互动9-1】

互动内容：

观点一：创业计划已经涵盖了所有有意义的信息，表达了创业者对未来事业的深思熟虑，因此，创业必须有一个非常完整的创业计划。

观点二：创业不需要太过完整的创业计划，重点在于有一个比较新颖和脉络清晰的创业逻辑，即有清晰的盈利点或企业价值创造点、有基于资源循环加强的企业成长逻辑，在边干边学中找到合理的商业模型。

互动要求：

（1）结合有关创业计划的知识，发表自己的见解，也可以和你的同伴简单沟通后回答。

（2）教师对学生的回答进行点评（你如果支持观点一，你是把创业投资作为重要的资金来源，是外源式创业；如果你支持观点二，则是把自己的资金作为创业的重要资金来源，是内源式创业。选择的本质是你对资金来源的选择）。

（二）创业计划的作用

创业计划的作用主要在于说服投资者把钱投到创业者的项目和企业中去。撰写创业计划主要分为以下几步：分析商机，说明创业者的基本思想和期望目标；分析并阐述创业者如何利用这一创业机遇进行发展；分析影响创业成败的关键因素；分析并确定创业企业筹集资金的办法。

1.创业计划可以为创业者提供创业行动的总纲领

创业计划是创业者事业的蓝图，有了明确的创业计划，创业者才不至于在创业过程中迷失方向和思路混乱。通过制订创业计划，创业者能够详细地解释创业目标，明确行动计划，清楚地展示创业目标的实现步骤及时间进度安排，从而对创业项目有更加清晰的认识。

2.创业计划可以为企业的经营活动提供依据

创业计划通过描绘新企业的发展前景和成长潜力，使管理层和员工对企业及个人的未来充满信心，并明确要从事什么工作，从而使大家了解自己将要扮演什么角色，以及能否胜任这些工作。创业计划为企业提供了现状分析和发展方向以及良好的效益评价体系和管理监控指标，使创业者在创业实践中有章可循。

3.创业计划是创业者与潜在投资者之间的桥梁

一份详细的创业计划一般包括企业成长经历、产品或服务、市场、营销、管理团队、股权结构、组织人事、财务、运营和融资方案。创业计划只有内容翔实、数据丰富、体系完整、装订精致，才能吸引投资者的注意，让他们看懂项目的商业运作计划，从而使外部资源支持成为现实。一份精心准备的创业计划可以使创业者在向投资者讲述创业项目时更加自信和条理清晰，从而在众多融资申请中脱颖而出，赢得创业资金。

（三）创业计划的分类

按照创业计划的目标，创业计划可分为以下三类：

1.吸引风险投资的创业计划

吸引风险投资的创业计划主要面向风险投资者，其目的是向风险投资者募集资金。风险投资者评估投资项目的首要资料就是创业计划，一份简练而强有力的创业计划能让风险投资者做到对投资项目的运作和效果心中有数。吸引风险投资的创业计划在撰写过程中要注意以风险投资者的需求为出发点，尽量说明创业项目有足够大的市场容量和较强的持续盈利能力；展示创业者有完善、务实和可操作的项目实施计划，有具备成功实施项目能力的管理团队，并且具备项目运营的成功条件。通常，吸引风险投资的创业计划应包括以下10项内容：计划概述、产业背景和公司概述、市场调查和分析、公司战略、项目总体进度安排、关键风险和应对策略、管理团队的组成、企业经济状况、财务预测、企业能够提供的利益。

2.吸引创业伙伴的创业计划

吸引创业伙伴的创业计划主要是为了吸引创业团队的新成员及有特定作用的关键员工。在最初准备创业的时候，创业者无论是从身边的亲朋好友中寻找创业伙伴，还是从并不熟悉的人群中寻找创业伙伴，一份结构清晰、证明企业前景良好的创业计划都是吸引创业伙伴最有力的武器。吸引创业伙伴的创业计划不仅要清晰地阐明企业的商业模式和发展规划，更要对创业团队成员的利益分配和权限做出清晰的说明。通常，吸引创业伙伴的创业计划应包括以下8项内容：创业机会及商业价值描述、新企业将提供的产品及可能的消费者、可能的市场竞争与拟采取的市场策略、可能的市场收益、可能遇到的风险及应对策略、希望别人以怎样的方式参与、将给新进入者哪些利益、有待与新进入者讨论的问题。

3.获取政府支持的创业计划

政府部门制定的各项政策对创业活动的成败具有重要影响。只有在政府政策允许和鼓励的条件下，新创企业才能获得更多的人才、贷款、投资、各种服务及优惠等。获取政府支持的创业计划应当强调新企业的项目投资可行性，尤其要着重说明新企业的社会收益和社会成本。只有创业项目的社会影响较好，才有可能成为政府关注的对象，进而获得政府的支持。通常，能获取政府支持的创业计划包括总论、团队情况、产品的市场需求预测、项目的技术可行性、项目实施方案、投资估算与资金筹措、项目收益分析及对社会的影响、项目风险及不确定性分析、关于项目可行性的综合结论和希望政府给予的具体支持10项内容。

【案例解析9-1】 让投资者感兴趣的商业计划

背景与情境：

某天使投资人在接受采访时曾经说过："当我在大学生创新创业竞赛中担任评委时，我首先会阅读执行摘要，然后是财务部分的内容。当他们提出的概念让我感兴趣时，我才会花时间去认真阅读整个计划。我差不多看了100份商业计划，说实话，阅读这些计划非常困难，在这些计划中，只有5%让我感兴趣并想给他们投资。"

讨论与分析：

（1）一份以技术或产品描述为核心的完整的创业计划是否可以打动投资人（VC）。

（2）假如你是投资人，你最关注创业计划的哪方面内容？（提示：在这种创业计划中，创业者很迷恋他的技术优势。计划一开始不是指出要解决潜在客户面对的问题，而是详细解释其技术原理、为什么会领先、这个技术如何比目前的其他技术更好。这种创业计划通常只有那些对特定的技术领域很熟悉的人才看得懂，但糟糕的是，经验老到的投资人知道，更好的技术并不是总能在商业上获得成功。这种自以为是的创业计划向投资人传达了一个清晰的信号：创业者的优先次序搞混了，比伟大的技术或创意更重要的是技术或方案能够解决客户面临的问题或麻烦。好的创业计划一开始就明确定义公司的产品或服务要解决客户的什么问题——真正麻烦或引人关注的问题（这种问题是真实存在的），并附有市场研究、购买意向等材料证明）

二、创业计划的基本结构和内容

（一）创业计划的基本结构

一般而言，创业计划主要由封面、目录、正文和附录四部分组成。

1.封面

创业计划的封面一般包括标题、保密等级、单位、地址、电话、电子邮件、负责人、落款日期等内容。如果公司已经注册商标，还可以把商标融入封面设计中，凸显企业的品牌和文化。创业计划的封面样例见图9-2。

创 业 计 划 书

项目名称：
创业名称：
企业名称：
项目负责人：
通信地址：
邮政编码：
联系电话：
传　　真：
电子邮箱：
日　　期：
（机密文件，未经许可，严禁复印）

图9-2　创业计划的封面

2.目录

由于创业计划的页数比较多，信息量非常大，为了方便读者查阅和查找，也为了读者能够清晰地了解创业计划的大概内容，应该在正文之前设置目录。目录的详细程度与创业项目及创业者所要达到的目标有关。表9-1是一家以产品为核心的企业的创业计划的目录部分。通过目录，读者可以快速找到感兴趣的信息。

表9-1　×××创业计划目录

第一章	执行摘要	2
第二章	公司概况	3
2.1	公司名称	3
2.2	公司介绍	4
2.3	组织结构	5
第三章	产品与服务	7
3.1	产品介绍	7
3.2	服务介绍	10
3.3	产品与服务特色	13
第四章	市场分析	15
4.1	市场调研	15
4.2	市场容量	18
4.3	目标市场分析	20
第五章	竞争分析	23
5.1	竞争对手识别	23
5.2	竞争产品对比分析	25
5.3	竞争优势	28

续表

3.正文

该部分内容是整个创业计划的核心。一般而言，这部分内容主要包括执行摘要、公司概况、产品与服务、市场分析、团队介绍、市场营销、财务分析等。这些内容又包括若干小的具体内容。正文内容的逻辑性和完整性体现了一份创业计划的质量。总体而言，正文部分尤为重要。

4.附录

撰写创业计划的一个重要原则是言简意赅地传递企业的经营计划。在正文中呈现出来的数据需要提供相应的支撑材料，这就需要在附录中把与正文内容相关的文档罗列出来，为读者和投资人提供决策依据。一般而言，创业计划的附录包括但不局限于以下内容：主要合同资料、信誉证明、分支机构列表、市场调研情况、创业者履历、技术信息、宣传资料、授权书、专利和获奖情况等。

(二) 创业计划的内容

创业计划的读者是谁？他们关注什么？这是创业者在撰写创业计划之前必须了如指掌的。创业者做到有的放矢，必然会事半功倍。一份高质量的创业计划应该包括以下内容：

1.执行摘要

为了吸引战略伙伴与风险投资人的注意，创业者要将创业计划的核心内容和基本商业逻辑提炼出来，列在创业计划的最前面，这就是执行摘要。它是整个创业计划的精华。摘要虽然列在创业计划的最前面，但它是在其他部分定稿之后才撰写的。摘要涵盖了创业计划的要点，应简明扼要、条理清晰地阐明创业的基本思路、目标及优势，一般限于几百字以内。创业者应反复推敲此部分内容，使摘要结构完美，语句清晰、流畅且富有感染力，便于读者在最短的时间内一目了然地评审创业者的创业计划，并做出判断。

因为执行摘要和企业描述是整个商业计划的“脸面”，是投资人在短时间内对商业计划是否“一见钟情”的关键因素，所以内容不宜过多，要突出项目的特色和创新，从而起到抛砖引玉的作用。关于团队、资金管理计划等其他内容，建议在后面的分项描述中做详尽阐述。如果是企业简介的话，还应该简要描述企业名称、企业类型、法律形式、业务范畴和经营目标等。

【案例解析 9-2】 小橘灯导盲机器人

背景与情境：

“小橘灯”导盲机器人是帮助盲人出行的一款产品，该产品将机器人实体与互联网相结合，可以实现盲人的定位、躲避障碍物、监护人与盲人的交流等功能，保障了盲人出行的安全与便利。

讨论与分析：

该案例仅呈现了创业计划的产品说明，请根据创业计划执行摘要的撰写要求，以小组为单位进行讨论，丰富和完善此创业计划的执行摘要。

2.公司概况

要把创意转变成产品，首先要完成的事情就是注册成立公司。在创业计划中，公司概况一般包括公司名称、注册时间、公司规模、公司性质、技术力量、员工人数、公司愿景和使命、组织结构等内容。在创业计划中，公司概况部分只从总体架构上进行言简意赅的陈述即可。此外，还可以向读者展示创业者在创业历程中取得的成就，列举创业前期重要的、具有里程碑意义的事件。

3.产品和服务

具有市场前景的产品或服务是公司利润的源泉，而且战略伙伴和投资人最关心的问题是新创企业的产品、技术或服务能在多大程度上解决现实生活中的问题，或其产品或服务能否帮助客户节约开支、增加收入。在进行投资项目评估时，他们会提出很多问题，创业者一定要对所有可能发生的情况进行充分的考虑并给予合理的答复，应该详尽、准确地描述自己的产品或服务项目，特别是产品的技术特点。如果产品或服务项目特别多，则不必面面俱到，可以把它们分成几类分别描述。描述要通俗易懂，使非专业的投资者也能明白。通常，产品或服务介绍应包括以下6个方面的内容：

（1）产品或服务的基本描述

该项主要介绍产品或服务的性能和用途，尤其是介绍产品或服务的新颖性、先进性和独特性，旨在说明企业的产品或服务能解决什么问题，客户能从企业的产品或服务中获得什么好处。

（2）产品或服务的竞争优势

该项主要阐明企业的产品或服务与竞争对手的产品或服务相比有哪些优缺点，客户为什么会选择本企业的产品或服务。

（3）产品或服务的研究和开发情况

该项主要包括企业或技术骨干以往的研究与开发成果及技术先进性（包括技术鉴定情况，获国际、国家、省、市及有关部门和机构奖励的情况），制定产品或服务的行业标准和质量检测标准的情况，在技术与产品或服务开发方面同国内外竞争对手的比较情况，以及企业为提高竞争力拟采取的措施等。

（4）开发新产品或服务的技术和成本分析

该项分析主要包括：在技术开发方面，已经投入的资金总额是多少，计划再投入多少开发资金（列表说明每年购置的开发设备、开发人员工资、试验检测费用以及与开发有关的其他费用）；企业今后的开发方向、开发重点和正在开发的技术、产品或服务；企业现有技术开发资源及技术储备情况；企业寻求技术开发依托（如大学、研究所等）情况及合作方式；企业将采取怎样的激励机制和措施，以保持关键技术人员和技术队伍的稳定。

（5）产品或服务的市场前景预测

该项说明为什么企业产品或服务的定价可以使企业产生足够的利润，为什么用户会大批量地购买企业的产品或服务。

（6）产品或服务的品牌和专利

该项说明企业为自己的产品或服务采取了何种保护措施，拥有哪些专利、许可证，或与已申请专利的厂家达成了哪些协议，如拥有的专门技术、版权、配方、品牌、销售网络、专营权、特许经营权等。

【案例解析9-3】 农夫山泉品牌营销

背景与情境：

在国内提到矿泉水时难免会联想到农夫山泉，早期的“有点甜”与“我们不生产水，我们只是大自然的搬运工”使其在众多矿泉水品牌中形成了独树一帜的定位，甚至可以说正是因为有了独特的定位才使其在当时激烈的市场竞争中顺利脱颖而出，并让消费者深深地记住了这个品牌，以及“有点甜”的矿泉水产品。

1.广告策略

随着市场环境的发展与变化，农夫山泉的广告语开始“喊口号”，通过“好水，才能煮出好饭”和“什么样的水源，孕育什么样的生命”来彰显与提升品牌与消费者之间的关系，使品牌的传统与网络渠道传播逐渐向公关方向靠拢，这无疑可以让品牌更容易在客户与潜在客户群体内心形成沉淀效果。

在此基础上，由于消费市场中新晋消费人群不再如以往一样拥有较为集中的注意力，想要获得更多的品牌关注则必须拓展广告展示方式，农夫山泉随即开启明星签约代言战略，迅速拉近了与新生代新晋强势消费群体的心理距离，同时也获得了品牌在新晋客户群体中的认同度。

2.产品策略

通过广告带来的品牌知名度提升还需要在产品维度得到承接，农夫山泉便从供应链着手，先后拓展了长白山、天山、峨眉山、千岛湖等国内知名度颇高的八大水源，并依托品牌在市场中的知名度和长期以来产品质量形成的口碑声誉，又成功推出包括水溶C100、尖叫、农夫果园、东方树叶等多个品类的产品，向瓶装水和饮料领域进行渗透。

3.重塑品牌营销环境

以往瓶装饮品主要以各种营销推广方式营造品牌知名度，并通过打造庞大的线上与线下经销渠道，实现产品与渠道在市场层面的高度覆盖与渗透。农夫山泉一直深耕于体育营销领域的品牌营销策略，在2000年后逐渐开始向公关方向倾斜。例如，“长期饮用纯净水有害健康”和“一分钱，饮水思源”等扶贫公益项目，使其品牌营销与客户管理中的利益关系得到进一步拓展。

农夫山泉实施品牌整合营销后在市场中获得了显著的声誉和影响力提升，在不折损原有品牌价值的情况下成功重塑了品牌营销环境，并通过“重金征集广告创意”与“水测试”营销策略，在相当程度上改变了国内消费者对瓶装水的选择倾向性。

4.品牌创意推广

新生代消费者对市场的强势影响使各行业的传统模式受到了非常大的冲击，因此众多企业开始重新审视自身的品牌战略并将目光聚焦于创意营销之上。在此层面，瓶装饮品行业在包装上的创意可谓无穷无尽，其中以碳酸饮料细分领域尤为突出。

农夫山泉借助外包装实现创意视觉效果与网络技术相结合，客户可以通过扫码进行抽奖，以及欣赏并分享AR、H5等创意传播元素，并在此基础上植入品牌文化元素，通过市场营销带动品牌文化底蕴的积累与沉淀。例如，联合故宫文化服务中心推出的9款限量款瓶装矿泉水，精美的清代历史人物画像与生动的故事文案相结合，加上扫描古风二维码后呈现出的精彩动画，将历史文化淋漓尽致地以全新的创意形式展示给客户。与网易云音乐联合推出的"乐瓶"，将精选走心乐评印于瓶身，扫描瓶身二维码即可实现短视频、AR场景体验、社交互动分享，可谓正中新生代消费者的感性心理需求。

资料来源 佚名.9个成功的市场营销案例分析［EB/OL］.［2022-03-26］. https://www.zhaoyuanedu.com/19844.html.有删改.

请思考：

（1）结合上述案例，分析农夫山泉成功的原因。

（2）以小组为单位确定一个知名产品，搜集整理其营销策略并进行交流和分享。

【教学互动9-2】

互动内容：

以小组为单位，通过查阅资料选择市场中的一项产品、技术或服务，或小组拟定一项产品或服务。

互动要求：

结合产品、技术或服务的相关知识，撰写相应的产品描述。

4.行业分析

行业是从事国民经济中同性质的生产或其他经济活动的经营单位或者个体的组织结构体系。在创业计划中，创业者要分析所进入行业的市场全貌及关键性的影响因素。一份完整的行业分析应该包含四个部分：

- 行业现状梳理：包括对行业的生态图、产业链、商业模式等的分析，描述该行业是处于萌芽期还是成熟期，发展到了何种程度，总销售额是多少，总收益如何等。
- 竞争格局判断：了解行业内的重点企业、竞争格局、目标用户。
- 行业发展趋势：包括行业发展前景与速度、市场结构、用户规模等。
- 宏观环境：如国家政策或法律、经济力量、社会与文化力量、科技力量等。

在进行行业分析时，应该对所选行业的基本特点、竞争状况及未来发展趋势有一个准确的把握，这些内容都是建立在对所选行业充分了解的基础之上的。创业者只有做到这一点，才能了解行业发展规律，认清行业发展方向，确定企业发展目标。

【案例解析9-4】 浙江省骑行大数据发布：一年减排2.79万吨

背景与情境：

2018年5月2日，网易云联合摩拜二度发布骑行大数据，这次从杭州扩展到浙江全省。数据显示，自2017年4月摩拜共享单车登陆浙江以来，全省累计骑行人数达到9 700万人（含外地游客）（如图9-3所示），累计骑行总里程2.4亿千米，相当于绕地球赤道6 000多圈。这样的骑行总里程换算成汽车里程，相当于减少碳排放2.79万吨，等于10 332辆小汽车一年的碳排放量。对减肥的人来说，更是相当于消耗了5.1亿卡路里。

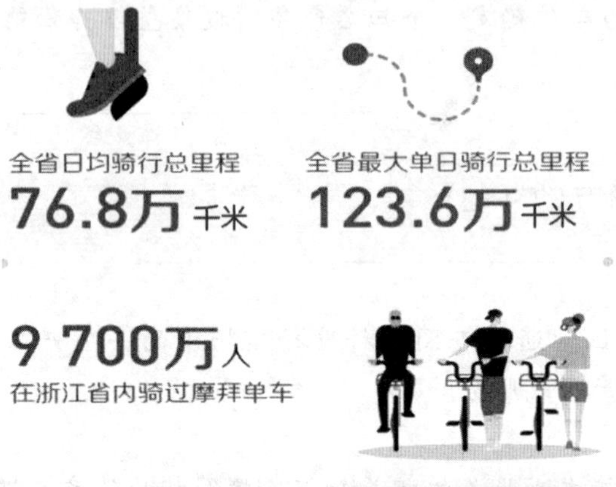

图9-3 浙江省摩拜共享单车骑行大数据截图

网易云联合摩拜发布的“浙江省骑行大数据”显示，以往骑行更多是老年人的专利，如今骑行已经成为年轻人的习惯：20～40岁的中青年人占骑行用户的70%；18～22岁的年轻人骑行频次更高、时间更长。此外，男性占比达58%，稍多于女性。单日骑行高频季节集中在春秋季，说明旅游资源对骑行总量具有一定的影响，其中最高单日总里程达到123.6万千米。

此次网易云联合摩拜发布的“浙江省骑行大数据”还统计了各城市的数据。比较而言，嘉兴、绍兴的人均骑行时间最长，杭州、温州的平均骑行速度最高，说明不同城市的生活节奏不同：杭州、温州相对来说生活节奏更快，嘉兴、绍兴、舟山等地的人更加享受慢生活。

“采用单车出行方式解决最后1 000米交通，比步行平均节省了10分钟。”摩拜杭州市场负责人张省伟介绍。另外，不同城市骑行的热门目的地也不同：杭州热门目的地是企业园区和景区，宁波为广场和休闲区，温州为商场，绍兴则集中在景区。“整体上，杭州、温州工作日、周末的骑行次数是最高的，是最爱骑行的城市。”张省伟介绍说。

“利用大数据的智能清洗和分析，可以帮助摩拜进行合理的调配，同时也能呈现出一些通过常规手段很难取得的有趣数据。”网易有数总经理郑栋表示。

资料来源　佚名．浙江省骑行大数据发布：一年减排2.79万吨［EB/OL］．［2018-05-04］．https://baijiahao.baidu.com/s?id=1599431819308292568&wfr=spider&for=pc.

讨论与分析：

（1）该行业的分析数据有何价值？

（2）该案例对你有何启发？

【教学互动9-3】

互动内容：

以小组为单位查找共享单车的相关资料，如摩拜单车、OFO等。

互动要求：

结合市场分析的相关知识，思考共享单车的目标客户是哪类人。

5.市场分析

市场分析在创业计划中起着举足轻重的作用，其中最主要的是目标市场分析。目标市场由著名的市场营销学家麦卡锡提出。他认为，应当按照消费者的特征把整个潜在市场分成若干部分，根据产品本身的特性选定其中一部分消费者作为第一特定群体，这一群体被确定为目标市场。例如，对手机消费群体的分析：手机更新换代异常频繁，早已进入了寻常百姓家。但手机有诸多消费群体，高端人士青睐外观精巧、质量上乘、功能先进的手机，商务人士喜欢具备多样化商务功能的手机，学生一族追求时尚型手机，普通百姓则以结实耐用的手机为首选。对目标市场的分析，应从以下几个方面入手：

- 你的细分市场有哪些？
- 你所拥有的市场有多大？
- 你的市场份额是多少？
- 你的目标顾客群是哪类或哪些人？
- 你的三年生产计划是什么？收入和利润各是多少？

详细的目标市场分析有利于投资者判断企业目标的合理程度及其承担风险的大小。在对目标市场的分析中，创业者需要阐明这样的观点：企业处在一个足够大、发展前景非常广阔的市场中，并有足够的能力应对来自各个方面的竞争。

【案例解析9-5】 报喜鸟公司市场分析案例

背景与情境：

国内西服市场品牌众多、竞争激烈，但是对于新品牌来说，市场机会依然存在。成立于1996年的报喜鸟公司已连续6年进入全国西服销售收入前10名，报喜鸟被认定为“中国驰名商标”。我国已成为服装大国，但还不是服装强国，主要表现在生产厂家众多、产量大，同时缺乏强势品牌、产品价格低。随着买方市场的形成，服装企业依靠数量、质量占领市场的策略不再奏效。报喜鸟公司成立后，创立品牌成为迫切任务。国内西服市场竞争激烈：国际知名品牌如BOSS、杰尼亚占据高端市场;国内知名品牌如雅戈尔、杉杉处在中端市场；一些区域性品牌占据低端市场。

在经过市场调研后，报喜鸟老总吴志泽认为：“男性进口名牌服饰优选的面料、新颖的款式吸引了高收入群体，但是中低收入群体无力购买，而国内一些实力雄厚的品牌产品则以一流品质赢得了自己的消费者群体，但在色调选择和款式变化上仍难以满足中高收入阶层中追求时尚的男性消费者。从细分市场角度看，价位在1 800～3 000元的中端市场还少有人涉足。由此切入，可以避免同国内实力雄厚的品牌正面竞争，同时这也是有利可图的市场。”

当时，报喜鸟在全国知名度偏低。采用明星做品牌代言人的关键在于选择合适的代言人，通过策划活动使之成为传递品牌内涵的载体。报喜鸟认为，采用明星代言品牌，可以把品牌内涵通过人格化的传播方式传递到目标消费者，树立衣着品位榜样。同时，明星也是新闻人物，这对于进行品牌宣传很有帮助。

根据报喜鸟的经验，企业选择品牌代言人应注意三点：

1.品牌代言人的性格特点是否符合品牌主张；

2.品牌代言人的外形气质能否体现品牌形象；

3.双方能否在品牌推广活动中很好配合。

报喜鸟根据品牌发展阶段性需要不断举行品牌代言活动，同时，不断注入新内涵：

1.“明星+名师”。在品牌知名度打响后，报喜鸟注意到国内品牌与国际知名品牌的差距主要体现在产品工艺的细微处。因此，报喜鸟以百万年薪聘请意大利名师安东尼奥担任首席工艺师，由此形成了任达华与安东尼奥这样的“明星+名师”组合进行品牌推广活动，展示报喜鸟形象与品质并重的品牌内涵。

2.“明星+名模”。在品质提升之后，报喜鸟注意到追求时尚品位应成为品牌的新主张。报喜鸟通过参加专业的服装博览会，举办大型流行趋势发布会、时尚发布会等，确立其引领时尚的前卫形象，传达“东情西韵、古风新律”的品牌文化风格。

在传播渠道整合上，报喜鸟借助具有目标读者针对性的民航杂志，赞助各地电视台时尚节目，统一各专卖店的外形、POP和店员工作程序，还开设了品牌网站。在广告方面，报喜鸟先后推出了5个版本的广告片，将品牌竞争上升到风格竞争、文化竞争的新高度。

思考：

（1）市场调研对报喜鸟公司的发展和成功有什么作用？

（2）你认为，报喜鸟公司的市场调研应该包括哪些方面？

6.竞争分析

竞争分析包含的内容与产品和服务的独特性以及新产品的市场定位紧密相关。从总体上讲，企业进行竞争分析，主要包括以下几方面的内容：①确认公司的竞争对手。广义而言，公司可将制造相同产品或同级产品的公司都视为竞争对手。②确认竞争对手的目标，即竞争对手在市场中找寻什么？竞争对手行为的驱动力是什么？此外，还必须考虑竞争对手在利润目标以外的目标，以及竞争对手的目标组合，并注意竞争对手用于攻击不同产品/市场细分区域的目标。③确认竞争对手的战略。公司战略与竞争对手的战略越相似，彼此之间的竞争越激烈。④确认竞争对手的优势和劣势。这就需要收集竞争对手几年内的相关资料。一般而言，公司可以通过二手资料、个人经历等来弄清楚竞争对手的强弱。⑤确认公司的竞争战略。

7.商业模式

商业模式是指为实现客户价值最大化，把能使企业运行的内外各要素整合起来，形成一个完整、高效率、具有独特核心竞争力的运行系统，并通过最优实现形式满足客户的需求，实现客户的价值，同时使系统实现持续盈利目标的整体解决方案。

目前，“商业模式”已经成为挂在创业者和风险投资者嘴边的一个名词。几乎每一个人都确信，有了一个好的商业模式，成功就有了一半的保证。简而言之：商业模式就是公司通过什么途径或方式来赚钱。比如，汽车公司如何通过卖车来赚钱，食品公司如何通过卖食品来赚钱，快递公司如何通过送快递来赚钱，网络公司如何通过关注度和相关消费来赚钱，通信公司如何通过收话费来赚钱，超市如何通过平台和仓储来赚钱等。只要有潜在或直接的盈利环节，就有商业模式存在。

【案例解析9-6】 鲜花产品项目解读

背景与情境：

本项目基于鲜花产品“在线上难以触网融合，在线下难以做成规模”的行业痛点，在生产环节，通过技术创新实现鲜花产品的标准化、流水线生产，生产效率提升10倍以上并且实现规模量产，让鲜花产品能真正拥抱互联网。针对鲜花产品的个性化需求，开发“网上鲜花标准化零库存”个性化定制系统，用户可以个性化选择并搭配鲜花，系统自动报价并形成订单。结合未来场景化消费需求，本项目拟以自营或管理输出方式筹建线下体验店，以单店配送半径8 000米的方式组建“20分钟极速物流配送圈”，从而实现鲜花产品各环节的互联网化及线上线下相结合的商业闭环。

讨论与分析：

请根据以上项目概要找出该项目解决的市场痛点和商业模式。

8.市场营销策略

市场营销策略是创业计划的重要组成部分。它通常以年度为基准，着眼于与营销组合变量（产品、价格、分销及促销）有关的决策，并考虑如何实施所拟定的具体内容与步骤。无论创建的企业属于何种类型，有多大的规模，每一个创业者都需要制定市场营销策略，且需要不断加以修订。

当企业要开发一种新产品或向新的市场扩张时，首先要进行市场分析和预测，然后针对目标市场制定营销策略。市场分析的主要内容包括：目标客户和目标市场；市场容量和市场发展趋势；企业在市场竞争中的地位、竞争对手的情况，以及各自的竞争优势；预计的市场份额和销售额。营销策略主要包括市场机构和营销渠道的选择，以及价格、促销、分销等各方面拟采取的策略。

对处于不同发展阶段的企业来说，其营销策略是不同的。对创业企业来说，由于产品和企业的知名度低，很难进入其他企业已经稳定的销售渠道中。因此，创业企业不得不暂时采取高成本、低效益的营销策略，如上门推销、大打商品广告、向批发商和零售商让利，或交给任何愿意经销的企业销售等。而发展中的企业一方面可以利用原来的销售渠道，另一方面也可以开发新的销售渠道以适应企业的发展。

【案例解析9-7】 照亮你的心里话主题营销

背景与情境：

“七夕”来临之际，vivo围绕一直以来的传播主题“照亮你的美”在北京、上海、长沙、深圳、广州、成都、南京等地的地铁站内开启了针对节日的全新一轮营销战役——“照亮你的心里话”。恰值中国的“情人节”，vivo针对单身和情侣两类特定人群，推出了线下地铁营销广告。

用户感知品牌最直接的途径是产品，产品核心亮点的重要性不言而喻，一味地强调产品属性的营销只会适得其反。唯有使营销场景化、故事化，才能拉近和用户的沟通距离，使产品与用户的情感产生连接。vivo在此次“照亮你的心里话”营销中，不再强调“柔光双摄”的功能，而是通过一张张纪实的照片展现单身人群和情侣生活中的瞬间。这些“素人”的真实画面能让单身人群和情侣感受到品牌与自己的情感共鸣。

讨论与分析：

结合以上材料，收集相关资料，了解什么是场景化营销及其优势。

9.财务分析

财务分析是针对创业项目的发展制定的一套可靠、全面的财务规划，以反映企业预期的财务业绩。在创业计划中，财务分析需要花费较多的时间和精力，并由专业财务人员来进行，主要包括资产负债表分析、利润表分析和现金流量表分析。

资产负债表分析是把定量分析和定性分析结合起来，全面分析各种因素对资产负债的影响，使资产负债表的阅读者获得必要的信息。对于资产负债表账户在当期内的变化，着重于与一些经过计算的相对比率或相对指标进行对比。其主要包括流动资产变现能力分析、短期偿债能力分析、长期偿债能力分析。

利润表分析是指对企业组织收入、控制成本费用支出以实现盈利能力的分析，评价企业的经营成果；同时，还可以通过收支结构和业务结构，分析与评价各项目业绩成长对公司总体效益的贡献，以及不同分公司的经营成果对公司总体盈利水平的贡献。通过利润表分析，可以评价企业的可持续发展能力。它反映的盈利水平颇得上市公司投资者的关注，是资本市场的“晴雨表”。

现金流量表分析是指对现金流量表上的有关数据进行比较、分析和研究，从而了解企业的财务状况，发现企业在财务方面存在的问题，预测企业未来的财务状况，为报表使用者做出科学决策提供依据。

10.风险分析和应对

创业本身就带有一定的冒险性，创业过程中的风险通常让人始料不及。很多人认为，创业者就是冒险家，有着很高的风险偏好。实际上，真正的创业者并不喜欢风险，而是尽可能避免风险，或把风险程度降至最低。真正的创业者在创业开始阶段会对可能出现的风险和可能获得的利益进行评估。风险分析不仅能减轻投资者的疑虑，让他们对企业有全方位的了解，而且能体现创业团队对市场的洞察力和解决问题的能力。创业中存在的风险主要有行业风险、政策风险、市场风险、技术风险、资金风险、管理风险、环境风险、其他风险等，具体见表9-2。

表9-2 **创业计划中常见的风险类型**

序号	风险类型	含义	举例
1	行业风险	指一些不确定因素的存在，导致某行业的生产、经营、投资或授信后偏离预期结果而造成损失的可能性。行业风险包括周期性风险、成长性风险、产业关联度风险、市场集中度风险、行业壁垒风险、宏观政策风险等	如有线电视行业在20年前非常火爆，但随着生活方式的改变，现在已经逐渐远离了人们的视线，这就是典型的案例
2	政策风险	指政府有关证券市场的政策发生重大变化或者有重要的举措、法规出台，引起证券市场的波动，从而给投资者带来的风险	如2016年国家下发的“营改增”文件，就对一些建筑施工单位造成了很大的影响
3	市场风险	指在证券市场中，因股票价格、利率、汇率等的变动而导致价值未预料到的潜在损失的风险	如汇率的上涨、下浮都影响着货币的价值。再如，生产中常用的材料钢筋几乎每天一个价格，如果投标单位未能及时掌握市场价格变动因素，就很有可能出现报价失误的情况
4	技术风险	指随着科学技术的发展、生产方式的改变而产生的影响人们生产与生活的风险	如网络服务器经常受到黑客的攻击，网络中的信息系统受到攻击后无法恢复正常运行；网络软件常常被人篡改或破坏；网络中存储或传递的数据常常被未经授权者篡改、增删或使用
5	资金风险	指实际利率或实际回报率因通货膨胀（或气候）等其他因素造成的不确定性	如我们经常遇到的银行贷款不能及时发放，会导致公司资金链断裂
6	管理风险	指管理运作过程中因信息不对称、管理不善、判断失误等影响管理水平的风险	如管理者的决策失误很有可能导致公司无法正常运行，团队积极性不高，从而给公司带来致命打击
7	环境风险	指由人类活动引起或由人类活动与自然界的运动过程共同作用造成的，通过环境介质传播的，对人类生存、发展的基础——环境产生破坏、损失乃至毁灭性影响等不利事件的发生概率	如近年来因为环保问题，很多石材加工厂都面临着被迫关闭的风险

风险应对是指创业者在风险分析的基础上，选择最佳的风险管理技术，采取及时有效的方法进行风险防范和控制，用最经济合理的方式来综合处理风险，以实现最大的安全保障。常用的风险应对方法包括风险避免、风险自留、风险预防、风险抑制和风险转嫁等。

11.退出策略

退出策略是企业发展到一定阶段以后，投资者认为有必要将资本回收的投资策略。企业通过不断投资壮大规模后，应考虑如何适时地退出已有投资的问题。不少企业正是由于没能在投资的进入与退出之间取得较好的平衡，因而在市场竞争中陷入了被动。投资退出并不是只限于项目亏损时的被迫行为，而应该是在投资时就主动确立的一种策略。很多企业在投资时往往只考虑日后如何经营，却很少思考如何适时兑现投资，更不愿意去想如何应对亏损的残局。如何选择适当的时机、适当的途径，实现投资顺利退出，使投资项目不仅有一个良好的开始，更有一个完美的结局，对企业来说是至关重要的。投资的退出方式主要有以下4种：

（1）首次公开上市（IPO）退出

首次公开上市退出是指风险企业挂牌上市使风险资本退出。首次公开上市可以分为主板上市和二板上市。采用首次公开上市这种退出方式，对风险企业而言，不仅可以保持其独立性，而且可以获得在证券市场上持续融资的渠道。

（2）并购退出

并购退出是指其他企业兼并或收购风险企业，从而使风险资本退出。由于股票上市及股票升值需要一定的时间，或者风险企业难以达到首次公开上市的标准，许多风险资本家就会采用股权转让的方式退出投资。虽然并购的收益不及首次公开上市，但是风险资金能够很快地从所投资的风险企业中退出，进入下一轮投资，因此并购也是风险资本退出的重要方式。

（3）回购退出

回购退出是指风险企业家或风险企业的管理层购回风险资本家手中的股份，使风险资本退出。就其实质来说，回购退出也属于并购的一种，只不过收购的行为人是风险企业的内部人员。回购的最大优点是风险企业被完整地保存下来了，风险企业家可以掌握更多的主动权和决策权，因此回购对风险企业更为有利。

（4）清算退出

清算退出是针对投资失败项目的一种退出方式。风险投资是一种风险很高的投资行为，失败率相当高。相关统计数据显示，在获得天使投资的2万多家国内企业中，能进入下一轮融资的总体概率为45%；其中有134家在榜独角兽企业，退榜独角兽企业57家，合计为191家，也就是从天使投资到晋级独角兽企业的概率不到1%。另外，获得天使投资后成功IPO上市的概率仅为2%。对风险资本家来说，一旦所投资的风险企业经营失败，就不得不采用此种方式退出。尽管采用清算退出方式损失是不可避免的（平均只能收回原投资的64%），但是毕竟还能收回一部分投资，以用于下一个投资循环。因此，清算退出虽然是迫不得已的，却是避免企业深陷泥潭的最佳选择。清算有三种方式：解散清算、自然清算和破产清算。

做一做

【项目训练9-1】 撰写创业计划

【训练内容】

结合创业计划的相关知识，以小组为单位，通过调查分析，选定一个创业项目。团队成员合理分工，共同完成一份完整的创业计划。创业计划的正文，不需要完全按照教材中要求的内容撰写，可根据创业项目的实际情况进行修改和调整。

【训练目标】

通过创业计划的撰写，熟悉创业计划的基本结构、主要内容和撰写技巧，更好地理解创业计划的有关知识；挖掘和培养学生的创业素质和潜力，使学生客观、理性地认识创业，激发学生的创业自信心。

【操作流程】（如图9-4所示）

小组成员分工合作，收集相关资料，撰写一份完整的创业计划	→	根据创业计划的相关知识，拟订创业计划的基本结构和主要内容，并就其可行性进行论证分析	→	通过图书、资料、网络等，对目标行业进行调查分析，选定小组的创业项目	→	每6位同学为1组，每个小组推选1名组长，组织20分钟的团建活动，以增强凝聚力

图9-4 撰写创业计划的操作流程

【成果形式】

一份完整的创业计划。

评一评

××创业计划参考评价表见表9-3。

表 9-3　××创业计划参考评价表

评价指标（分值）	标　准	小组自评（30%）	小组互评（30%）	老师评分（40%）	最后得分（分）
创业计划的基本结构（15分）	包括封面、目录、正文和附录四部分，正文主要包含项目执行摘要、项目概况、市场分析、产品或服务、财务分析、风险分析等				
执行摘要（10分）	简明、扼要地概括整个项目；思路清晰，重点突出；具有鲜明特色和吸引力				
项目可行性分析（15分）	精确地描述服务或产品的市场潜力、定位策略，分析项目实施后是否具备可行性，市场接受程度的调查资料是否完备				
产品或服务的创新性（10分）	明确表述产品或服务的用户需求性、市场接受程度；指出产品或服务目前的技术领先程度，以及市场需求的适应性，能否实现产业化				
市场分析（10分）	明确阐述产品或服务的市场容量与趋势、市场竞争状况、市场变化趋势及潜力，细分目标市场及客户描述，做到市场调查和分析的严密性				
营销策略（10分）	准确描述市场进入策略和市场开发策略，包括竞争分析、市场细分、定位定价等，构建新颖而富有吸引力的促销方式				
财务分析（10分）	正确编制各类财务报表，财务分析清晰				
风险分析与对策（10分）	针对市场现状，客观分析项目所面临的各种风险，并制定相应的对策				
文本撰写情况（10分）	逻辑严密，表达清晰，条理清楚，数据翔实				
合计（100分）					
老师评语	签名：　　　　日期：				

创学堂9-2

任务二 创业项目的路演与技巧

任务目标

● 知识目标：了解创业项目路演的内涵和价值，掌握幻灯片的制作方法和路演的技巧。

● 能力目标：通过路演幻灯片的制作和展示，培养学生创业应具备的沟通、表达、组织等能力。

● 素养目标：通过项目路演展示，提升学生的创业自信心。

【任务导入】

19岁大学生投身科技创业 路演现场沉着答投资人问

近日，由大众创业平台主办的“创业话题王”路演活动在中关村创业大街举行，现场邀请了安芙兰资本、中科招商、华纳时代资本、星库空间、洪泰基金、尚科创投、贝壳菁汇、天使空间、先锋投资、知投资本、悦维资本、互联创投、掘金微创业等几十家投资机构的代表。

参加大众创业平台“创业话题王”路演活动的创业者共10位，他们分别带来了教育、旅游、人工智能、快消品、餐饮、法律、体育等多个行业的优秀创业项目。其中，北京易热智成能源科技有限公司的创始人朱杰令观众眼前一亮。朱杰，1997年生，北京易热智成能源科技有限公司创始人，目前团队规模6人。

19岁的朱杰是北京邮电大学物理学院的一名大一学生，路演现场他分别从公司业务、核心技术、市场分析、商业模式等方面详细地介绍了自己的创业项目——“互联网+人工智能按需供热能耗管理节能系统”。面对投资人的提问，朱杰沉着冷静，一一作答。

据朱杰介绍，他的项目模式是“互联网+供暖节能”，公司的核心节能技术为“互联网+人工智能按需供热能耗管理节能系统”，通过电脑为供暖项目建模及进行大数据计算分析，为采暖供热项目提供节能服务，经北京市节能中心在实际项目中测试，节能率为13.3%。此项目2015年参加首届京津冀青年互联网+创业大赛，荣获二等奖。目前，朱杰正准备推广“互联网+智慧供热”项目。

据了解，本次路演活动的主办方大众创业平台是一个一站式企业服务平台，平台以工商服务、财会税务、人力资源、知识产权、资质审批等市场准入服务和人才服务为切入点，逐步形成从市场准入、人才服务到业务需求捕捉、项目孵化再到资金注入、企业综合服务的全周期服务体系。大众创业平台CEO李洪森女士说："未来，大众创业平台将继续举办创业路演活动，为更多的创业者和投资人搭建沟通的桥梁，真正实现'大众创业，万众创新'的企业愿景及社会使命。"

请思考：

（1）创业项目路演的目的是什么？

（2）你认为朱杰路演中介绍的内容是否完整？如不完整，还需要补充什么内容？

学一学

一、创业项目路演的准备

创业项目路演一般是指创业者在一定时间内，通过幻灯片的辅助，向投资方阐述企业产品、项目可行性、核心价值、可操控性、投资回报、项目风险及规避方法等内容。项目路演分为线上项目路演和线下项目路演。线上项目路演主要是通过QQ群、微信群或者在线视频等互联网方式对项目进行讲解；线下项目路演主要是通过活动专场向投资人演讲或进行面对面的交流。

项目路演前需做好相应的准备工作：第一，路演之前，要明确展示的目的，收集相关信息，了解听众的需求，便于和听众联系、互动。第二，确定展示的人员和方式。一般创业大赛都会要求所有创业团队成员参加展示，但并不要求所有成员都进行陈述，因此，选择合适的人员进行陈述是成功的关键因素之一。第三，准备展示的素材和设备，通常包括创业计划和PPT，如果有产品模型等，则可以锦上添花；如需要视听设备，需提前准备好。第四，在正式展示之前，和团队成员一起进行模拟预演，帮助路演者调整到最佳状态。第五，想方设法使展示生动有趣、充满激情。

二、创业项目路演的内容

创业项目路演的PPT应尽可能简洁，一些专家给出了6-6-6法则，即每行不超过6个字，每页不超过6行，连续6张纯文字PPT之后需要有一个视觉停顿（以图或表来展示）。一个好的路演PPT应该具备以下几个特质：

讲述一个令人信服且逻辑通顺的故事；商业模式已通过实验和研究数据得到验证；结尾有经充分研究推导出的明确融资数额。下面推荐一个PPT模板：

幻灯片1：问题/痛点

这可能是路演PPT中最重要的幻灯片之一。500 Startups的合伙人戴夫·麦克卢尔（Dave McClure）主张“强调问题所在而非解决方案”的原因是，太多创业者在推销他们的解决方案上用力过度，却没有让潜在投资人明白他们要解决的问题是什么。在此张幻灯片中，路演者需要尽可能简洁地说明以下几点：

➢ 问题/痛点是什么？

➢ 你怎么知道这是一个问题/痛点？你有一手或者二手的研究数据来支持这个问题/痛点吗？

➢ 你要为谁解决这个问题/痛点？

幻灯片2：解决方案

现在你已经告诉投资人，某一个群体中有一个重要的问题需要解决，并且它已通过你的研究得到验证，这时候你就可以讲述你将如何解决这个问题了。以下是你需要回答的问题：

➢ 人们现在正在使用的解决方案是什么？为什么这些解决方案都没有真正解决该问题？

➢ 你的解决方案是什么？

➢ 你的解决方案为什么比其他解决方案更好？最终能带来的好处是什么？

➢ 你的解决方案有什么专利或者独特之处吗？

幻灯片3：数据验证

前两张幻灯片讲完后，大多数投资人都想看到你的解决方案的数据验证。事实上，大多数投资人不在乎产品的细节，他们的第一直觉是评估你的项目是否是一个好的投资机会的关键。我们称这张幻灯片为“关键幻灯片”，因为它决定投资人是否会继续看下去。在该张幻灯片中，你应该思考如何回答以下问题：

➢ 你有多少付费客户或用户？

➢ 你的产品/服务每月/每年会产生多少收入？

➢ 你每月的增长额是多少？

➢ 你实现盈利了吗？

➢ 你有重要的合作伙伴吗？

➢ 你有来自客户的嘉奖或者高的净推荐值吗？

幻灯片4：产品

在幻灯片2中，你传达了你的解决方案能提供的所有好处。在这张幻灯片中，你要给投资人一个产品的快速演示，在不透露过多细节的同时向他们解释产品是如何工作的。你要尽量用简洁的语言来解释并放上几张产品截图，以此展示：

➢你的产品是如何工作的？

➢它如何为你的客户带来价值？

幻灯片1～4是让投资人上钩的“钩子”。演示这4张幻灯片的唯一目的就是让投资人对你的业务感兴趣，这样他们才会想要更多地了解你的项目。

在幻灯片5～8中，你要向投资人证明你的项目是有市场潜力的，而你正好有一个独特的策略来切入这个市场。

幻灯片5：市场分析

该部分内容包括TAM（Total Available Market，市场总量），SAM（Serviceable Available Market，可服务市场总量）和SOM（Serviceable Obtainable Market，实际可服务市场总量）。如果你的市场要细分，谈一谈你如何成为小池塘里的大鱼。在该张幻灯片中，你应该思考如何回答以下问题：

➢TAM、SAM、SOM有多大？

➢用户的画像（ICP）是什么？谁是你的早期使用者？

➢你的产品生命周期价值和获得成本各是多少？你的客户流失率是多少？

幻灯片6：竞争分析

创业者可能听到的最受打击的问题之一就是：“如果某某（某行业巨头）用更多的资源进入你的市场，你怎么应对呢？”这个问题没有真正的答案，因为除非某某真的这样做，否则没人知道会发生什么。这里你应该展示的是你在适应市场和获得市场份额方面的信心，同时展示你当前的客户满意度和忠诚度。你需要考虑以下问题：

➢你的市场定位是什么？

➢如何防止竞争对手夺走你的市场份额？

➢你的秘诀是什么？你将如何变得比竞争对手更优秀？

幻灯片7：商业模式

Lean Canvas的创始人阿什·毛里亚（Ash Maurya）曾说过：“一个创业者的真正产品不是解决方案，而是一个行得通的商业模式。创业者真正该做的是随着时间的推移，系统性地降低商业模式的风险。”在这张幻灯片中，你要解答的关键问题包括：

➢ 你如何赚钱？

➢ 你的商业模式的工作原理是什么？

➢ 你的商业模式如何通过实验或案例研究获得验证？

幻灯片 8：市场推广策略

现在你已经确定了你的目标市场和商业模式，你想让投资人知道你将如何进入这个市场。你的市场推广策略应该在小范围内得到了验证，你也应该确定了最有效的客户获取渠道。这里你需要回答以下问题：

➢ 你将如何让你的产品出现在客户面前？

➢ 基于你当前的资源，你将关注哪些渠道？你做了什么来验证这些是最有效的渠道？

➢ 你有竞争力的分销策略是什么？

幻灯片 9：融资需求+财务数据

为了支持你提出的雄心勃勃的获客策略，你需要提出融资需求。你的整个演示都是为了这一时刻。到这里，投资人应该明白了为什么你的项目会是一个好的投资机会，现在他们想知道你需要多少资金。这里你要回答以下问题：

➢ 你需要多少资金来进一步验证你的商业模式？

➢ 你手上的钱还能花多久？你还要“烧”多少钱？

➢ 资金将如何分配？钱会花在哪里？

➢ 获客成本是多少？你有多大的信心能让它保持在一定范围内？

幻灯片 10：团队介绍

在这张幻灯片中，你要介绍你的团队成员各自的职务和过去的经历。你要向投资人解释为什么你的团队是执行这个创意的最佳选择。这里你要回答以下问题：

➢ 你的团队里有谁？他们有什么相关技能和经验？

➢ 你是如何认识你的联合创始人的？你们过去一起做过什么可以表明你们能一起顺利工作？

➢ 你有哪些顾问？他们的经验与你正在解决的问题有什么关系？

幻灯片 11：企业愿景

企业愿景应该在标题幻灯片中作为重要的宣传标语，或者放在PPT最后提醒你的投资人为什么他们应该关心你的项目。在向投资人提供了所有事实、数据和验证信息后，如果这些都达到了他们的标准，他们接下来想知道为什么你能把你的项目做成。这里你要回答以下问题：

➢ 企业愿景是什么？

➢ 什么在激励你实现这个愿景？

三、创业项目路演的技巧

无论创业计划的PPT做得多么完美，投资人或评委在听完几分钟的路演后就能决定你的项目是否值得他们花时间、花精力以及花钱。以下是项目路演时的一些技巧，可以帮助创业者更好地展示创业计划：

1.良好的精气神，展示你的热情

路演前保证充足的休息，才能在路演时呈现出饱满的精神状态。另外，在重要路演场合，适当的化妆也可以提升镜头前的精神状态。

2.充满自信心

如果演讲人自己都不够自信，那凭什么要求投资人投资呢？投资人往往不了解技术细节，更不了解你的产品，他们下结论很大程度上要看你是否对自己的产品有自信，要不断催眠自己一定能成功，将信心传递给投资人。

3.要与听众有“情感链接”

可以是场景描述，可以是互动，最重要的是投入，将听众带入你营造的情境中。如果怕冷场或者怕出现技术故障，可以预想几个可能产生尴尬的场景，提前准备几个段子，化解尴尬，缓和气氛。

4.面对投资人“说”而不是“念”

演讲人永远不要只盯着屏幕，屏幕应该只是演讲人身后的提纲。演讲时语言要有起伏、有情感、有停顿，如果担心“背不出”，可以在手上准备一些小的便条。

5.注意语速

控制语速能让你讲解得更清晰。讲得慢一些不容易犯错，如果你感觉自己的语速很慢，通常对听众来说是恰到好处。

6.用故事叙述

演讲人要把复杂的问题简单化，不要把问题说得太抽象，要用翔实的数据、具体的事例和故事进行讲述，展示清晰的故事叙述能力。

7.清晰的演讲逻辑

演讲人要在脑海中规划自己的演讲“地图”，找到关键点，把演讲的结构弄清楚、弄明白，思路和脉络自然就清晰了。这样既可以克服忘词的恐惧，也可以让听众一清二楚。

8.反复演练你的演讲，控制时间

演讲人要多练习激情、气场、语速、语调、手势、动作等演讲基础技巧，将演讲内容烂熟于心。演讲人可以先在你的团队面前进行试讲，让他们帮你计时，反馈演讲效果并及时改进。

9.想办法让投资人记住你

投资人听了太多的展示演讲，无法一一记住。演讲人可以用一句足够吸引人的口号、一个句子或一个观点，在展示过程中多次提及，让投资人牢记，给他们留下印象你就成功了一半。

10.重视最后的提问环节

路演结束时，如果有点评环节，演讲人要认真倾听投资人提出的项目改进意见，尽量给对方留下良好的印象。演讲人在回答投资人的问题时，应避免犹豫、迟疑等反应。

【教学互动9-4】

互动内容：

组织学生观看一场项目路演。

互动要求：

结合创业项目路演的相关知识，讨论分析路演活动的优点和不足。

参考资料：

8分钟经典路演技巧

8分钟是国际标准的路演时间。如果你能够将8分钟的标准路演时间把握好，那么以后的路演，不管是3分钟、5分钟，还是10分钟，对你来讲都不成问题，因为8分钟是最难以把握的时间。

所以，8分钟路演是最经典的路演。

在一场8分钟的路演中，企业如何快速抓住听众的注意力？我总结了一个经典的公式：

8分钟路演=提出问题+解决方案

这个公式非常重要，不管是乔布斯，还是雷军，所有的路演大师都是遵循这个公式而进行了一场场成功的路演。

在一场8分钟的路演中，路演者只需要做两件事：第一件事，告诉听众你的项目是针对什么问题的；第二件事，你提出的解决方案是什么。以室内装修设计为例，路演者必须向听众提出现在装修行业或者设计行业存在的问题。比如有五大问题，这五大问题要抓住听众的五大痛点，说到他们的心坎里。然后针对这些问题，提出你的解决方案，听众自然就会买账。

8分钟经典路演要围绕着四个问题展开：

第一个问题：我们是做什么的。告诉听众企业是做什么的，这是听众关心的最基本问题。

第二个问题：我们能为客户解决什么问题。企业要告诉听众其能为客户解决什么问题，这个问题必须是企业对整个行业和对消费者进行了研究之后得出的结论。

第三个问题：我们如何与众不同。这个问题的关键在于告诉听众企业与其他同行在哪些方面是不同的、企业的核心竞争力是什么。

第四个问题：和听众有什么关系。这是最重要的问题，演讲人要告诉听众路演内容与听众有什么关系，听众为什么要关注企业的路演。

资料来源 佚名．8分钟经典路演（路演技巧）［EB/OL］．［2018-07-04］．https://www.sohu.com/a/239314737_763503.

做一做

【项目训练9-2】 创业项目路演

【训练内容】

以小组为单位，根据各小组撰写的创业计划，结合创业项目路演的相关知识，制作项目路演PPT，并进行创业项目路演。

【训练目标】

通过创业项目路演活动，学生要了解创业项目路演的内涵和价值，掌握PPT的制作方法和路演中的技巧，培养学生创业应具备的沟通、表达、组织等能力，提升学生的创业自信心。

【操作流程】（如图9-5所示）

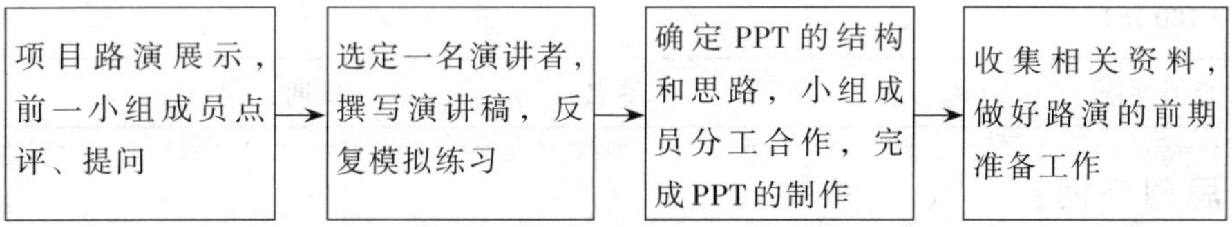

图9-5 创业项目路演流程图

【成果形式】

各小组创业计划、路演PPT展示。

评一评

×××创业项目路演参考评价表见表9-4。

表9-4　×××创业项目路演参考评价表

评价指标（分值）	标　准	小组自评（30%）	小组互评（30%）	老师评分（40%）	最后得分（分）
演讲内容（20分）	演讲内容紧扣创业计划，主题鲜明、深刻				
语言表达（10分）	脱稿演讲，声音洪亮，口齿清晰，语速适当，表达流畅，激情昂扬				
仪表仪态（10分）	衣着整洁，举止得体，具有朝气蓬勃的精神面貌				
PPT制作（20分）	思路清晰，层次分明，重点突出，具有一定的美观度				
现场答辩（30分）	能准确理解评委的问题，回答简明扼要；思路清晰，逻辑严密；团队配合默契				
综合印象分（10分）	由评委根据路演者的现场表现打分				
合计（100分）					
老师评语	签名：　　日期：				

【思创空间】

根在沃土　心向青山

蜂蜜、黑木耳、竹荪、香菇……四川省广元市青川县的森林覆盖率达到了74%，许多长在深山里的宝贝都是城里人的稀罕物。为了让这些农产品“出山”，赵海伶返乡创业13年，一直坚守在大山里，把时光抛洒在崎岖的山路上，把脚印刻在秀丽的山水间，把喜悦装进农户的心里。

2009年，处于“5·12”汶川特大地震灾后重建阶段的青川县百废待兴。看到家乡人民为重建家园、为幸福美好生活所付出的努力，赵海伶决定加入他们。这一年大学毕业的赵海伶毅然选择返乡，通过电商平台帮农户售卖农产品。“我应该算是在网上卖农产品的‘第一拨人’了。”赵海伶说。

当时，农产品销售模式单一，通过电商售卖是一种全新的尝试。“那时候，我没有电脑就找县委党校借，家里的客厅就是办公室，移动板房也能当仓库。经常是天还没亮就要下乡，步行10多个小时挨家挨户收购山珍，晚上到家整理好订单，马不停蹄地开始发货。”这些年来，赵海伶精心打包好每一瓶蜂蜜，挑选出每一朵木耳，仔细填写每一张快递单。

赵海伶也有情绪低落的时候，“身体上的辛劳不算什么，得不到消费者的认可才会觉得苦”。尽心尽力的她在收到消费者“差评”时总是一遍遍向消费者解释，“一方面，青川地处秦巴山区，交通不便，快递时有延误。另一方面，纯天然的农产品不可能做到色泽、大小完全统一，并不代表品质不好”。

这些年来，赵海伶亲历并见证着家乡的变化。“10年前，我到蒿溪乡去收蜂蜜，问起蜂农们有什么梦想，有的人想要一张新床，有的人想要一台电视机。10年过去了，这里的人们有了更高的追求，他们开始想买小汽车，想到县城买新房子。家乡有了新面貌，老百姓的日子也越过越好，生活也越来越有盼头。”赵海伶说。

农产品品质不稳定、货源零散、物流低效等问题一直困扰着网上卖货的返乡创业者们。只有系统整合各类山珍资源，实现规范化、标准化生产和销售，才能得到消费者的认可，让农户长期稳定获利。2010年，赵海伶注册了自己的品牌“海伶山珍”，这一年她只有200多位合作农户。12年后的今天，海伶山珍商贸有限责任公司合作农户已经增至5万多户。

为了帮助更多的农户增收，赵海伶还组建成立了青川县聚丰食用菌种植专业合作社和青川县恒丰食用菌种植专业合作社，采取“公司+专业合作社+农户+电商”的运营模式，为有需要的农户提供技术、资金扶持，与他们签订长期生产销售协议。

56岁的杨鸣家住青川县三锅镇，今年是他养蜂的第19年。“和海伶山珍合作前，我习惯把蜂桶散放在西阳沟自然保护区附近海拔2 000多米的山坡上，一年产250千克蜂蜜，价格不高，销路也不好找。现在我和海伶山珍签订了长期合作协议，其在资金和技术上支持我，每千克蜂蜜的收购价从40元涨到了100元，蜂桶也增加到了120多个，一年能卖出1 000千克蜂蜜。”杨鸣说，自己联合西阳沟自然保护区附近的13户蜂农成立了养蜂专业合作社，成为海伶山珍的“长期合伙人”。

“返乡创业青年不是孤军奋战，我们是建设家乡的骨干力量。”赵海伶说。如今，赵海伶有了一个让她骄傲的新身份——青川县青年创业协会发起人。在她的示范带动下，已有60余名青年返乡创业。

扎根沃土，心向青山，赵海伶将一直坚持下去，“脱贫攻坚见证了‘中国奇迹’，也激励我们不忘初心、牢记使命，在新时代汇聚起乡村振兴的澎湃力量”。

案例来源　刘畅.根在沃土 心向青山［EB/OL］.［2022-04-09］. http://ltxcw.cn/n/212l243l/34225.html.

案例解析：案例中的情景只是今天我国乡村振兴战略下的一个缩影。乡村振兴的关键在人才，具有创新精神的大学生是助推农业现代化、产业化，延长农产品价值链条，提升农村文化品位的重要力量。受益于国家政策积极推动，当下返乡创业环境越来越好。更多非农专业的“跨界”大学生投身乡村创业，换个视角看农业，为乡村产业发展拓展新方向、提供新玩法、注入新活力。他们在农村广阔天地里大显身手，不仅实现了自己的创业梦，也帮助乡亲圆了致富梦，为乡村振兴贡献青春力量。此外，农村需要培养创业的土壤，要创新乡村人才工作体制机制，为大学生搭建发展平台，给予足够的激励与帮扶举措，充分激发乡村现有人才活力，引凤来栖、引凤还巢，把更多人才引向乡村创新创业。

【思考与练习】

1.关键术语

创业计划，也叫商业计划（Business Plan），在特定语境下也被简称为BP，是企业围绕具有市场前景的产品或服务，以招商融资或其他发展目标为目的，对企业内部的人员、制度、管理、财务以及企业的产品、营销、市场等各个方面进行可行性分析，全面展示项目的背景、现状与规划、发展前景的纲领性文件。

按照创业计划的目标，创业计划可分为吸引风险投资的创业计划、吸引创业伙伴的创业计划和获取政府支持的创业计划三类。

一般而言，创业计划的基本结构包括封面、目录、正文和附录四部分。

创业项目路演是指创业者在一定时间内，通过幻灯片的辅助，向投资方阐述企业产品、项目可行性、核心价值、可操控性、投资回报、项目风险及规避方法等内容。

随堂测9-1

2.选择题

○ 单项选择题

（1）创业者的创业计划必须通过具体的（　　），才能实现创业目标。

A.实际行动　　B.策划　　C.人　　D.市场

（2）把新的风险企业放在一个适当的背景下，这一点很重要。潜在的投资者往往需要根据多个指标来评价这个风险企业，这就需要进行（　　），以便了解创业者在什么行业内竞争。

A.竞争对手分析　　B.市场分析

C.行业分析　　D.宏观分析

（3）现金流量预估表中的数据源自（　　），但要根据现金可能变化的时间进行适当的调整。

A.损益预估表　B.资产负债表　C.费用表　D.现金流量表

（4）一般而言，营销计划应该是一个以（　　）为基准的计划。

A.月度　B.季度　C.短期目标　D.年度

（5）以新市场、大市场为目标创造出新的需要或满足潜在的需求的创业类型是（　　）。

A.个人创业　B.创新型创业　C.自主型创业　D.机会型创业

○ 多项选择题

（1）创业计划的基本内容包括（　　）。

A.产品、服务、市场　　B.财务和风险

C.管理、营销　　D.退出策略

随堂测9-2

（2）商业模式的核心内容有（　　）。

A.产品　B.客户　C.盈利方式　D.营销

（3）市场分析的内容包括（　　）。

A.目标客户　B.市场容量　C.竞争态势　D.以上都不是

3.判断题

（1）创业计划的附录主要是指营业执照。（　　）

（2）创业计划主要包括概要、企业构思、法律形态、企业组织、企业财务和附件6个部分。（　　）

随堂测9-3

（3）创业计划的内容必须按照统一的标准模板填写。（　　）

（4）充分的市场调研和数据分析是创业计划可信度的基本保证。（　　）

项目十 着手创办企业

成立创业公司前，所有的准备工作中最重要的是心理上的准备：创业是否真的是你想要的？你是否有足够的毅力与韧性忍受创业途中的磨难与煎熬？你是否有一颗足够强大的心脏去面对与克服创业途中重重的困难与挑战？你是否能够承受创业失败的后果？如果你的答案是肯定的，你就应该接着思考成立创业公司前从法律及实践操作角度有什么必需的准备工作。那么，公司注册法规的内容是什么？开办和经营企业必须合法，因此，必须遵守国家的法律、法规。在创业准备阶段，创业者有必要熟悉相关的法律、法规，了解企业不同法定形态各自的利弊，选择适合自己的法定形态。企业在实际运作中还会遇到大量法律问题，当然创业者只需要对这些问题有一些基本的了解，专业问题可以由律师去处理。本项目将系统地阐述企业的法律形式、企业注册的基本要求和流程，以及与创业相关的法律和法规。

【项目结构】

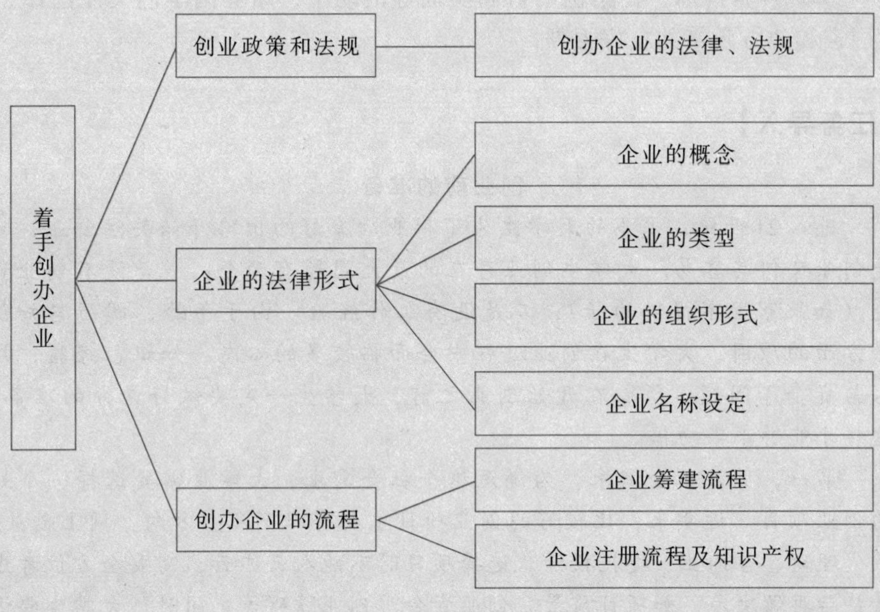

图 10-1　项目十内容结构图

创学堂10-1

任务一 创业政策和法规

任务目标

● 知识目标：了解国家及各地对大学生创业的相关政策。

● 能力目标：通过学习和训练，能了解相关的创业政策，提升理解政策和法规的能力。

● 素养目标：在案例解析和实训等活动中，培养同学们关注法律、国家和地方政策的良好习惯。

【任务导入】

创业前的准备

进入21世纪，更多的大学生为了毕业后有好的出路开始关注创业，可是创业又何其容易。大学生创业存在的最大问题有两个：一是没有创业资金（如果家里不提供的话）；二是没有工作经验。由于年龄、阅历与知识等方面的原因，大学生在创业过程中会面临较多的心态、知识、经验、技术与资金等问题。所以在开始创业之前，大学生一定要做好充分的准备，这样才能够事半功倍。

第一，关注社会需求。为满足这个社会需求，大学生需要选择一个好的创业项目。近年来，比较好的创业项目主要有以下几个方向：网上创业、做代理商、咨询业、委托投资。选择项目时不能人云亦云，需要全方位考虑清楚后再做决定，如项目前景、创业资金、创业障碍等。同时，大学生要调整好心态，对创业风险具有清醒的认识，并做好应对风险的心理准备。

第二，增加必要的创业知识。创业需要企业注册、管理、市场营销与资金融通等多方面的丰富知识，在缺乏相应知识储备的情况下，仓促创业不仅难以筹集到必需的资金，而且在残酷的市场竞争中也将处于劣势。有创业意愿的大学生应充分利用大学时间全面提升个人能力，可以多看一些创业和企业管理类书籍，多参加一些有关创新创业的社团活动，利用寒暑假做一些与所选项目相关的工作，以增加对行业的了解和积累工作经验。

第三，充分利用大学资源，有效接触社会，拓宽自己的人脉。校园里有很多能人，大学生在学校里一定要结交良师益友，因为他们以后有可能成为合伙人的合适人选。大学期间是个人的充电时间，大学生一定要把握好这段宝贵的时光，为创业做好准备。

第四，尽己所能准备创业资金。大学生通常没有足够的创业资金，因此，从社会上融资或获取无息及贴息贷款成为必然选择。但是由于大学生创业风险较大，因此难以获得必需的资金，而且大学生在获取资金方面也存在两个问题：一是急于获得资金而不惜贱卖技术；二是过于珍惜技术而不肯做出适当的让步。这两个问题决定了大学生在创业资金方面难以获得相应的支持。

第五，学会评估就业环境，了解创业政策。政府对大学生创业是持鼓励态度的，所以大学生在创业前一定要多了解、掌握创业的相关政策，包括融资服务、场地扶持、税费减免、专家指导等。

第六，创业一定要选择合适的时机，具体包括以下三方面：

（1）大学生毕业后可以先在大企业找一份合适的工作：一来可以熟悉公司的运作情况；二来可以积累一些工作经验；三来可以积累人脉。

（2）大学期间如果有人欣赏你的项目并愿意投资，可以视情况决定是否开始创业。

（3）大学生毕业后如果评估自身各方面都适合创业，那么要果断直接创业。

请思考：

大学生要创办公司，首先应该做什么？

学一学

近年来，为支持大学生创业，国家出台了许多优惠政策，涉及融资、开业、税收、创业培训、创业指导等方面。新公司的注册一定要按照相关的公司注册法规进行，如果不了解公司注册法规的内容，势必会带来一定的麻烦。在开始创业前，创业者需要了解我国的创业政策和基本法律环境。

【教学互动 10-1】

互动内容：

创办企业的第一件事情是认真了解国家和各地区的创业政策。请同学们根据任务导入的案例谈谈创业前需要了解哪些相关政策。

互动要求：

（1）学生分组，按不同地区，利用网络查询相关信息。

（2）教师对学生的回答进行点评。

创办企业需要了解的法律、法规很多，如《中华人民共和国公司法》（以下简称《公司法》）、税法、《中华人民共和国劳动法》（以下简称《劳动法》）、《中华人民共和国民法典》（以下简称《民法典》）等，虽然可以请法律顾问，涉及法律方面的事情可以交由律师去处理，但是作为企业创办者，也需要了解相关的法律、法规，这样可以有效减少损失。与创办企业相关的法律、法规主要有：

1.公司基本法律

《公司法》是规范公司行为的最基本的法律，公司的设立、股东资格、公司章程、股东责任、股东权利、公司高管、公司解散、公司清算等事项，都应当按照《公司法》的规定进行，它是贯穿中小企业运营始终的一部法律。

2.公司成立、运营期间涉及的法律

《中华人民共和国市场主体登记管理条例》是公司设立、年检、注销必须遵循的法规。

公司成立的目的是营利，而营利就离不开交易。《民法典》中的合同部分是规范市场交易的法律，是民事主体开展经济活动应遵循的主要法律。合同涵盖的内容广泛，不仅商品交易需要订立合同，涉及公司的股权交易、知识产权交易、物权变动等事项也需有合同保障，均受《民法典》的调整。

3.物权法律

公司的经营所得涉及土地、房产等不动产，以及交易部分动产的，需要登记才能取得物权，这部分物权的取得是要受《民法典》调整的。同时，《中华人民共和国土地管理法实施条例》《中华人民共和国城市房地产管理法》也是涉及土地、房产物权时应当遵循的规范。另外，物权具有担保的功能，在涉及物权担保时，《民法典》的相关规定是必须遵守的。

4.金融类法律

公司成立之后、运营期间，要支付结算、贷款融资，这个时候涉及的法律、法规有《中华人民共和国票据法》《中华人民共和国证券法》等。公司为了分散风险以及交通工具因国家强制规定而必须投保时，又涉及《中华人民共和国保险法》的相关规定。

5.知识产权类法律

公司要有自己的商誉，同时还会给自己的产品或者服务注册商标，有自己的商业秘密和专利技术，这些都会涉及《中华人民共和国商标法》（以下简称《商标法》）《中华人民共和国专利法》（以下简称《专利法》）《中华人民共和国反不正当竞争法》。

6.婚姻、继承类法律

公司在运营的过程中，可能会有股东因为婚姻、继承事项的出现而发生股东或股份的变动，这些都会涉及《民法典》等。

7.税收类法律

公司作为最重要的纳税义务人，在缴纳税款的时候要遵循《中华人民共和国增值税法》《中华人民共和国企业所得税法》《中华人民共和国个人所得税法》《中华人民共和国税收征收管理法》等法律的规范和约束。

8.劳动类法律

公司的经营离不开人，而公司作为用人单位就要遵守《劳动法》和《民法典》以及相关的配套法规的规定，为劳动者缴纳各种社会保险。

9.会计类法律

在公司的运转过程中，各种经济指标都要用数字来体现，而这些数字都要受《中华人民共和国会计法》的约束，不能违背该法及配套法规的相关规定。

10.担保类法律

公司在经营的时候，不仅涉及为人担保，也可能涉及找人担保，这两方面都要受到《民法典》等的规范和约束。

11.公司破产终止时涉及的法律

公司的终止，就是公司作为法人人格的消灭，无论是股东自行决定解散还是向法院申请解散，都要成立清算组，这方面的操作《公司法》有相关规定；而到了资不抵债的时候申请破产，就要受《中华人民共和国企业破产法》的规范了。

【教学互动10-2】

互动内容：

公司一般应遵守哪些法律、法规？

互动要求：

（1）结合有关创业的法律知识，发表自己的个人见解，也可以和你的同伴简单讨论后回答。

（2）教师对学生的回答进行点评。

做一做

【项目训练10-1】 辞退不当的侵权案[①]

【训练内容】

冯某于2003年5月2日进入沈阳某装饰工程有限公司工作，任主创设计师。2008年2月22日，冯某以单位经常拖欠其工资为由提出离职申请。单位为冯某支付工资至2月22日，并于3月25日停缴其养老保险。4月7日，经单位领导签字确认，冯某正式离职。冯某认为，单位经常拖欠其工资，应按法律规定向其支付经济补偿金。但单位不同意，冯某只好诉诸法律。

法院认为，根据《中华人民共和国劳动合同法》的规定，用人单位未及时足额支付劳动报酬的，劳动者可以解除合同，用人单位应当向劳动者支付经济补偿。本案中公司未按约定及时、足额支付冯某劳动报酬，在解除合同后，应当向其支付经济补偿金。冯某自2003年5月至2008年4月在该公司工作近5年，该公司应当依法按照工作每满1年支付1个月工资的标准向冯某支付经济补偿金，即按冯某离职前月平均工资4 573元的标准支付5个月工资作为经济补偿。一审法院判决沈阳某装饰工程有限公司向冯某支付经济补偿金22 865元。

思考：

（1）该案例对你有何启发？

（2）创办一个新企业，必须考虑的法律问题有哪些？列出创办新企业必须考虑的法律、法规。

【训练目标】

通过调研和案例分析，树立正确对待法律问题的观念，掌握具体法律问题的处理方法。

【操作流程】

通过学校图书馆和网络等渠道，查询创立企业时所涉及的《民法典》《公司法》《中华人民共和国合伙企业法》《中华人民共和国个人独资企业法》《中华人民共和国企业法人登记管理条例》《中华人民共和国市场主体登记管理条例》《资产评估基本准则》《企业价值评估指导意见（试行）》等法律、法规，了解其基本内容，树立维权意识，增强社会责任感。

【成果形式】

以小组为单位，写一篇3 000字左右的创业法律、法规研究报告。

---

① 徐小洲. 创业概论［M］. 北京：科学教育出版社，2017.

评一评

创业政策和法规参考评价表见表10-1。

表10-1　　创业政策和法规参考评价表

评价指标（分值）	标　准	小组自评（30%）	小组互评（30%）	老师评分（40%）	最后得分（分）
案例分析表现（20分）	有自己的见解，有分析记录表				
资料整理表现（30分）	资料查找系统、完善并仔细归类				
法律、法规研究报告（30分）	格式规范、内容完整、细分标准明确、过程说明清晰、成果展示有特色（每个小项6分）				
法律、法规研究报告撰写中的表现（20分）	从活动准备、与人交流、与人合作、问题解决、信息处理等方面评价（每个小点4分）				
合计（100分）					
老师评语	签名：　　日期：				

任务二　企业的法律形式

创学堂10-2

任务目标

● 知识目标：了解新企业的法律形式，学会企业注册相关文件的编写。

● 能力目标：学会选择合适的企业法律形式，规避创办企业过程中的风险。

● 素养目标：通过对企业法律形式的对比分析，探索不同企业法律形式的特点、优势和劣势。

【任务导入】

小林要创业——开办一家计算机软件企业

小林是一名刚毕业的大学生，拥有一项计算机软件专利，现在他正计划开办一家计算机软件企业。

小林认真分析了他有可能采用的各种企业形式的优缺点。他倾向于创办一家个人独资企业。因为他喜欢自己做老板，可以拥有完全的经营决策权，并且利润全部归自己。但是个人独资企业经营风险较大，计算机软件行业竞争很激烈，万一经营失败，还要承担无限责任。

小林的大学同学小张愿意出资5万元与小林成立合伙企业。小林觉得合伙企业也不错，合伙人的加入可以使他们有更多的钱开一家更大的企业，分担经营风险，但是合伙企业的经营决策必须与小张共同做出，利润也需要按照合伙协议分配。

有一家风投公司认为小林的项目很有潜力，愿意出资与其成立有限责任公司，小林可以技术入股，占30%的股份。小林觉得这样的话风险相对较小，筹到的资金会更多。但是有限责任公司设立的程序比较复杂，创办费用较高，法律、法规对有限责任公司的要求较为严格，并且自己的股份仅占30%，在公司的一些重大经营决策上要受其他股东的制约。

请思考：

（1）如果你是小林你会选择哪种企业形式？

（2）要想做出一个良好的企业决策，小林还需要了解什么信息？

学一学

一、企业的概念

企业是从事生产、流通或服务性活动的独立核算经济单位。它是依法设立的经济组织，是在商品经济范畴中，按照一定的组织规律有机构成的经济实体，一般以营利为目的，以实现投资人、客户、员工、社会大众的利益最大化为使命，通过提供产品或服务满足社会需求，以换取收入和盈利。企业是社会发展的产物，因社会分工的发展而成长壮大。

二、企业的类型

企业根据不同的标准也可以分为不同的类型。

1.根据企业规模划分

根据规模大小不同，企业可分为大型企业、中型企业、小型企业。

2.根据企业组织形式划分

根据组织形式不同，企业可分为个体企业、合伙制企业、股份制企业。

3.根据经济成分划分

根据经济成分不同，企业可分为国有企业、集体企业和私营企业。

4.根据资源密集程度划分

根据资源密集程度不同，企业可分为劳动密集型企业、资金密集型企业和技术密集型企业。

5.根据经营性质划分

根据经营性质不同，企业可分为工业企业、商业企业、农业企业、金融保险企业、房地产开发企业、交通运输企业、旅游服务企业、餐饮娱乐企业、邮电企业等。

三、企业的组织形式

创业者在创立企业的时候，必须解决的一个重要问题是企业应选择什么样的组织形式，这主要取决于创业者和公司投资者的目标，并考虑纳税地位、承担的法律责任及在企业经营和融资活动中的灵活性。依据我国现行法律，个人创立的新企业的组织形式主要有个人独资企业、合伙企业、公司制企业（有限责任公司和股份有限公司）等。三种组织形式没有好坏之分，每种组织形式的优势、劣势不同。对企业来说，选择适合自己的组织形式非常重要，不同的企业组织形式有着不同的设立条件和注册要求。

（一）个人独资企业[①]

根据《中华人民共和国个人独资企业法》（以下简称《个人独资企业法》），个人独资企业是指依法设立、由一个自然人投资并承担无限连带责任、财产为投资者个人所有的经营实体。

1.设立条件

投资者为一个自然人；有合法的企业名称；有投资者申报的出资；有固定的生产经营场所和必要的生产经营条件；有必要的从业人员。

2.设立应提交的文件

大学生本人签署的个人独资企业或个体工商户设立申请书；大学生身份证明，即大学生本人的身份证和学生证；企业住所证明（租房合同、房主身份证、房主房产证）；国家市场监督管理总局规定提交的其他文件。

① 孙洪义. 创新创业基础［M］. 北京：机械工业出版社，2016.

3.个人独资企业的优点

个人独资企业的优点包括：

（1）企业设立、转让和解散等的手续非常简便，向有关机关登记即可。

（2）企业自主独资经营，制约因素较少，经营方式灵活，能迅速对市场变化做出反应。

（3）企业的资产所有权、控制权、经营权、收益权高度统一。这有利于保守与企业经营和发展有关的秘密，有利于企业主个人创业精神的发扬。

（4）企业主自负盈亏和对企业的债务负无限连带责任成为强硬的预算约束。企业经营好坏同企业主个人的经济利益紧密相连，因而企业主会尽心竭力地把企业经营好。

4.个人独资企业的缺点

个人独资企业的缺点包括：

（1）难以筹集大量资金。

（2）企业主面对的风险巨大。

（3）企业的创新性和开拓性差。

（4）企业经营的连续性差。

（5）企业内部人员的基本关系是雇佣关系，劳资双方利益目标的差异会给企业内部的组织效率带来潜在危险。

（二）合伙企业

2007年6月1日，修订后的《中华人民共和国合伙企业法》正式施行。合伙企业是指依法设立的，由两个或两个以上合伙人订立合伙协议，共同出资、合伙经营、共享收益、共担风险，并且对合伙企业的债务承担无限连带责任的营利性组织。合伙企业分有限合伙企业和普通合伙企业两大类，有限合伙企业由普通合伙人和有限合伙人组成，普通合伙人对合伙企业的债务承担无限连带责任，有限合伙人以其认缴的出资额为限对合伙企业的债务承担责任。

有限合伙企业实现了企业管理权和出资权的分离，可以结合企业管理方和资金方的优势。黑石集团、红杉资本都是合伙企业，《中华人民共和国合伙企业法》正式施行后，青岛葳尔、南海创投等股权投资类有限合伙企业陆续成立。

1.设立条件

（1）有限合伙企业由2个以上50个以下合伙人设立，法律另有规定的除外。

（2）有限合伙企业至少应当有一个普通合伙人。

（3）有限合伙企业的名称中应当标明“有限合伙”字样。

（4）有限合伙人可以用货币、实物、知识产权、土地使用权或者其他财产权利作价出资。

（5）有限合伙人不得以劳务出资。

（6）有限合伙人应当按照合伙协议的约定按期足额缴纳出资；未按期足额缴纳出资的，应当承担补缴义务，并对其他合伙人承担违约责任。

（7）有限合伙企业的登记事项中应当载明有限合伙人的姓名或者名称及认缴的出资数额。

（8）有限合伙企业由普通合伙人执行合伙事务。执行事务的合伙人可以要求在合伙协议中确定执行事务的报酬及报酬提取方式。

（9）有限合伙人不执行合伙事务，不得对外代表有限合伙企业。[①]

2.设立应提交的文件

申请设立合伙企业，应当向企业登记机关提交下列文件：

（1）全体合伙人签署的设立登记申请书。

（2）全体合伙人的身份证明。

（3）全体合伙人指定代表或者共同委托代理人的委托书。

（4）合伙协议。

（5）全体合伙人对各合伙人认缴或者实际缴付出资的确认书。

（6）主要经营场所证明。

（7）国务院市场监督管理部门规定提交的其他文件。

（8）法律、行政法规或者国务院规定设立合伙企业需经批准的，还应当提交有关的批准文件。

3.合伙企业的优点

合伙企业的优点包括：

（1）扩大了资金来源，提高了信用能力；减少了银行贷款的风险，使企业的筹资能力有所提高。

（2）让更多的投资者发挥优势互补的作用，提高了合伙企业的竞争能力。

（3）组成灵活，既有对合伙企业债务承担无限连带责任的普通合伙人，也有以其认缴出资额为限承担责任的有限合伙人。

（4）以实物、知识产权、土地使用权或者其他财产权利出资，需要评估作价的，可以由全体合伙人协商确定，也可以由全体合伙人委托法定评估机构评估。

4.合伙企业的缺点

合伙企业的缺点包括：

（1）法律形式的复杂性。合伙企业是根据合伙人间的契约建立的，每当一位原有的合伙人离开或者接纳一位新的合伙人，都必须重新确立一种新的

① 参见《中华人民共和国合伙企业登记管理办法》。

合伙关系，从而造成法律上的复杂性，增加资金的能力也就受到了限制。

（2）决策时滞性。由于所有合伙人都有权代表企业从事经营活动，重大决策须得到所有合伙人的同意，因而很容易造成决策上的延误与差错。

（3）非经营合伙人承担的风险较大。所有普通合伙人对企业债务都负有无限连带责任，这就使那些并不能控制企业的普通合伙人面临着很大的风险。

（三）公司制企业

公司的两种主要形式为有限责任公司和股份有限公司。

有限责任公司：股东以其认缴的出资额为限对公司承担责任，公司以其全部资产对公司的债务承担责任。

股份有限公司：公司的全部资本分为等额股份，股东以其认购的股份为限对公司承担责任，公司以其全部资产对公司的债务承担责任。

1.设立条件①

（1）有限责任公司设立的条件。根据《公司法》的规定，设立有限责任公司应当具备下列五个条件：

①股东符合法定人数。有限责任公司由五十个以下股东出资设立。

②有符合公司章程规定的全体股东认缴的出资额。有限责任公司的注册资本为在公司登记机关登记的全体股东认缴的出资额。法律、行政法规以及国务院决定对有限责任公司注册资本实缴、注册资本最低限额另有规定的，从其规定。

股东既可以用货币出资，也可以用实物、知识产权、土地使用权等可以用货币估价并可以依法转让的非货币财产作价出资；但是，法律、行政法规规定不得作为出资的财产除外。对作为出资的非货币财产应当评估作价，核实财产，不得高估或者低估作价。法律、行政法规对评估作价有规定的，从其规定。

全体股东的货币出资金额不得低于有限责任公司注册资本的30%。

③股东共同制定章程。公司章程是关于公司组织及其活动的基本规章。制定公司章程既是公司内部管理的需要，也是外界监督、管理和交往的需要。根据我国《公司法》的规定，公司章程应当载明的事项包括：公司名称和住所；公司经营范围；公司注册资本；股东姓名或名称；股东的出资方式、出资额和出资时间；公司的机构及其产生办法、职权、议事规则；公司的法定代表人；股东会会议认为需要规定的其他事项。

④有公司名称，建立符合有限责任公司要求的组织机构。公司作为独立的企业法人，必须有自己的名称。公司设立名称时还必须符合法律法规的规定。有限责任公司的组织机构是指股东会、董事会或执行董事、监事会或监事。

---

① 参见《中华人民共和国公司法》。

⑤有固定的生产经营场所和必要的生产经营条件。生产经营场所既可以是公司的住所，也可以是其他经营地。生产经营条件是指与公司经营范围相适应的条件。它们都是公司从事经营活动的物质基础，是设立公司的起码要求。

（2）股份有限公司设立的条件。根据我国《公司法》的规定，设立股份有限公司应当具备以下六个条件：

①发起人符合法定人数。设立股份有限公司必须有发起人，发起人既可以是自然人，也可以是法人。发起人应当在2人以上200人以下，其中须有过半数的发起人在我国境内有住所。国有企业改建为股份有限公司的，应当采取募集设立方式。

②有符合公司章程规定的全体发起人认购的股本总额或者募集的实收股本总额。股份有限公司采取发起设立方式设立的，注册资本为在公司登记机关登记的全体发起人认购的股本总额。股份有限公司采取募集方式设立的，注册资本为在公司登记机关登记的实收股本总额。法律、行政法规以及国务院决定对股份有限公司注册资本实缴、注册资本最低限额另有规定的，从其规定。

以发起设立方式设立股份有限公司的，发起人应当书面认足公司章程规定其认购的股份，并按照公司章程规定缴纳出资。以募集设立方式设立股份有限公司的，发起人认购的股份不得少于公司股份总数的35%；但是，法律、行政法规另有规定的，从其规定。

③股份发行、筹办事项符合法律规定。

④发起人制定公司章程，采用募集方式设立的经创立大会通过。

⑤有公司名称，建立符合股份有限公司要求的组织机构。股份有限公司的组织机构由股东大会、董事会、经理、监事会组成。股东大会是最高权力机构，股东出席股东大会，所持每一股份有一票表决权。董事会是公司股东大会的执行机构，由5~19人组成。经理负责公司的日常经营管理工作。

⑥有公司住所。

2.设立应提交的文件①

申请设立公司制企业，应当提交下列材料：

（1）申请书；

（2）申请人资格文件、自然人身份证明；

（3）住所或者主要经营场所相关文件；

（4）公司章程；

（5）法律、行政法规和国务院市场监督管理部门规定提交的其他材料。

国务院市场监督管理部门应当根据市场主体类型分别制定登记材料清单和文书格式样本，通过政府网站、登记机关服务窗口等向社会公开。

---

①　参见《中华人民共和国市场主体登记管理条例》。

3.公司制企业的优点①

公司制企业的优点包括：

（1）公司股东的有限责任决定了对公司投资的股东既可以满足投资者谋求利益的需求，又可使其承担的风险限定在一个合理的范围内，增强其投资的积极性。

（2）公司特别是股份有限公司可以公开发行股票、债券，在社会上广泛集资，便于兴办大型企业。

（3）公司所有权与经营权分离，提高了公司的管理水平。

（4）公司特有的组织结构形式使公司的资本、经营运作趋于利益最大化，能更好地实现投资者的目的。

（5）公司形态完全脱离个人色彩，是资本的永久性联合，股东的个人生存、安危不影响公司的正常运营。因此，公司的存续时间长、稳定性高。

4.公司制企业的缺点

公司制企业的缺点包括：

（1）创建的程序比较复杂，创建费用较高。

（2）存在双重纳税问题，税收负担较重。

（3）股份有限公司要定期报告公司的财务状况，公开自己的财务数据，不利于企业信息的保密。

（4）政府对公司制企业的限制较多，法规要求比较严格。

四、企业名称设定

（一）企业名称设定的相关规定

企业名称是一个企业区别于其他企业的文字符号。根据《企业名称登记管理规定》的相关规定，企业名称应符合以下规定：

（1）企业名称应当由以下四部分组成：行政区划名称、字号、行业或经营特点、组织形式，法律、行政法规和国家市场监督管理总局另有规定的除外。

（2）企业名称中的行政区划名称应当是企业所在地的县级以上地方行政区划名称。市辖区名称在企业名称中使用时应当同时冠以其所属的设区的市的行政区划名称。

（3）企业名称中的字号应当由2个以上的汉字组成。

（4）企业名称中的行业或者经营特点应当根据企业的主营业务和国民经济行业分类标准标明。

（二）企业名称设定需要提交的申请材料

企业名称设定需要提交以下申请材料：

① 孙洪义．创新创业基础［M］．北京：机械工业出版社，2016．

（1）全体投资人签署的“企业名称预先核准申请书”。

（2）全体投资人签署的指定代表或者共同委托代理人的证明，及指定代表或者共同委托代理人的身份证复印件。

（3）全体投资人的主体资格证明或者自然人身份证明复印件。

（4）申请名称冠以“中国”“中华”“国家”“全国”“国际”字词的，提交国务院的批准文件复印件。

（5）对于特殊的申请名称，名称登记机关可以要求投资人提交相关的说明或者证明材料。

做一做

【项目训练10-2】　张国林的旅游用品店

【训练内容】

张国林在一个小村子里已经住了10年。村子位于一个水库附近，有275人，水里的鱼资源很丰富。村里有一条老路，坑坑洼洼，春夏雨季，有些地方根本就没法走，不过这里正在修一条新路，再有4个月就可以完工了。新路完工后，旅游者驾车来这里很方便，这里良好的垂钓环境很有吸引力。张国林计划开一家旅游用品商店。他分析了他可能采用的各种企业形式的优缺点。刚开始，他认为独资的方式比较好。他喜欢自己做老板，他有42 000元存款，还能够借一些，总之他有足够的资金开这家店。后来，他又觉得合伙企业也不错，一两个合伙人的加入可以使他有更多的钱开更大的店。有个邻居建议他开个有限责任公司，并出售一部分股份，这样筹到的资金会更多，既不用还银行贷款，还有钱做广告。于是，张国林把开一家旅游用品有限责任公司的想法告诉了村里很多人。结果，村里的大部分人对此都非常感兴趣，预计能筹集到的资金远多于独自开店和合伙经营。

【训练目标】

1.分析不同的企业类型的优缺点。

2.掌握选择企业组织形式的原则和方法。

【操作流程】

1.深度学习不同企业组织形式的相关理论。

2.讨论张国林开公司应选择哪种企业组织形式。

【成果形式】

以小组为单位制作一份文档。

评一评

企业的法律形式参考评价表见表10-2。

表10-2 企业的法律形式参考评价表

评价指标（分值）	标 准	小组自评（30%）	小组互评（30%）	老师评分（40%）	最后得分（分）
阅读相关理论的表现（20分）	有自己的见解，有分析记录表				
资料整理表现（30分）	资料查找系统、完善并仔细归类				
法律、法规研究报告（30分）	格式规范、内容完整、细分标准明确、过程说明清晰、成果展示有特色（每项6分）				
报告撰写中的表现（20分）	从活动准备、与人交流、与人合作、问题解决、信息处理等方面评价（每项4分）				
合计（100分）					
老师评语	签名： 日期：				

创学堂10-3

任务三 创办企业的流程

任务目标

● 知识目标：了解创办企业的基本流程和办理的事务要求。

● 能力目标：能绘制创办企业的基本流程图，能填写企业注册的相关表单。

● 素养目标：体验企业创办者的职业角色，增强学生依法设立公司、合法经营的意识。

【任务导入】

企业注册流程——开办一家互联网科技企业

小马是一名已毕业5年的职业院校大学生，在一家汽车配件公司担任采购经理已3年，能准确把握市场动向，深层次了解市场，规划公司的发展方向。现在他正计划创办一家科技公司，基于移动互联网与物联网技术的结合，大力发展安全共享充电站，依托智慧社区服务平台，为广大的电动车及新能源车主提供安全智慧服务。

小马计划出资100万元，小马的同学小张也想投资合作一起创业，小马过去的一个老客户非常看好电动车充电桩市场，同时也欣赏小马的为人，计划投资参与入股。三人讨论后，计划选择在小马读书和工作的城市——广西柳州市注册。

请思考：

（1）企业注册的基本流程是什么？

（2）企业注册需要准备什么材料？如何填写相关表单？

学一学

一、企业筹建流程

（一）组织公司股东

股东，即公司的出资人，也称为投资者，成立一家公司首先就要组织一定数量的投资者。除国家有禁止或限制的特别规定外，有权代表国家投资的政府部门或机构、企业法人、具有法人资格的事业单位和社会团体、自然人都可以成为公司的股东。

（二）确定公司名称

申请名称预先核准的时候，应当提交下列文件：

（1）全体股东签署的公司名称预先核准申请书。

（2）股东的法人资格证明或者自然人的身份证明。

（三）确定公司地址

（1）公司的地址必须跟递交申请的注册机构的级别相一致。

（2）公司地址所在地必须具备完整的产权证明文件。产权证明文件证明该所在地归谁所有，一般是指房产证。

（3）一个地址只能注册一家有限公司，如果所定地址以前已经注册过一家公司而且那家公司现在还没有搬走或注销，那么现在就不能用来再注册一家公司；即使原来的公司搬走了，也要确认那家公司有没有办理地址变更手续。

（4）有些地方的市场监督管理局对注册有限公司的房屋档次有要求，在注册之前必须了解，可查阅当地的规定，或者先到市场监督管理局咨询清楚。

（5）如果公司地址所在地的所有权不属于任何一个股东，那么必须由其中一个股东与业主签订一份租赁合同。租赁合同一般要签1年以上。

（四）预定公司经营范围

经营范围是指国家允许企业法人生产和经营的商品类别、品种及服务项目，用于反映企业业务活动的内容和生产经营方向，是企业法人业务活动范围的法律界限，是体现企业民事权利能力和行为能力的核心内容。我国相关法律法规对公司的经营范围有以下要求：

（1）公司的经营范围由公司的章程规定，公司不能超越章程规定的经营范围申请登记。

（2）公司的经营范围必须进行依法登记，以登记注册机关核准的为准，公司应当在登记机关核准的经营范围内从事经营活动。

（3）公司的经营范围中属于法律、行政法规限制的项目，在进行登记之前必须依法经过批准。

（4）如果提交的经营范围里面某些项目不符合要求，市场监督管理局会要求修改或将其删除。

（五）确定股东的出资

1.股东出资方式

股东出资方式既可以是货币、实物等有形资产，也可以是知识产权、非专利技术等无形资产。

（1）货币。设立公司必然需要一定数量的货币，用以支付创建公司时的开支和生产经营费用，所以股东可以货币形式出资。

（2）实物。它是指有形物，即看得见、摸得着的东西，一般指机器设备、原材料、零部件、建筑物、厂房等。

（3）知识产权。它是一个内容非常宽泛的概念，一般包括发明专利、实用新型和外观设计专利、著作权、商标服务标记、厂商名称（商号）、货源标记或原产地名称等。

（4）非专利技术。确切地说，应当是非专利成果，它是受《中华人民共和国技术合同法》保护的一种无形财产。在广义上，非专利技术可以被看作一种特殊的知识产权。但在狭义上，由于未经法定程序授予，也无独占性和明确的时间、地域限制，因此被排斥在工业产权之外。

2.股东出资的相关要求

股东出资必须符合下列要求：

（1）股东应当按期足额缴纳公司章程中规定的各自所认缴的出资额。股东以货币出资的，应当将货币出资足额存入有限责任公司在银行开设的账户；股东以非货币财产出资的，应当依法办理其财产权的转移手续。

（2）股东以知识产权、非专利技术、土地使用权出资的，必须依法到有关部门办理转让所有权的手续。资产评估必须由具有法定评估资格的机构（如资产评估公司或会计师事务所等）来进行，这些机构对资产进行评估后会出具资产评估报告书。股东以新建或新购入的实物投资的，也可以不经过评估，但要提供合理的作价证明；建筑物以工程决算书为依据，新购物品以发票上的金额为出资额。

（3）以知识产权、非专利技术出资的金额不得超过公司注册资本的20%。但是，国家对采用高新技术成果有特别规定的除外。

（六）确定公司的组织管理结构

1.股东会

股东会行使下列职权：

（1）决定公司的经营方针和投资计划。

（2）选举和更换非由职工代表担任的董事、监事，决定有关董事、监事的报酬事项。

（3）审议批准董事会的报告。

（4）审议批准监事会或者监事的报告。

（5）审议批准公司的年度财务预算方案、决算方案。

（6）审议批准公司的利润分配方案和弥补亏损方案。

（7）对公司增加或者减少注册资本做出决议。

（8）对发行公司债券做出决议。

（9）对公司合并、分立、解散、清算或者变更公司形式作出决议。

（10）修改公司章程。

（11）公司章程规定的其他职权。

2.董事会

有限责任公司董事会的成员为3～13人，设董事长1人，可以设副董事长1～2人。董事长、副董事长的产生办法由公司章程规定。董事会对股东会负责，行使下列职权：

（1）召集股东会会议，并向股东会报告工作。

（2）执行股东会的决议。

（3）决定公司的经营计划和投资方案。

（4）制订公司的年度财务预算方案、决算方案。

（5）制订公司的利润分配方案和弥补亏损方案。

（6）制订公司增加或者减少注册资本以及发行公司债券的方案。

（7）制订公司合并、分立、解散或者变更公司形式的方案。

（8）决定公司内部管理机构的设置。

（9）决定聘任或者解聘公司经理及其报酬事项，并根据经理的提名决定聘任或者解聘公司副经理、财务负责人及其报酬事项。

（10）制定公司的基本管理制度。

（11）公司章程规定的其他职权。

按照《公司法》的规定，股东人数较少或者规模较小的有限责任公司，可以设1名执行董事，不设立董事会，执行董事的职权可以参照董事会职权。

3.监事会

监事会也称公司监察委员会，其成员不得少于3人，监事会由股东代表和适当比例的公司职工代表组成，其中职工代表的比例不得低于1/3，具体比例由公司章程规定。监事会的职工代表由公司职工民主选举产生。股东人数较少或者规模较小的有限责任公司，可以设一至二名监事，不设监事会。董事、经理及财务负责人不得兼任监事。

监事会或者监事行使下列职权：

（1）检查公司财务。

（2）对董事、高级管理人员执行公司职务的行为进行监督，对违反法律、行政法规、公司章程或者股东会决议的董事、高级管理人员提出罢免的建议。

（3）当董事、高级管理人员的行为损害公司的利益时，要求董事、高级管理人员予以纠正。

（4）提议召开临时股东会会议，在董事会不履行本法规定的召集和主持股东会会议职责时召集和主持股东会会议。

（5）向股东会会议提出提案。

（6）依照《公司法》的规定，对董事、高级管理人员提起诉讼。

（7）公司章程规定的其他职权。

4.经理

经理是公司中对内有业务管理权限、对外有商业代理权限的人。经理对董事会负责，行使下列职权：

（1）主持公司的生产经营管理工作，组织实施董事会决议。

（2）组织实施公司年度经营计划和投资方案。

（3）拟订公司内部管理机构设置方案。

（4）拟定公司的基本管理制度。

（5）制定公司的具体规章。

（6）提请聘任或者解聘公司副经理、财务负责人。

（7）决定聘任或者解聘除应由董事会决定聘任或者解聘以外的负责管理人员。

（8）董事会授予的其他职权。

副经理是经理的副手。当经理因故不能行使职权时，可授权副经理代行其职权。一般情况下，副经理协助经理总揽公司业务工作。

（七）确定公司的法定代表人

有下列情形之一的，不得作为公司法定代表人：

（1）无民事行为能力或者限制民事行为能力。

（2）因犯有贪污、贿赂、侵占财产、挪用财产或者破坏社会经济秩序，被判处刑罚，执行期满未逾5年；或者因犯罪被剥夺政治权利，执行期满未逾5年。

（3）担任因经营不善破产清算的公司、企业的董事或者厂长、经理，并对该公司、企业的破产负有个人责任的，自该公司、企业破产清算完结之日起未逾3年。

（4）担任因违法被吊销营业执照、责令关闭的公司、企业的法定代表人，并负有个人责任的，自该公司、企业被吊销营业执照之日起未逾3年。

（5）个人所负数额较大的债务到期未清偿。

（6）国家公务员不得兼任公司的董事、监事、经理，也不得担任公司法定代表人。

（八）认识企业股权架构

1.什么是股权

股权是投资人由于向企业法人投资而享有的权利。股东在初创公司中的投资份额，即股权比例。股权比例的大小，直接影响股东对公司的话语权和控制权，也是股东分红的依据。

2.初创公司股权分配

对初创公司的创始人来说，最好在一开始就拥有超过50%的股份。一个公司的项目启动后，会包含以下几个岗位：产品、技术、财务、市场、运营、设计等。创始核心团队可以按照每个人贡献的价值来分配股权。

（1）按照出资额比例分配。出资额是股权分配的依据，根据出资额占总出资额的比例进行股权分配，可能使得每位出资人的股权比例有高有低。

（2）初创企业一般规模较小，注册资金较少，运营资金也不多，为此，初创公司可以采用股权加薪资的方式，降低创业成本，以提高公司每个参与者的积极性。有些初创公司为了确保每位股东的权益，会在协议中设置细节条款，如股权转让限制、增加或减少优先认购条款和股东退出条款等，以避免在日后的经营过程中出现不必要的矛盾。

（3）在初创公司进行股权分配前，确定合伙人比确定股权更重要，找到了靠谱的合伙人，股权分配会更加简单。虽然平均分配股权有成功的例子，但仅限于有经验的创业者，一股独大还是多股平分，早期创始人需要确定好。资源入股、技术入股应尽可能避免，解决方式可以是打欠条，公司实现利润后进行补偿。对于不同的人才，股权激励可能有不同的意义。

（九）制定公司章程

公司章程是关于公司组织和行为的基本规范。它不仅是公司的自治法规，也是国家管理公司的重要依据。公司章程具有以下作用：

（1）公司章程是公司设立的最主要条件和最重要文件。

（2）公司章程是确定公司权利、义务关系的基本法律文件。

（3）公司章程是公司对外进行经营交往的基本法律依据。

公司章程是注册一家公司最主要的文件之一，它由股东共同制定，经全体股东一致同意，并由股东在公司章程上签名盖章。公司章程对公司、股东、董事、监事、经理具有约束力。

二、企业注册流程及知识产权

（一）了解企业登记注册流程

企业登记注册的流程如下：

第一步：核名。登录当地市场监督管理局网站或者去市场监督管理局领取（或下载）“企业（字号）名称预先核准申请表”，填写拟定的公司名称，由市场监督管理局上网检索是否有重名，如果没有重名，就可以使用这个名称，并核发“企业（字号）名称预先核准通知书”。

第二步：租房。核名之后可以去专门的写字楼租一间办公室，如果自己有厂房或者办公室也可以。要注意，有的地区不允许在居民楼里办公。租房后要签订租房合同（了解当地新型孵化器的具体政策，是否签订无偿使用证明），并让房东提供房产证的原件及复印件。

第三步：编写公司章程。可以在市场监督管理局网站下载“公司章程”的样本，参照进行修改，最后由所有股东签名。

第四步：注册公司。到市场监督管理局领取公司设立登记的各种表格，包括设立登记申请表、股东（发起人）名单、董事经理监事情况、法定代表人登记表、指定代表或委托代理人登记表等。填好后，连同核名通知书、公司章程、房租合同、房产证复印件一起交给市场监督管理局。

第五步：办理公章、财务章。凭营业执照，到公安局指定的刻章社刻公章、财务章、法人章等，其他印章可根据要求自行申请（在后面的步骤中，均需要用到公章、财务章）。

第六步：开设银行基本账户。凭营业执照，去银行开立基本账户。开设基本账户需要填很多表，最好带齐所有证件（包括营业执照正本原件、身份证、财务章、法人章等），以便银行审核。

第七步：申请领购发票。

第八步：了解主要税种，依法纳税。

登记注册的企业需要依法纳税，以下是几个主要税种的简要介绍：

1.增值税

增值税是以商品在流转过程中产生的增值额为征税对象的税种。增值额是指一个纳税人在其生产、经营活动中所创造的新增价值或商品的附加值，即纳税人在一定时期内销售产品或提供服务所取得的收入大于购进商品或取得劳务所支付的金额。

2.消费税

消费税是将应税消费品的流转额作为课税对象的税种。在我国，消费税是对在我国境内从事生产、委托加工和进口应税消费品的单位和个人，就其销售额或销售数量在特定环节征收的一种税。消费税的征收范围大体可分为4个方面：①特殊消费品，即过度消费会对人类健康、社会秩序、生态环境等造成危害的消费品，如烟、酒、鞭炮等；②非生活必需品，如高档化妆品、珠宝玉石、高档手表、高尔夫球及球具等；③高能耗及高档消费品，如小汽车、摩托车等；④不可再生和替代的稀缺资源消费品，如成品油、实木地板等。

3.企业所得税

企业所得税是对企业在一定时期内的生产所得和其他所得征收的一种税。企业所得税是国家参与企业纯收益分配的重要手段，实行法人税制，税率通常为25%，企业所得税以应纳税所得额为计税依据。

4.城市维护建设税

城市维护建设税是以纳税人实际缴纳的流转税（增值税、消费税）为计税依据而征收的一种税。其计算公式为：

应纳城市维护建设税=实际缴纳的增值税、消费税税额×适用税率

5.教育费附加

教育费附加是以纳税人实际缴纳的流转税（增值税、消费税）为计税依据而征收的一种附加费。教育费附加的征收率为3%。其计算公式为：

应纳教育费附加=实际缴纳的增值税、消费税税额×征收率

按照税法的规定，个体工商户一般为增值税的小规模纳税人（不考虑消费税，下同），其纳税办法由税务部门确定。

（1）查账征收。对账证健全、核算准确的个体工商户，税务部门对其实行查账征收。

①增值税。按照销售额和3%的征收率的简易办法计算缴纳增值税，不

得抵扣进项税额。其计算公式为：

应纳税额=销售额×征收率

②所得税。按个体工商户经营所得计算缴纳个人所得税，适用5%～35%的超额累进税率。

③附加税费。城市维护建设税按缴纳的增值税和适用税率（7%、5%、1%）计算缴纳；教育费附加按缴纳的增值税的3%计算缴纳，地方教育附加按缴纳的增值税的2%计算缴纳。

（2）核定征收。对生产经营规模小又确无建账能力的个体工商户，税务机关对其实行定期定额征收。税务机关对个体工商户实行定期定额办法的，按区域、地段、面积、设备等核定给予一个月应缴纳税款的额度。开具发票金额小于定额的，按定额缴纳税款；开具发票超过定额的，超过部分按规定补缴税款。如果达不到增值税起征点（月销售额5 000～20 000元，各省、自治区、直辖市有所不同），可以免征增值税、城市维护建设税和教育费附加。

（二）了解知识产权的基本知识[①]

1.专利权

专利权是指由国家专利主管机关（国家知识产权局）依法授予申请人在一定期限内对其发明创造所享有的独占实施的专有权，具有专有性、地域性和时间性三大特点。专有性也称独占性，是指专利权人对其发明创造所享有的独占性的制造、使用、销售、许诺销售和进出口其专利产品的权利。同样的发明创造只能被授予一项专利权。地域性是指一个国家授予的专利权只在该国的范围内有效，对其他国家没有效力。时间性是指专利权只在法律规定的时间内有效，期限届满后，专利权即告终止。在专利权有效期内，若专利权人不按时缴纳专利年费或声明提前放弃专利权，则该专利权提前终结。

2.专利侵权行为

《专利法》规定，未经专利权人许可，实施其专利，即侵犯其专利权。发明和实用新型专利侵权行为是指未经专利权人许可，以经营为目的制造、使用、销售、许诺销售、进口其专利产品或依照其专利方法直接获得产品的行为。外观设计专利侵权行为是指以经营为目的而制造、销售、进口其外观设计专利产品的行为。

3.商标权

商标权是商标专用权的简称，是指商标主管机关依法授予商标所有人对其注册商标受国家法律保护的专有权。商标注册人拥有依法支配其注册商标并禁止他人侵害的权利，包括商标注册人对其注册商标的排他使用权、收益权、处分权、续展权和禁止他人侵害的权利。商标权是由国家确认的一种权

① 参照《中华人民共和国商标法》（2019年修正）。

利。一个国家只有一个机构有权受理、审查、批准商标权。商标权具有以下三个特征：一是专有性，又称独占性或垄断性；二是地域性，即一国核准的商标只在该国领域内有效，对其他国家不发生效力；三是时效性，如在我国注册商标有效期为10年，有效期满后，商标权人如果希望继续使用该商标并得到保护，须在到期前半年内办理有关续展手续并缴费。

4.商标侵权行为

《商标法》第五十七条规定："有下列行为之一的，均属侵犯注册商标专用权：（一）未经商标注册人的许可，在同一种商品上使用与其注册商标相同的商标的；（二）未经商标注册人的许可，在同一种商品上使用与其注册商标近似的商标，或者在类似商品上使用与其注册商标相同或者近似的商标，容易导致混淆的；（三）销售侵犯注册商标专用权的商品的；（四）伪造、擅自制造他人注册商标标识或者销售伪造、擅自制造的注册商标标识的；（五）未经商标注册人同意，更换其注册商标并将该更换商标的商品又投入市场的；（六）故意为侵犯他人商标专用权行为提供便利条件，帮助他人实施侵犯商标专用权行为的；（七）给他人的注册商标专用权造成其他损害的。"

《商标法》第六十七条规定："未经商标注册人许可，在同一种商品上使用与其注册商标相同的商标，构成犯罪的，除赔偿被侵权人的损失外，依法追究刑事责任。伪造、擅自制造他人注册商标标识或者销售伪造、擅自制造的注册商标标识，构成犯罪的，除赔偿被侵权人的损失外，依法追究刑事责任。销售明知是假冒注册商标的商品，构成犯罪的，除赔偿被侵权人的损失外，依法追究刑事责任。"

5.商标注册的程序

（1）注册方式的选择。一种方式是自己到国家市场监督管理总局商标局（以下简称"商标局"）办理商标注册事宜（我国《商标法》允许本国公民直接向商标局申请商标注册）；另一种方式是委托一家经验丰富的商标代理组织，这样会节省大量的时间与精力，当然对方会收取相应的代理费。

（2）商标查询。商标查询是指商标注册申请人或其代理人在提出注册申请前，对其申请的商标是否与在先权利商标相同或近似的查询工作。值得注意的是，商标查询虽然不是注册商标的必经程序（遵循自愿查询原则），但此项工作可以大大减少商标注册的风险，提高商标注册的成功率。

（3）申请商标资料的准备。准备盖有单位公章及个人签字、填写完整的商标注册书。如果是以自然人的名义提出申请，须出示身份证及递交本人身份证复印件；如果是企业作为申请人申请注册，须出示企业营业执照副本及提供经发证机关签章的营业执照复印件。

（4）商标注册是一种商标法律程序。由商标注册申请人提出申请，经商标局审查后予以初步审定公告，3个月内没有人提出异议或提出异议经裁定不成立的，该商标即注册生效，受法律保护，商标注册人享有该商标的专用权。一个商标从申请到核准注册，大约需要一年至一年半时间。

这里需要注意商标查询、商标审查和商标审定的不同：

（1）商标查询不是商标申请注册的必经程序，查询的范围以查询之日已进入商标局数据库的注册商标和申请中的商标为限，并且不含处于评审状态的在先权利信息，结果不具法律效力，仅作为参考，并不是商标局核准或驳回该申请的依据。

（2）商标审查分为形式审查和实质审查。对于商标形式审查（3~4个月），确立申请日十分重要，由于我国的商标注册采用申请在先原则，一旦发生纠纷，申请日的先后就成为确定商标权的法律依据；商标注册的申请日以商标局收到申请文件的日期为准，商标局对符合形式要件的申请书发放受理通知书。

（3）商标的审定是指商标注册申请经审查后，对符合《商标法》有关规定的，允许其注册的决定，在《商标公告》中予以公告。

做一做

【项目训练10-3】 服装厂的筹办

【训练内容】

小王的爸爸、叔叔、舅舅3人准备分别出资30万元（现金）、20万元（专利技术折价）、10万元（现金）合办一家服装厂。现请你为他们选择一种企业形式，并为他们顺利开办和经营做参谋。

【训练目标】

熟悉企业注册的相关流程，学会企业注册相关文件的编写。

【操作流程】

1.划分小组，每组以4~6人为宜，分别模拟创业团队、市场监督管理局、税务局、银行、企业和行政审批大厅的工作人员。

2.各组在正式模拟前，要查阅相关制度和规定，准备好表格、文件等资料，安排好小组成员扮演各类角色，重点是了解企业注册过程中应注意哪些问题。

3.模拟企业注册、税务登记、银行开户等一系列流程，企业顾问组可以随时进行帮忙，力求顺利完成注册。

【成果形式】

1.画出企业注册的基本流程图。

2.填写企业注册相关表单。

评一评

企业的注册流程参考评价表见表10-3。

表10-3　企业的注册流程参考评价表

评价指标（分值）	标　准	小组自评（30%）	小组互评（30%）	老师评分（40%）	最后得分（分）
模拟各类人员的表现（20分）	事前查阅资料，有分析记录表				
资料整理表现（30分）	资料查找系统、完善并仔细归类				
画出企业注册流程图（30分）	格式规范、内容完整、过程说明清晰				
填写企业注册相关表单（20分）	格式规范、内容完整、过程说明清晰				
合计（100分）					
老师评语	签名：　日期：				

【思创空间】

祥源集团入选中国民营社会责任优秀企业

祥源集团始创于1992年，是一家以文化旅游投资运营为主导的集团企业，控股祥源文化、交建股份两家上市公司。长期以来，祥源集团将自身的战略目标与国家的号召、人民的需要相结合，以服务国家经济发展战略、满足人民对美好生活的向往为己任，明确发展方向，形成了“一主两翼，协同发展”的独特商业模式，即以文旅为集团主业，地产和基建为两翼，相互催化、协同共进。自2018年开始，祥源集团连续4年获评“中国旅游集团20强”，并蝉联“中国文旅地产十强企业”“中国品牌影响力百强”等多项荣誉。

（一）坚持党建引领，发挥带头作用。

高质量党建引领着祥源集团高质量发展，“54321”工作模式已内化成为企业制度。凭借“机构联合、目标结合、执行联动”的工作机制，伴随核心业务齐头并进、快速发展，祥源集团成为立足中国、面向全球的大型控股企业集团。

（二）“造血”扶贫路更宽，让乡村振兴行稳致远。

多年来，祥源集团在安徽休宁、湖南凤凰等地通过景区开发助力就业扶贫；在安徽五河、祁门捐建学校，城镇化建设辅助教育扶贫；在安徽祁门、云南易武投资茶园，农商转化精准扶贫；在安徽省阜阳市蔡郢村援建道路、文化广场等，多措并举促进民生，助力“乡村振兴”。

（三）弘扬传统文化，让传承活起来。

祥源集团投资运营的祁红博物馆、中国粮仓博物馆、中国柳编博物馆、武当山道茶博物馆等，担起文脉传承者的重担，让文化遗产传承不绝，让中华记忆历久弥新。同时，祥源集团以创新方式，打造IP、电影等，在讲好“中国故事”、弘扬“中国精神”、创新性发展、创造性传承等方面具有重要价值和长远意义。

未来，祥源集团将继续秉持社会责任理念、目标和承诺，用实效展示新时代民营企业的责任担当，以行动展现民营企业赤诚的家国情怀，实现产业效益和社会效益的协同发展，助力更多人实现对美好生活的追求与向往。

案例解析：

“只有富有爱心的财富才是真正有意义的财富，只有积极承担社会责任的企业才是最有竞争力和生命力的企业。”新时代赋予企业新使命，祥源集团在深耕文旅产业的同时，将社会责任与乡村振兴相融合，将特殊考验与履责尽责相耦合，将企业发展与乡村振兴相结合，将战略路径与文化传承相契合，在促进贫困人口就业、提升社会效率、反哺实体经济等方面，不断为社会作出贡献。

【思考与练习】

1.关键术语

《公司法》是规范公司行为的最基本的法律，公司的设立、股东资格、公司章程、股东责任、股东权利、公司高管、公司解散、清算等事项，都应当按照《公司法》的规定来进行，它是贯穿中小企业运营始终的一部法律。

个人独资企业是指依法设立、由一个自然人投资并承担无限连带责任、财产为投资者人所有的经营实体。

合伙企业是指依法设立的，由两个或两个以上合伙人订立合伙协议，共同出资、合伙经营、共享收益、共担风险，并且对合伙企业的债务承担无限连带责任的营利性组织。

有限责任公司的股东以其认缴的出资额为限对公司承担责任，公司以其全部资产对公司的债务承担责任。

股份有限公司的全部资本分为等额股份，股东以其认购的股份为限对公司承担责任，公司以其全部资产对公司的债务承担责任。

2.选择题

○ 单项选择题

随堂测 10-1

（1）下列关于有限责任公司股东用于出资的非货币财产的说法中，错误的是（　　）。

A.应当是无形财产　　B.可以用货币估价

C.可以依法转让　　D.不违背法律禁止性

（2）公司进入清算程序后，公司对外的代表机关是（　　）。

A.清算组　　B.董事会

C.董事长或执行董事　　D.股东会或股东大会

（3）一般情况下，以募集方式设立股份有限公司，发起人认购的股份不得少于公司股份总数的（　　）。

A.35%　　B.50%　　C.65%　　D.70%

（4）某运输有限责任公司的股东会会议决定依照《公司法》的规定解散公司，随即决定成立清算组。下列有关该公司清算组组成的说法中正确的是（　　）。

A.由股东大会确定人选

B.由人民法院指定

C.由股东组成

D.由有关主管部门组织股东和有关机关的专业人员组成

（5）根据《公司法》的规定，股份有限公司的发起人（　　）不得转让其持有的本公司股份。

A.自公司成立之日起1年内　　B.自公司成立之日起2年内

C.自公司成立之日起3年内　　D.自公司成立之日起5年内

（6）有限责任公司股东的出资方式不包括（　　）。

A.劳务　　B.货币　　C.机器设备　　D.土地使用权

（7）下面所列名称中，属于规范的股份有限公司名称的是（　　）。

A.上海红基发展有限公司

B.北京8888商贸股份有限公司

C.上海国际房地产股份有限公司

D.中国故宫房地产股份有限公司

(8) 李强是甲股份有限公司的股东，其欲了解甲公司在2022年12月31日的财务情况，应当查阅甲公司的（　　）。

A.资产负债表　　B.财务状况变动表

C.利润表　　D.现金流量表

(9) 公司债券的承销人应当是（　　）。

A.公司债券发行人　　B.商业银行

C.证券公司　　D.投资咨询公司

○ 多项选择题

随堂测 10-2

(1) 我国《公司法》规定的公司类型有（　　）。

A.无限公司　　B.有限责任公司

C.股份有限公司　　D.两合公司

(2) 公司的法律特征包括（　　）。

A.依法设立　　B.具有法人资格

C.以营利为目的　　D.有固定的生产经营场所

(3) 公司的组织机构包括（　　）。

A.股东会　　B.董事会　　C.经理　　D.监事会

(4) 公司与个人独资企业的区别有（　　）。

A.财产组成不同　　B.法律地位不同

C.投资者享有的权利不同　　D.组织机构不同

(5) 公司与合伙企业的区别有（　　）。

A.法律依据不同　　B.主体地位不同

C.出资方式不同　　D.表决办法不同

(6) 公司的作用包括（　　）。

A.是聚集资本的最佳工具

B.有利于进行科学化管理

C.有利于进行现代化管理

D.便于规模化经营

(7) 公司可以享有的经济权利包括（　　）。

A.名誉权　　B.肖像权　　C.商标权　　D.著作权

(8) 公司权利能力在法律上的限制包括（　　）。

A.注册资本上的限制　　B.对外担保上的限制

C.经营范围上的限制　　D.转投资上的限制

3.判断题

随堂测 10-3

(1) 公司法定代表人依照公司章程的规定，由董事长、执行董事或者经

理担任，并依法登记。公司法定代表人变更，不必办理变更登记。（　　）

（2）公司可以设立分公司。设立分公司，应当向公司登记机关申请登记，领取营业执照。分公司具有法人资格，依法独立承担民事责任。（　　）

（3）公司可以设立子公司，子公司不具有法人资格，其民事责任由母公司承担。（　　）

（4）公司可以向其他企业投资，除法律另有规定外，可以成为对所投资企业的债务承担连带责任的出资人。（　　）

主要参考文献

［1］陈高生，孙国辉．新世纪的国家竞争锐器：高校创业教育［M］．北京：经济日报出版社，2012．

［2］内克，格林，布拉什．如何教创业：基于实践的百森教学法［M］．薛红志，李华晶，张慧玉，等译．北京：机械工业出版社，2015．

［3］胡百精，毛基业．中国大学生创业报告［M］．北京：中国人民大学出版社，2022．

［4］斯特罗斯．YC创业营——硅谷顶级创业孵化器如何改变世界［M］．苏健，译．杭州：浙江人民出版社，2014．

［5］可汗．翻转课堂的可汗学院［M］．刘婧，译．杭州：浙江人民出版社，2014．

［6］王艳茹．创业基础如何教：原理、方法与技巧［M］．北京：清华大学出版社，2017．

［7］徐小洲，等．大学生创业技能发展战略研究［M］．杭州：浙江大学出版社，2014．

［8］徐小洲，梅伟惠．高校创业教育体系建设战略研究［M］．杭州：浙江教育出版社，2015．

［9］施永川．大学生创业基础［M］．北京：高等教育出版社，2015．

［10］孙洪义．创新创业基础［M］．北京：机械工业出版社，2016．

［11］刘帆．大学生创业指导教材［M］．北京：中国传媒大学出版社，2009．

［12］佟伟富．笑看西游话管理［M］．北京：北京大学出版社，2013．

［13］宋要武．大学生创新创业导论［M］．3版．北京：高等教育出版社，2018．

［14］潘玉香，吴芳．企业创办实务教程［M］．北京：经济科学出版社，2012．

［15］王艳茹．创业资源［M］．北京：清华大学出版社，2014．

[16] 王艳茹，刘玉峰，吕爽. 创业财务［M］. 北京：清华大学出版社，2017.

[17] 李家华，王艳茹. 创业基础［M］. 上海：上海交通大学出版社，2017.

[18] 王海波，李俊，杨雪雁. 初创业者能力提升全攻略［M］. 大连：东北财经大学出版社，2015.

[19] 张玉利，杨俊，等. 创业管理（行动版）［M］. 北京：机械工业出版社，2017.

[20] 奥斯特瓦德，皮尼厄. 商业模式新生代［M］. 黄涛，郁婧，译. 北京：机械工业出版社，2016.

[21] 李俊. 创业实践［M］. 北京：北京师范大学出版社，2018.

[22] 邓汉慧，刘帆，赵纹纹. 美国创业教育的兴起与发展［J］. 中国高教研究，2007（9）.

[23] 丁小浩，伍银多. 创业者的受教育程度与就业乘数效应——基于北京市海淀区青年创业者调查的实证研究［J］. 教育研究，2017（1）.

[24] 黄亚生，张世伟，余典范，等. MIT创新课：麻省理工模式对中国创新创业的启迪［M］. 北京：中信出版社，2015.

[25] 黄兆信，郭丽莹. 高校创业教育课程体系构建的核心问题［J］. 教育发展研究，2012（19）.

[26] 施拉姆. 创业力［M］. 王莉，李莹，译. 上海：上海交通大学出版社，2007.

[27] 梅伟惠. 美国高校创业教育［M］. 杭州：浙江教育出版社，2010.

[28] 王占仁. 中国高校创新创业教育的学科化特性与发展取向研究［J］. 教育研究，2016（3）.

